笃行奋进 传承创新

清华五道口 2012—2022

清华大学五道口金融学院 编

清華大學出版社
北京

图书在版编目(CIP)数据

笃行奋进　传承创新：清华五道口 2012—2022 / 清华大学五道口金融学院编．—北京：清华大学出版社，2022.4

ISBN 978-7-302-60257-6

Ⅰ．①笃…　Ⅱ．①清…　Ⅲ．①清华大学五道口金融学院－校史－ 2012-2022　Ⅳ．① G649.281

中国版本图书馆 CIP 数据核字 (2022) 第 034231 号

责任编辑：顾　强
封面设计：邓晓晓
版式设计：方加青
责任校对：王凤芝
责任印制：杨　艳

出版发行：清华大学出版社
网　　址：http://www.tup.com.cn，http://www.wqbook.com
地　　址：北京清华大学学研大厦 A 座　　**邮　　编：**100084
社 总 机：010-83470000　　**邮　　购：**010-62786544
投稿与读者服务：010-62776969，c-service@tup.tsinghua.edu.cn
质 量 反 馈：010-62772015，zhiliang@tup.tsinghua.edu.cn
印 装 者：北京嘉实印刷有限公司
经　　销：全国新华书店
开　　本：170mm×240mm　　**印　　张：**17.25　　**字　　数：**261 千字
版　　次：2022 年 4 月第 1 版　　**印　　次：**2022 年 4 月第 1 次印刷
定　　价：119.00 元

产品编号：095432-01

本书编委会

主　编

廖　理　顾良飞

副主编

王正位　袁　源

编　委

温　静　庞新艳　齐稚平　齐　迪　黄　卉

徐　进　刘红灿　周鹏峰　王迪一　崔天阳

推荐序 1

“如果说过去30年，我们是和中国改革同行，未来我们要与世界同行。”2012年清华大学五道口金融学院成立之初，我曾提出过这样的期许。一转眼，十年过去了，现在我可以很自豪地说，当初的设想和期盼实现了。

回首往事，岁月峥嵘，初心不忘。1981年秋，中国人民银行金融研究所研究生部诞生（后改名为中国人民银行研究生部），是我国改革开放后的第一所专门培养金融研究生的机构。我也是作为1981级首届学生来到五道口。当时研究生部就在铁路边的东升公社卫生院的一个小院中，简陋艰苦的环境铸就了五道口人坚定的意志。那时的五道口学子，如饥似渴地学习，抱定“破旧立新”的改革志愿，从一方陋室中走出，开垦中国金融业这片“处女地”，奔向中国金融改革的最前沿。

金融改革的过程成就了五道口学子的成长与发展。“由改革而兴学，为改革育人才”，五道口始终与中国金融改革同呼吸、共命运。从中央银行制度框架的基本建立到专业银行、保险公司的设立，从证券交易所的创办到中国证监会的成立，从商业银行的改革到非银行金融机构的成立，从利率市场化、汇率市场化、人民币国际化改革到中央银行体系、金融宏观调控体系、金融组织体系、金融市场体系、金融监管体系的全面建设，金融领域的各个方面、各个行业都活跃着五道口学子的身影，开创了许多“第一”。骄人的成绩让中国人民银行研究生部在国内外受到广泛关注和高度赞扬，获得了中国“金融黄埔”的美誉。

进入21世纪，全球经济金融格局风云变化，中国已经成为全球经济总量第二的国家，随着新兴市场国家的崛起和我国进一步深化改革，国家对金融人才的培养和金融理论的研究提出了新的更高的要求。这为五道口办学从金融业务部门“破圈”、突破国家部委办学的制约、培养更加国际化的金融人才提供了新的时代机遇，也为中国人民银行党委与清华大学党委做出“五道口并入清华大学，成立清华大学五道口金融学院”这一历史性的决定奠定了基石。

从开始酝酿到正式并入，这一过程中，面对社会各界的顾虑与整合重组的困难，中国人民银行党委与清华大学党委给予了大力支持，双方共同努力，相向而行，精诚合作，促成了清华大学五道口金融学院的成立，促成了这个必将在中国金融教育史上铭记的成功合作。

学院的一位战略咨询委员会委员曾说：无论中国人民银行还是清华大学，真正办好五道口金融学院是极其艰难的一项工作。一方面，我们可以看到一些高等院校在合并重组过程中可能会丧失原来的文化和行业优势；另一方面，转型过程涉及的理念和教学方式的转变不一定为各方所完全接受。此外，还有可能存在“两张皮”现象，即一所大学的文化并没有渗透于整合各方。能将清华大学和五道口两种比较优势融合起来是很不容易的。清华五道口十年来的发展态势证明，上述问题都得到了圆满解决，这与中国人民银行和清华大学的科学决策密不可分，更重要的是学院管理者的眼界与能力。

我记得 2012 年 4 月，在学院正式揭牌后的第一次党政联席会上，结合“十三五”学科规划的制定，学院领导们就提出要尽快凝练形成学院的使命和办学理念，作为学院办学方向的指引。结合大学的功能、时代的要求和五道口的定位，当时提出了四个元素，包括人才、研究、中国、世界。经过广泛调研和反复讨论，又经过几次会议的打磨，学院的使命最终确定为“培养金融领袖，引领金融实践，贡献民族复兴，促进世界和谐”，并一直沿用至今。这个使命充分体现了学院人才培养的根本任务、注重实践的传统特色，也表达了学院立志服务国家，并通过加强国际交流推动世界和谐的责任与担当。

过去的人民银行研究生部，好比在花盆里的一棵优质树苗，进入清华大学以后，就从花盆移植到一个广阔的田园中，清华为它成长为一棵参天大树提供了更广阔的天地。同学们的知识面和眼界更加开阔，文体活动更丰富，教学、学术和实践的国际交流机会更多，汲取清华的养分是很有价值的。有一位五道口校友将这种融合比喻为“根移魂不变”，根是吸收养分的，根植于清华园沃土，师资、学生素养和科研能力得以快速提升；魂是决定使命的，以金融改革、发展、创新为己任是五道口传承至今的灵魂，这是五道口的核心竞争力，从未改变。

纵观五道口办学四十多年，清华五道口传承了中国人民银行研究生部时期形成的优良传统和宝贵经验，并将之发扬光大。创业维艰，砥砺前行。2022 年是五道口并入清华大学十周年，回顾这些年的历程，我内心充满感激与欣慰。感激刘鸿儒老师等一大批五道口的奠基者和开创者；感激清华大学对五道口并入后在人力、教学和财务上的鼎力支持；感激从五道口留任的同事、一大批认可五道口的理念从海外归来的学子，以及不断加入五道口的所有同事；感激所有为清华大学五道口金融学院做过贡献的人！是大家的认可和不懈努力，为五道口的发展增添了力量，实现了清华五道口对研究生部的传承、融合和发展。

高度的责任感、使命感和强大的凝聚力、战斗力，是清华五道口人的力量源泉。现在，在道口小院里，我看到一支年轻而朝气蓬勃的教职工和学生队伍，群英荟萃、桃李芬芳，我看到理论与纷繁复杂的实践在这里充分相融碰撞，不断深化与沉淀，不断形成了推动中国金融改革向上突破的五道口力量。祝愿道口人在百年未有之变局的今天能认清大势，务实探索，再创辉煌！

吴晓灵
清华大学五道口金融学院首任院长、理事长

推荐序2

2022年，五道口办学迎来四十一周年，亦是清华大学五道口金融学院成立十周年。回首2012年那个春暖花开的时节，中国人民银行与清华大学站在推动我国金融体系稳定、改革和发展的高度，携手合作，清华大学五道口金融学院正式成立。这是五道口办学史上的里程碑，也是中国金融界和教育史上值得纪念的重要时刻。从此，以精英云集、人才辈出而享誉金融界的五道口与清华大学百年学府的气韵相融合，汇集学界鸿儒大师，在滚滚向前的时代浪潮中迸发出勃勃生机。

十年回眸，一路精彩。2012年，五道口在而立之年再出发，缘起于清华大学与中国人民银行的强强联合，传承于中国人民银行研究生部的优良传统，破题于在全国商学院的进化逻辑中探索五道口特色，矢志于在五道口传统与清华大学丰厚底蕴的融合中走向新的辉煌。十年的时间，在众多学府悠久的历史上可能只是短暂的一个秩年，但对于清华五道口而言，这十年却是实现传承与融合、创新与升华的重要阶段，是开创五道口教育事业新局面的关键时期。

时不我待，只争朝夕。自清华五道口成立以来，学院继承道口传统，发扬清华精神，立足中国，面向世界，在师资队伍建设、人才培养体系重塑、科研体系构建、服务国家战略等方面实现了跨越式发展。

十年来，清华五道口“扎根中国大地，建设国际一流金融学院”的初衷从未改变，用一份份求实创新的成绩，向关心学院发展的社会各界交上了一份满意的答卷。金融学博士、金融专业硕士、技术转移硕士、清华 - 康奈尔双学位金融 MBA、金融 EMBA、全球金融 GSFD、高管教育、在线教育等项目的人才培养水平进一步提升，教学方式不断创新优化。学术探索与政策研究齐头并进，清华大学国家金融研究院、清华大学金融科技研究院等智库的影响力进一步凸显，为助力中国金融改革与发展贡献力量。

十年来，清华五道口以开拓进取的精神，不断探索，大胆创新，改善办学环境，革新内部管理，延揽海内外优秀师资，创新教育模式，教学与科研比翼双飞，取得了令人瞩目的成就，创造了金融教育史上多个第一：开设了中国大陆地区第一个与北美常春藤大学合作的 MBA 学位项目，以服务于全球化背景下对高端金融人才的需求；响应国家“一带一路”倡议，开设第一个金融 EMBA“一带一路”东南亚项目；首创科创金融人才培养体系，为社会输送科创 + 金融复合型人才；发挥教育资源优势，孵化第一个金融在线教育平台……

如今的五道口已经成为具有中国特色、彰显清华风格、承接五道口传统的高等教育学府，其影响力正从金融行业逐步拓展到企业界，国际影响力也逐步凸显。清华大学五道口金融学院——这一亮丽的招牌与中国人民银行研究生部一起，不仅镌刻在北京市海淀区成府路 43 号院的红楼上，更享誉海内外金融学界与业界。

回望，是为了更好地出发。五道口办学长盛不衰，历久弥新，因为我们的努力不仅停留在当下，回应时代之问，更持续思考未来，把目光投向远方，在改革发展中不断焕发新生。当今时代，以人工智能、大数据、云计算等新技术为代表的新一轮科技革命正在兴起，技术创新深刻改变了金融行业的运行机制，新模式新业态新产品层出不穷，金融学术领域的理论创新也在快速推进。要想前瞻性地做好应对外部冲击的充分准备，除了保持国内货币政策的自主性，力争走在大国政策转向之前，还需要有一支能打硬仗的高素质金融队伍。

与过往相比，今天清华五道口所处的环境已经发生了翻天覆地的变化，竞争变得更加多元而激烈。国内外对高校的人才培养、学术研究有着巨大的期盼。如何在实践中发展理论，尤其是在经济运行日趋复杂、金融创新日新月异的今天，如何与时俱进地发展和完善支撑政策、决策的经济金融理论框架，不仅是新时代新形势对国家金融体系建设与发展提出的新挑战，也对高校的金融人才培养工作有了更高的要求。学院惟有继往开来，将历史和现实相贯通、国际和国内相关联、理论和实践相结合，凝心聚力、保持定力，才能朝着完成新时代赋予我们的历史使命的方向不断前进。

人才培养是学院的根本任务，培养德智体美劳全面发展的社会主义建设者和接班人始终是清华五道口的核心工作，“培养金融领袖，引领金融实践，贡献民族复兴，促进世界和谐”是学院矢志不渝的使命。清华五道口必将致知力行，锚定现实问题与学术发展的前沿领域不放松，始终把“育人”作为学院的根本，以“顶天、立地、树人”的科研理念为指导，始终坚持问题导向、目标导向、结果导向，主动以时代赋予的考题为使命，继续大力推动高水平的前沿理论探索和基于经济金融实践的政策研究，以务实的作风推进学院进一步更好更快地发展，为中国金融改革发展事业开拓新的气象。

风劲帆满海天阔，携手同行再出发。面对未来的困难和挑战，我们要充分认识清华五道口承担的重大责任和历史使命，以积极作为应对未来的不确定性，未雨绸缪，精诚合作，开拓创新，形成蓬勃向上、奋发进取的局面，共同推动学院事业达到新的高度，创造新的历史。“苟日新，日日新，又日新”，前行的方向已经锚定，前进的风帆已经扬起，清华五道口的未来可期！

张晓慧

清华大学五道口金融学院院长

目　录

上篇　回首来时路

中篇 使命勇担当

下篇 奋楫新征程

上篇

回首来时路

砥砺四十又一载，求索几代五道口人。1981 年 9 月，为了满足金融体制改革对高素质金融应用型人才的迫切需求，中国人民银行总行金融研究所研究生部应运而生。1994 年，中国人民银行总行金融研究所研究生部更名为中国人民银行研究生部。这是我国金融系统第一所专门培养金融高级管理人才的高等学府，由于坐落于北京市海淀区五道口，被师生校友亲切地称呼为“五道口”（有时也简称“道口”）。多年来，五道口为我国的经济金融事业输送了众多优秀的金融人才，成就了“金融黄埔”的美誉。

2012 年 3 月，中国人民银行与清华大学合作，在中国人民银行研究生部基础上，共同建设清华大学五道口金融学院。如今，清华五道口已经成长为中国优秀的高等金融专业人才的培养基地之一，正努力朝着具有中国特色的世界顶尖金融学院的新发展阶段迈进。

时而回望，不忘初心，才能更好地前行。

第一章

继往开来，确保平稳过渡

悠悠十载，弹指而过。

2012 年，清华大学与中国人民银行携手，为五道口注入了新的力量，使她焕发了更加蓬勃的生命力。十年的发展，离不开社会各界的关心支持与师生们的辛勤努力。特别是在建院之初，清华五道口正如所有创业之初的组织，凝聚了许多人的心血。

筚路蓝缕，以启山林。学院常务副院长廖理回忆说，学院筹备阶段，清华大学成立了由时任校党委书记胡和平担任组长，副校长谢维和、程建平担任副组长，学校党办、组织部、研究生院、人事处、财务处等部门负责人组成的“清华大学五道口金融学院筹建领导小组”，对学院治理架构的设计，以及教学、人事、后勤、办公用房、资产等方面的交接和融入给予指导和协调。“学院筹建工作小组”随即成立，刚开始不到十个人，每个人都是一人多岗，互相补位，没有人计较个人得失。大家起早贪黑、齐心协力，确保了筹备和建院之初各项工作的平稳过渡，为学院步入正轨并快速发展打下了坚实基础。同时也在艰苦奋斗的过程中，锻炼出了一支忠诚度高、凝聚力强、认知高度一致的团队。正是这样一个胸怀理想、披荆斩棘的开始，奠定了清华五道口团结友爱的工作氛围和脚踏实地的工作作风。

为此，我们采访了曾亲身参与清华五道口筹备与建设且一直心系学院发展的领导们、老师们，一起回顾重新出发时难忘的点滴岁月，重温创业之初的炽热情怀！

一、学院筹备及成立

（一）携手合作缘起

回顾清华大学与中国人民银行携手合作的缘起，在历史铺垫、地缘优势、时代机遇和双方努力方面，可谓“天时、地利、人和”，多重因素促成了中国金融教育史上的这次强强联合。

历史的发展总是伏延千里。时任清华大学校长陈吉宁曾感慨：“1911 年 2 月至 1912 年 1 月出任清华学堂监督也就是校长的周自齐先生，随后担任了央行中国银行的总裁，把清华与央行的领导职务先后集于一体，现在想来也许这段因缘百年之前早已注定。”同时，被大家亲切地称呼为“五道口”的中国人民银行研究生部，就坐落在清华园东南侧，正如陈吉宁在五道口金融学院成立大会上所言，“清华大学与中国人民银行研究生部做邻居已经多年，一街之隔，彼此熟悉，双方也一直保持良好的合作关系，并有加深合作的意愿。”“与中国人民银行研究生部联姻，并以此为基础大力发展金融学科，是清华大学的夙愿，也是学校总体发展战略的重要组成部分。”在采访中，学院理事长兼首任院长、中国人民银行原副行长吴晓灵介绍：“中国人民银行与清华大学合作开展金融教育事业，早在 2000 年双方就已经开始接触，在正式建院时已历时 12 年。”在此之前，中国人民银行研究生部与清华大学曾有过多次紧密合作，彼此了解，各自都有强强合作的意向。所以清华大学五道口金融学院的成立并非偶然，而是历史酝酿的结果。

一个时代有一个时代的主题，一代人有一代人的使命，时代永远是出卷人。2012 年在学院成立大会上，清华大学五道口金融学院名誉院长、时任中国人民银行行长周小川曾详述国家发展对金融人才培养的时代要求：20 世纪 80 年代，随着我国传统计划经济格局逐步打破，金融改革向着市场化方向急速发展，迫切需要一批既熟悉中国国情，又具有前瞻意识和改革创新精神的金融人才，以解除高级人才匮乏制约我国金融改革发展的瓶颈。正如中国人民银行研究生部创始人、五道口金融学院名誉理事长刘鸿儒所言："过去的30年里，我国一直在学习苏联经验，几乎所有的教科书和课程设置都是从苏联引进的计划经济体制下的内容，现在突然要发展市场经济，人才衔接不上。创办五道口是随着金融改革认识发展的结果，是时代的产物。"1981年，中国人民银行总行金融研究所研究生部（1994年更名为"中国人民银行研究生部"）应运而生，成为我国金融系统第一所专门培养金融高级管理人才的高等学府。

在从开始酝酿到五道口正式并入清华大学这一过程中，面对社会各界的顾虑与整合重组的困难，中国人民银行党委与清华大学党委给予了大力支持，是双方的精诚合作和共同努力促成了清华五道口的成立。据吴晓灵老师介绍，当年最大的顾虑就是五道口进入清华大学之后，与金融业界紧密联系的特色会消失，从而失去五道口的办学传统和精神传承。为此，刘鸿儒、吴晓灵等五道口前辈在多个场合与广大校友沟通交流，传达双方党委的合作精神。根据2011年7月双方签订的《关于建设"清华大学五道口金融学院"的框架协议》，中国人民银行将继续支持清华五道口的发展，发挥五道口的校友网络优势，实现资源优势互补与整合。清华大学把支持清华五道口发展作为向世界一流大学迈进过程中经济与金融学科建设的重要战略任务。鉴于清华五道口的历史沿革、职能、性质和未来战略发展的需要，清华大学给予清华五道口相对的独立地位与灵活性，在机构、财务、运作管理等诸多方面给予特殊的支持政策。据学院理事、清华大学原副校长谢维和介绍，清华大学作为一所以工科为传统优势的综合性大学，在清华五道口成立的时候，其文科已经发展到了一定的规模，但与其他兄弟院校和中国人民银行研究生部相比较，金融学科的发展历史还不是很长。而五道口的加入恰逢清华大学迎接百年校庆、跻身世界一流大学的时机，中国人民银行研究生部与金融实践的紧密联系以及与清华大学学科理论优势相结合，助力清华大学进一步提高了金融学科的发展质量，对于清华大学全面建设世界一流大学发挥了重要作用。

回忆起五道口并入清华大学过程中印象最深刻的事，吴晓灵老师说："印象最深的首先是清华大学党委的支持。从学校领导来说，时任校长顾秉林和副校长程建平对于五道口并入清华大学的意义，认识得非常深刻，思想非常领先，在具体操作上更是不遗余力。"

真者，精诚之至也。正是在历史和地缘优势的铺垫下，中国人民银行与清华大学顺应时代发展的趋势，主动适应面向世界、国际化高端金融人才培养的转型要求，双方共同努力，相向而行，促成了这次必将被中国金融教育史铭记的成功合作。

（二）破解棘手难题

在学院筹建阶段，有很多棘手的问题关系到清华五道口能否顺利诞生，就像一座座大山横亘在所有学院领导面前，充满不确定性。面对很多人不解、疑虑的声音，包括吴晓灵院长在内的学院领导顶住压力，逐个破解，才有了十年来清华五道口的成就。

回忆起第一次收到吴晓灵老师邀请、接受筹备学院任务时的情形，学院常务副院长廖理和第一任党委书记聂风华都记忆犹新，他们不约而同地提到一个关键词——“意义”。虽然当时前途并不明朗，面临困难重重，但大家都坚信，中国人民银行研究生部在金融业界的声望，加之清华大学的办学理念和经验，一定能够使新学院焕发蓬勃的生命力。这是一件有意义的事情，是一项值得奋斗终生的事业。

有了决心，还需要脚踏实地的毅力和百折不挠的勇气。当时，摆在筹建工作组面前的第一个难题，就是原中国人民银行研究生部离退休人员的安置和补偿问题、工作人员的去留问题。面对离退休老同志的担忧，程建平老师带领几位学院领导参加了双方谈判，代表清华大学给予了大力支持，充分认可老同志为学院做出的巨大历史贡献，同时也为大家安度晚年提供最好的保障。面对原研究生部工作人员的去留问题，学院充分尊重个人意愿，欢迎大家纳入清华大学体系，继续担任学校或学院合适的岗位职务，并发挥学校优势，为大家的生活提供实实在在的帮助，充分展现学院的诚意。对回归人民银行体系的同志，学院领导亲自在北京市内跑了很多地方，租用合适的办公用房，帮助中国人民银行的老同志解决后顾之忧。

第二个棘手难题是老校友的担忧。五道口的校友们对学校有着非常深厚的感情，在不清楚新学院未来发展、没有看到发展成效的情况下，难免心情复杂。就像学院理事、中国人民银行研究生部首届学生张志平校友在学院成立大会上所言：“作为五道口的一个老同学，跟绝大多数五道口同学一样，心情是比较复杂的，有激动，有兴奋，有期待，也有小小的不舍。”

为了打消大家的顾虑，真正让大家理解合并的决定和学院发展的迫切需求，当时学院领导做了大量工作，这可以概括为两个关键词：尊重和希望。首先就是充分尊重校友的感情；其次就是让大家看到学院未来发展的希望。廖理和聂风华两位老师亲自登门拜访，带着精心准备的《五道口未来发展规划》和道口小院的装修改造设计图，与校友们畅谈学院的未来。聂风华老师坦言，“其实老校友就是怕我们把牌子给砸了”，通过真诚的促膝长谈，让老校友们清楚学院未来的发展道路，信任这些认真做事的人，才能逐渐获得大家的理解。后来在老校友群体里口耳相传，大家也就逐渐了解并愿意参与到学院的各项工作之中了。

另外，关于新学院的命名，在清华大学内部也有不同意见。据廖理老师介绍：在清华五道口之前，清华大学从未有过冠名的学院，甚至在有企业或者基金捐助的情况下，清华大学都拒绝了学院冠名。为了把“五道口”三个字加入学院名称中，当时学院领导找到校领导专门做汇报，逐个做工作，告诉大家“五道口”不只是一个地名，更是一个符号，就类似于“华尔街”不是一条街，而是美国金融的一个代名词。“五道口”三个字在中国金融业界同样有着崇高的地位，而且学院的英文名称用的是“PBC”，而不是“WDK”，也是将学院的由来和内涵表现出来。经过努力，终于使清华大学五道口金融学院成为清华大学有史以来第一个有着个性冠名的学院。

学院筹建工作大事记

2011 年 3 月 22 日　成立“五道口金融学院筹建领导小组”，校党委书记胡和平担任组长，副校长谢维和、程建平担任副组长，成员包括党办、组织部、研究生院、人事处、财务处等部门负责人。

2011 年 7 月 30 日　签署《中国人民银行、清华大学关于建设“清华大学五道口金融学院”的框架协议》，五道口金融学院筹建工作正式启动。

2011 年 9 月 5 日　五道口金融学院筹建工作小组部分骨干人员进驻中国人民银行研究生部，积极配合、有限参与研究生部的各项工作。

2011 年 10 月 27 日　签署《中国人民银行与清华大学关于中国人民银行

研究生部后勤事项移交工作的备忘录》，正式启动设备设施的运行管理权、合同工管理及劳动关系转移和安全职责等后勤相关事项的移交手续。

2011 年 11 月 1 日　学院饮食中心正式接管研究生部食堂，向师生员工供餐；同时，校园网光缆接入研究生部。

2011 年 11 月 2 日　2012 年申报修购专项资金项目通过教育部的委托评估。

2011 年 12 月 30 日　签署《中国人民银行、清华大学关于中国人民银行研究生部在职和离退休人员安置工作的协议》，根据研究生部职工的去留意愿，积极做好相关人员的接收与安置工作。

2011 年 12 月 31 日　签署《中国人民银行与清华大学关于中国人民银行研究生部学生管理与教研工作移交备忘录》，正式开始教学管理与教研工作的交接工作，并启动教学相关文书档案的移交手续。

2012 年 1 月 17 日　组建学院教学及管理部门，各部门筹备工作小组基本到位。

2012 年 2 月 1 日　签署《中国人民银行与清华大学关于清华大学为中国人民银行提供相关办公场所的协议》，次日完成物业移交。

2012 年 2 月 6 日　清华大学与中国人民银行经协商决定，正式向教育部报送《关于接收中国人民银行研究生部成立清华大学五道口金融学院的请示》。

2012 年 3 月 14 日　教育部正式批复，同意中国人民银行研究生部并入清华大学。

（三）学院正式成立

经过前期周密筹备，终于迎来了清华五道口正式成立的时刻。2012 年 3 月 29 日下午，清华大学五道口金融学院成立大会在清华大学主楼隆重举行，标志着清华大学五道口金融学院正式加入清华大家庭，成为清华大学第 17 个学院。

时任教育部部长袁贵仁，时任中国人民银行行长周小川，中国人民银行原副行长、中国证券监督管理委员会首任主席刘鸿儒，第十二届全国人民代

■ 图为成立大会上领导共同为学院揭牌

表大会财政经济委员会副主任委员、中国人民银行原副行长吴晓灵，时任中国人民银行副行长胡晓炼，时任中国证券监督管理委员会副主席庄心一，时任中国保险监督管理委员会副主席周延礼，中国保险监督管理委员会原副主席魏迎宁，时任清华大学校长陈吉宁，时任党委书记胡和平，原校长顾秉林，时任副校长程建平等出席成立大会。时任清华大学副校长谢维和主持大会。

胡和平在成立大会上宣读了《教育部关于同意中国人民银行研究生部并入清华大学的批复》，清华大学校务会议关于成立五道口金融学院的决定以及学院理事会和名誉院长、院长名单。周小川出任学院名誉院长，刘鸿儒出任学院理事会名誉理事长，吴晓灵出任理事长，并担任首任院长。理事会理事包括：时任中国人民银行副行长杜金富，时任中国银行业监督管理委员会副主席王兆星，时任中国证券监督管理委员会副主席庄心一，时任中国保险监督管理委员会副主席周延礼，时任清华大学副校长谢维和，时任清华大学副校长程建平，刘鸿儒教育基金会代表、时任国泰君安证券董事长万建华，五道口校友会代表、时任东英集团董事长张志平。陈吉宁为他们颁发了聘书。

■ 图为胡和平在成立大会上宣读《教育部关于同意中国人民银行研究生部并入清华大学的批复》

■ 图为成立大会上袁贵仁发表讲话

成立大会上，袁贵仁、周小川、陈吉宁和吴晓灵分别发表讲话。对清华五道口凝聚双方优势，共建金融人才高端培养平台，创新金融人才培养模式，向建设国际一流金融学院的目标迈进，提出了殷殷期望。袁贵仁指出，清华大学与中国人民银行联合，成立清华大学五道口金融学院，打造高层次金融教育平台，是贯彻胡锦涛总书记清华百年校庆重要讲话精神、全面提高高等教育质量的具体行动，是主动适应经济社会发展需求、探索高校与行业部门合作办学的重大举措，对于创新金融人才培养模式、提高金融人才培养水平、加快建设世界一流大学步伐，都具有十分重要的意义。他希望清华大学五道口金融学院全面贯彻党的教育方针，坚持以人才培养为根本，充分发挥学院的综合优势和行业优势，改革研究生培养机制，大力培养高素质、高层次、创新型的金融人才。坚持以学科建设为基础，瞄准世界前沿，联系中国实际，加强基础研究，强化应用研究，促进交叉研究，推出一批有价值、有分量的成果，丰富发展中国特色社会主义金融理论体系。坚持以国家金融智库建设为重点，围绕科学发展主题和加快转变经济发展方式主线，为我国经济社会发展特别是金融事业改革发展提供强有力的智力支撑。

周小川指出，随着全球经济金融格局的变化，新兴市场国家经济的崛起和我国进一步深化改革开放，对金融人才的培养和金融理论的研究都提出了新的更高的要求。中国人民银行将一如既往地关心支持五道口金融学院的发展，同时希望学院在保持与金融界密切联系的同时，充分发挥清华大学综合性、研究型、开放式大学的优势，更新教育理念，深化教育改革，增强办学特色，提高办学质量，努力培养人文素质和科学素质并重，既熟悉中国国情，又通晓国际规则的高端金融人才，早日建设成为具有中国特色和世界水平的教育基地，为我国金融改革发展提供有力的人才保障和理论支持。

成立大会后，学院举行了隆重的挂牌仪式，并召开了五道口金融学院首届理事会，讨论学院发展规划和财务规划，通过理事会议事规则及常务副院长、副院长提名。

■ 图为学院成立大会上周小川发表讲话

■ 图为学院成立时全体教职工合影
（第一排左起，王京伟、袁源、赵岑、聂风华、廖理、康以同、张伟、何晓春；第二排左起，杨爱东、陈晨、徐兰英、姜艳霞、李静芳、王岚岚、戎蕾、李元真、张婧；第三排左起，蒋杨倩、庞新艳、姚丽娜、张路、郭红俊、汪绍西、李磊、彭锡光）

贺信

五道口金融学院：

值此五道口金融学院成立之际，我们谨代表学校，向学院全体师生员工、广大校友致以热烈的祝贺和诚挚的问候！

五道口金融学院的前身中国人民银行研究生部诞生和成长于我国经济金融改革发展之中，30 年来从无到有、从弱到强，逐渐发展成为我国享有盛誉的金融高等教育基地。中国人民银行研究生部以求真务实的办学作风，探索形成独具特色的办学模式，为金融领域培养了一大批"投身改革，经受锻炼"的中坚力量，为中国金融改革发展作出了重要贡献。金融是现代经济的核心，人才在中国金融发展中的基础性、战略性、决定性作用日益凸显。清华大学与中国人民银行优势互补、携手建设五道口金融学院，旨在打造国际一流的金融教育和学术平台，推动我国金融体系稳定、改革和发展。

当前，清华大学正站在新百年的历史新起点上，改革创新，奋勇争先，加快建设世界一流大学。忆往昔风雨兼程，启新篇任重道远。我们衷心希望五道口金融学院在新的发展平台上，继续保持与金融业界的紧密联系，继承发扬"五道口"优良办学传统，大力弘扬清华精神，锐意改革，开拓进取，整合办学资源，汇聚一流教师，努力建设成为中国特色、世界一流的金融学院，培养具有国际竞争力的金融领军人才，为实现国家现代化和中华民族伟大复兴作出新的贡献！

校　长　陈吉宁

党委书记　胡和平

2012 年 3 月

■ 图为学院成立时，陈吉宁、胡和平的贺信培养高素质金融人才！
2012年3月29日

继承道口精神
发扬清华传统
立足中国　面向世界
建设国际一流金融学院
庆祝清华大学五道口金融学院成立
刘鸿儒题

汇聚一流师资
培养创新人才
王大中
二〇一二年四月

贺五道口金融学院成立
继承　融合
创新　一流
顾秉林
二〇一二年三月

图为学院成立时，各界人士题字

二、融入清华大学工作体系

（一）学生工作细入微

根据《中国人民银行与清华大学关于中国人民银行研究生部学生管理与教研工作移交备忘录》，2012 年学院完成了原中国人民银行研究生部 30 年来所有招生、教学、学位和学籍档案的交接，178 名金融学硕士生的学籍转入清华大学，确保在校生学习生活正常进行。但在学院并入清华之初，部分已在读的同学不知道学院并入清华后将会给自己的学业、毕业和就业带来哪些可能的变化，难免会出现困惑、迷茫。为了让同学们尽快融入清华，并进入更好的学习状态，当时负责学生工作的老师们深入学生群体当中，做了大量细致入微的思想工作。据时任学院党委副书记赵岑介绍："当年第一次与全体在校学生见面是在一个大报告厅，坐满了同学，大家提出非常多的困惑和问题，涉及教学、科研、国际交流、职业发展、支持资源等方面的一系列问题，明显感觉到，当时学生是焦虑的，内心存在很多不确定性，需要通过扎实细致、快速推进的工作，尽快建立起师生间的信任，这是最关键的。"

2012 年，"融入、构建"是学院学生工作的两大主题。"融入，就是要将学院学生工作纳入清华大学整体的学生工作体系中，对接学校在人才培养方面的各类教育资源；构建，就是要建立起符合学校统一要求和道口特色的学生工作体系。融入和构建的过程，本质上是我们跟同学建立信任的过程。五道口金融学院能够快速融入清华大学的氛围中，得益于学院全体教职员工的团结一心和全情投入。从学院领导到每一位普通同事，大家都非常团结；学生也能够明显感受到，这样一批老师，是真心为同学好，是真的想要把学院建设好！"赵岑介绍说。

据当时主管学生事务的老师回忆："最初我们没有关于学生个人的资料，为了尽快地熟悉学生情况，我们经常直接到学生宿舍，与学生交流沟通、了解情况，直到所有学生的信息记录完整"，"学院建立初期只有二十几个人，每个人负责的项目都非常多，除了学生工作，还要负责固定资产、物品采购及库房物品领用出入库、学生宿舍管理等，当时每位老师都一人多岗，加班是常态，但每个人都没有任何怨言，反而内心都是满满的使命感。”

在构建学生组织体系方面，学院花了很大精力去选拔、培养学生骨干，鼓励更多的同学参与社会工作锻炼。党的基层组织建设是基础。2012年4月初，学院得到学校党委研究生工作部批复，成立了学院党委研究生工作组；在每个班设立党支部，实现党团班一一对应；为每个班设立带班的研究生德育工作助理；设立党建助理、新生助理、就业助理等德育工作助理岗位。2012年4月底，学院参照学校其他院系研究生代表大会的召开办法和章程，举办了研究生全体大会，会议通过并成立了五道口金融学院研团总支和研究生分会；此后，学院又相继成立了学生金融领导力协会和互联网金融协会，充分发挥社团育人的作用。

就这样，不到一年的时间内，学院不仅实现了学生党建、学生组织、学生就业等工作与学校的“无缝对接”，让全院学生尽快融入学校整体育人环境中，还结合学院特点开创性地构建了以学术学风与文化建设为核心内容的第二课堂体系、职业发展教育服务体系、奖助贷体系、学生骨干培养体系，并逐步建立了学生工作系统档案工作制度、学生工作组例会制度、学生系统财务预算与报销制度、德育助理值班制度等，初步实现了学生工作的体系化和制度化。

其次，为加强师生沟通，学院开展了一系列活动。多次组织学生座谈会，学院领导深入学生宿舍，了解学生的问题及诉求。吴晓灵老师站在第一线，作为院长，同时又是老校友、大师姐，亲自为同学们答疑解惑。为了让同学们迅速与老师拉近距离，学院举办了全院师生“趣味运动会”，在游戏和竞技中老师和同学们的关系快速“破冰”，彼此之间由陌生变得熟悉和亲近。2012年12月11日，学院创办了“院长之夜”系列活动，2012级同学代表与吴晓灵以及其他老师近距离交流学习生活、职业发展以及学院建设方面的问题。2013年开始，学院定期举办以“理解·互动·交流”为主题的“院领导接待日”活动。这两个活动发展至今已成为五道口师生交流的特色平台，深受同学们欢迎。

学校各类资源的导入和全院老师用心用情的工作投入，让每个学生明显感受到了并入清华的积极变化和满满的获得感。就业指导工作，往往是学生们最关心的问题之一，为此，学院构建了全方位资源匹配、全周期覆盖、全员参与的具有学院特色的职业发展教育服务体系。2012 年 6 月初，学院与清华大学就业中心联合举办了清华大学金融人才暑期实习专场招聘会，这是清华大学首次举办针对暑期实习的大型招聘会活动。40 家国内外知名金融企业和机构参会，全校 500 名学生来会应聘；组织校园宣讲 8 次，无领导小组面试模拟 6 次。“当时很难想象一个院系居然可以为了实习邀请来这么多顶级的机构，在全校也是首次。职业发展中心对学院高度称赞，要把这个模式推广到学校其他院系。学生们发现并入清华之后，就业眼界宽了，获得的指导和资源支持多了，在职业发展方面的获得感明显增强了。”赵岑老师介绍说。

建院之初，教学工作同样面临很多难题。据了解，当时在校的 2010 级和 2011 级学生最担心的问题之一就是能否如期毕业，因为原研究生部负责的课程虽已结束，但即将到来的毕业论文答辩需符合清华大学的相关要求。为了教学工作的顺利过渡，2010 级和 2011 级硕士研究生执行原中国人民银行研究生部的培养方案；自 2012 级硕士研究生开始，执行“清华大学五道口金融学院应用经济学（金融学）硕士研究生培养方案”。同时，学院继承五道口教学传统，新的培养方案中保留了很多讲座，由金融监管部门和业界专家讲授，开阔同学们的视野。为了帮助大家尽快了解清华大学毕业相关流程与要求，当时学院做了很多沟通工作，分管教学工作的副院长康以同老师，邀请校内老师来到学院做关于清华大学论文写作要求的讲座并与学生进行交流。教学办的老师们密切跟踪学生们的论文写作进展，积极与校研究生院、校学位分委员会和校内教师进行沟通并听取其指导意见，帮助同学们打消顾虑，快速适应，满足清华大学要求而顺利毕业。据学院教学办公室主任李静芳介绍，“当初将中国人民银行研究生部和清华大学的教学工作并轨，是接手教学办工作时面临的最复杂的事情。现在回想起来，把并轨的事做好，为后续学院硕博项目走上正轨并不断提升质量，奠定了良好的基础。”

最后，学生工作最重要的环节还体现在平时的沟通交流和细致入微的生活琐事之中。“只有在细节中让同学们了解到老师、学校和学院是真正关心他们的，是跟他们在一起的，才能真正赢得同学们的信任。”赵岑老师如是说。还记得道口小院装修前学生宿舍搬家，当时有许多学生不理解，意见很大。学生办的老师就一遍遍地找学生谈心，倾听他们的意见、给予耐心的解答、尽最大的努力从学校争取最好的宿舍给学生居住。搬家前，老师为学生准备了搬家车辆、纸箱、编织袋、胶带等所需物品。搬家时，学院领导、行政办、学生办的老师亲自动手帮同学搬，动员学生骨干帮同学搬，男生帮女生搬。当学生看到老师跟他们一起一趟趟搬箱子，忙碌得热火朝天，发现这些老师是真正关心他们的，是愿意跟他们在一起的，也就真真切切地感受到学院为了给大家提供更好学习生活环境的良苦用心。据几位老师介绍，在学院刚刚建立的前三年，几位院领导经常晚上 11 点多才下班，那个时候可能还有学生在小篮球场打球，每天老师们在下班之前，一定会去篮球场跟同学们聊聊天，问问他们最近学习科研的情况、实习就业的情况。在电梯里偶遇院领导，老师们总是能准确亲切地叫出每一位学生的名字，同学们的信任就在这样一次次接触和了解中逐步建立起来了。

以真心换真情。在与学生的朝夕相处和深入交流中，老师们也收获了学生的尊重和信任。很多学生虽然已经毕业多年，但还会经常给老师们发送消息表示问候。当时主管学生事务的老师动情地介绍，“我不会忘记同学们对我的关心，2010 级、2011 级两位班长贾世开、王森同学在组织搬家时一直冲在前面，帮我们做各种沟通协调工作；晚上查看同学们搬家情况时，尹阳同学一直陪着我走完全程；身体不适时，李德果同学给我送药……这一切都让我一直心怀感激！”“虽然前期的工作很苦很累，但是有同事和同学们的关心与支持，虽苦犹甜。”

我只是一盏烛光，陪你将长夜相伴，
只因不灭的希望，我们把这夜空点亮。
——2013 年 4 月学生节，学院领导老师合唱《我们都一样》

清华大学五道口金融学院举行第一次全院师生大会

2012 年 4 月 28 日，在清华大学迎来建校 101 周年之际，清华大学五道口金融学院举行第一次全院师生大会。吴晓灵老师在大会上作主题报告；廖理老师主持大会；聂风华老师出席大会并介绍了学院的装修改造方案。

吴晓灵在大会上指出，清华大学五道口金融学院的成立，是时代的产物，是清华大学与中国人民银行高瞻远瞩、共同培养国际化金融人才的重要举措。百年清华，承载着中华民族复兴的希望，清华大学“自强不息、厚德载物”的校训与五道口三十年来对中国金融改革所做出的贡献在理念上一脉相承。同时，鼓励同学们要做有使命感和责任感的五道口人，树立科学的人生观和价值观，继续发扬“不怕苦，敢为先，讲团结，重贡献”的学院传统。

在随后的提问环节中，同学们就比较关心的培养体系、国际交换等问题与学院领导进行了交流。

■ 图为吴晓灵发表讲话

2011 级同学代表宣读了充满真情实感的《致五道口的一封信》，同学们表示“会用青春与热忱投身到建设世界金融强国的使命中去。之于道口，之于梦想，心的位置、爱的坚持不会变样”。

会后，学院师生合影留念。

■ 图为第一次全院师生大会合影留念

五道口金融学院举办首届师生“趣味运动会”

2012 年 4 月 28 日，在清华大学迎来建校 101 周年之际，五道口金融学院举办了师生“趣味运动会”。此次运动会共吸引了全院近 200 名师生参加。

学院领导以及五道口校友会副会长李燕明老师、刘鸿儒教育基金会常务副理事长王大伟老师参加运动会。

运动场上，观众摇旗呐喊、锣鼓助威；健儿们身姿矫健、团结拼搏。在“二人拍气球”“二人踢球”和“五人六足”项目中，师生们默契配合，奋勇争先，有的技术出众，有的士气振奋，场上精彩不断。在集体项目“道口大拔河”中，师生们齐心协力，比赛双方你追我赶，整个拔河项目经过了四轮的激烈鏖战，将本次运动会的气氛推向高潮。

这次趣味运动会，是新学院成立后的第一次师生集体运动。通过比赛，师生们沟通感情，促进了解，为清华大学 101 周年校庆送上了最美好的祝福。

■ 图为廖理宣布“趣味运动会”开始

■ 图为师生一起参加拔河比赛

致五道口的一封信——节选

新道口和老道口——不同的时代，同样的使命

2011 级硕士研究生代表

道口是一所学校，但不是一所普通的学校。三十年前，一位金融界的改革家，几间破旧的平房，几位国内顶尖的老师和几十个来自各行各业的学生共同开启了一个传奇——五道口。

三十年过去了，道口已经被写进金融改革的历史，被毕业生们口口相传，被业界津津乐道。道口承担的首要责任是“育人”，为社会、为国家乃至为世界培育一流金融人才。没有过去三十届优秀的学生，没有这些优秀毕业生为我国金融改革做出的杰出贡献，道口将不是今天意义上的道口。

十年树木，百年树人。三十年来不论时代如何变迁，道口“树人”的目标没有变也不能变。正是道口所秉持的最根本的历史使命，是道口走在历史潮流前沿的最强大动力，也是老道口留给新道口最宝贵的遗产。

三十年前老道口的诞生是出于金融改革的需要，同样，今天新道口的成立也是改革的必然结果，是为了更好地发扬过去的传统，在新时代新环境中为道口精神提供新的平台，从而释放以往体制中诸多不得已的束缚，使老道口的精神能够在新的舞台上有更好的体现，顺应历史变革的潮流，从而使道口更好地承担起“树人”这一历史重任。

作为一名学生，面对新的道口、新的环境，深感机遇和挑战并存，感受更多的是一种“海阔凭鱼跃，天高任鸟飞”的豪情。在我们享受到新的教育资源、新的教学模式和更加完善的生活学习环境的同时，更应该懂得充分利用这一资源，努力学习，不断进步，延续道口辉煌，使新道口明天能以我们为荣。新道口应当肩负起转变时期的历史重担，着手制定发展规划，将“建设世界一流的金融学院”口号付诸实践，以切实的行动大胆改革，敢为先，不负各界的信任和历史的嘱托。

道口已经不仅仅是一个名称，她是一种传统、一种理念、一种精神——不怕苦，敢为先，讲团结，重贡献。对所有道口的毕业生来说，不管身处何地，有此精神的地方就是道口，有此理想的地方就是道口。

（二）春风化雨校友情

为了加强与校友的交流沟通，支持校友发展，用实际行动打消大家的顾虑，学院成立伊始就把校友融合发展作为重中之重。2012 年学院成立之初，就确立了“联络校友、服务校友、促进校友和学院共同发展”的校友工作宗旨，联络校友是手段、服务校友是重心、促进校友和学院共同发展是目标。围绕“融入”和“融合”两个工作重心，尽快使校友融入清华大家庭，使学院校友与学校其他院系校友实现融合。

为此，学院成立了专门的校友事务办公室，人力配备也是学校各个院系中较多的，大力促进学院纵向、横向、内外三个维度全方位的校友融合发展，即纵向各年级校友之间、横向各项目校友之间、学院校友和学校其他院系校友之间的融合发展。

谈到承担校友工作的初衷，学院校友事务办公室主任张伟回忆，2011年，五道口正式并入清华大学之前，负责学院筹备工作的领导约他谈话，希望他来做校友工作。谈话中，廖理老师讲了国外一所著名高校的校友工作，特别举例讲述如何才能把校友工作做得细致入微、如何全心全意服务好校友。从学院领导对待这件事情的重视程度，他意识到校友工作的重要性和艰巨性。这个例子也使他受到了触动和启发，至今仍记忆犹新。从这一年开始，这位“土生土长”的五道口校友正式承担起这份颇具挑战性的工作。“当时我对校友工作很陌生，没有相关工作经验，担心自己不能做好这项工作。但纵使顾虑再多，作为五道口毕业生，当时正式留在学院工作的五道口‘老人’只有三人，做好校友工作能够起到承上启下的作用，这也是身为五道口的‘老人’义不容辞的责任。”

学院刚开始开展校友工作的时候，并不是一帆风顺的。遇到的第一个困难就是认识的校友屈指可数。幸运的是，当时有一本“红宝书”，是五道口30年校庆时编写的《校友通讯录》，大部分校友的联系方式都在这本“红宝书”里。张伟老师说，在联系不认识的校友时，都会先给他们发一条短信做自我介绍，包括哪年入学、哪年留校、现在负责校友工作等，把这些情况说清楚，绝大多数校友都能给予积极热情的回复。“后来，这条短信基本上成了一条标准短信，对于首次联络校友，非常有效。”

“特别团结”是校友办的老师联系校友的感受。很多校友即使彼此不认识，但当知道对方是五道口毕业的，立刻会变得很亲近，并且都很愿意为对方提供帮助。正是因为五道口有着这样的传统，才逐渐找到校友工作的窍门，在日积月累中，校友工作也开展得越来越顺利。

紧接着，校友工作遇到了第二个困难。虽然掌握了一些联系技巧，但校友工作究竟如何做好，大家仍然没有概念。为了解决这个问题，校友办的老师在清华大学校友总会亲身学习，通过网络查看国际知名商学院的校友网站，拜访了一些兄弟院校的校友工作负责人，调研校友工作如何开展，有哪些内容、活动，从研究者的角度去学习。

“学院刚成立的时候，老校友担心是否还会被母校承认校友的身份。”为了促进校友融合，打消校友的顾虑，2014 年学院专门举办了两期培训项目——“金融资本与科技创新的对话”，课程学员均为毕业 15 年以上的原人民银行研究生部及清华大学的老校友，甚至有 1981 级的学长。该项目也被称为“本”“科”班，“本”指的是“资本”，代表五道口的金融优势；“科”指的是“科技”，代表清华大学的学科优势。针对单纯学金融、做金融的人来说，对最新的科技进步了解相对较少，利用清华大学在科技方面的优势，既体现融合，也为老校友提供回母校再学习的机会。为此，学员们亲切地称它为“校友回炉计划”。

办理校友卡和设置校友终身电子邮箱，也是一项承认校友身份、服务校友的重要举措。持校友卡可以出入校门、优惠入住学院招待所、使用学院体育设施、在金融图书馆借阅图书，2014 年开始的全球金融论坛邀请校友回院参加，校友可以免费参与金融学院的公开课等。五道口金融学院是清华大学唯一一个拥有院系校友卡的学院，这也是属于五道口校友独一无二的骄傲。

2012 年，学院初步建立了“两刊一网”的校友交流平台，同时，通过短信、邮件、微博等方式，多维度向校友传播学院各方面的重要信息，增进校友之间、校友与学院之间、校友和在校生之间的了解、理解和认同。其中，《五道口校友通讯》创刊于 2011 年，每年四期。自 2012 年 5 月起，学院接手《五道口校友通讯》的编辑及发行工作，定期将其发送给相关领导、学院师生和全体校友，同时向校友寄送《水木清华》，寄送率达 90%。此外，学院正式接手“五道口校友网”的维护，初步建立校友数据库，并建立了校友官方微博。

在不断的学习和探索过程中，学院逐步发现了校友工作的一些规律，总结了校友工作的共性内容。为此，学院积极探索校友融合发展的制度设计，除了日常联络沟通及支持各类校友活动外，还举办校友之夜、“道口家庭”等特色系列活动。据一位老师回忆：“在第一届清华五道口全球金融论坛的当天晚上，学院举办了一个校友活动，叫清华五道口校友之夜。当时我们改编了一首五道口版的歌曲《记住你》。其中最重要的是，在歌曲的最后，把五道口从 1981 年成立以来每一个师生的名字全都呈现了出来。用这样的形式告诉五道口的老校友、老先生，你们对于五道口所有的贡献，所有的价值，我们都记在了心里。很多老校友在现场潸然泪下，印象特别深刻。”

通过坚持不懈的努力，清华五道口的各项事业获得了广大校友的认同。很多老校友纷纷表示，在清华五道口找到了归属感，找到了家的感觉。张伟老师坦言，“只要校友愿意，遇到什么事情都可以找校友办”。“想招人，找校友办；想找工作，找校友办；想对接资金或项目，找校友办。”在校友遇到具体困难，比如办理在校学习成绩单、各类证明材料或政审等事情时，校友办老师都会事无巨细地为校友解决问题。这种“全心全意为校友服务”的工作精神和标准也得到了校友们的高度评价。

记住你 经历水木年华才有桃李争艳

记住你 踏遍风雨征程不忘心灵家园

——2015 年 4 月校友之夜，部分师生代表合唱《记住你》

清华五道口 2013 年新春谢师会圆满举行

2013 年 1 月 19 日，以“返校重聚，感谢师恩，共忆往昔，畅想未来”为主题的清华五道口 2013 年新春谢师会在装修一新的五道口金融学院顺利举行。刘鸿儒、吴晓灵、廖理、聂风华等领导和嘉宾出席谢师会。赵海宽、吴念鲁、李剑阁、黄莺飞、王喜义、秦宛顺、靳云汇等 40 多位老师，以及张志平（1981 级校友）、魏本华（1981 级校友）等 80 余名校友参加了本次活动。

吴晓灵通报了清华大学国家金融研究院的筹备情况，并向所有五道口的老师、校友以及为五道口做过贡献的人士表示诚挚的谢意。吴晓灵指出，学院正呈现蓬勃向上的新气象和新面貌，她代表学院全体教职工向老师和校友承诺，一定会在尊重历史、继承传统的基础上创造出更好的成绩。廖理从学院概况、学科建设、师资队伍、人才培养、科研发展、国际交流等方面介绍了学院的发展情况，并表示学院将尽全力做好一切工作，努力打造世界一流金融学院。

金融学院举行首届各年级校友代表会议

2012 年 6 月 22 日上午，金融学院校友办和五道口校友会共同组织各年级校友代表，召开联席会议。学院领导、五道口校友会顾问李燕明，以及各年级校友代表 40 余人出席会议。

■ 图为各年级校友代表会议现场

康以同介绍了学院的学生培养工作。他指出，学院将在保持原中国人民银行研究生部既有特色的基础上，结合清华大学的优势，开展各类教育项目。随后，他介绍了我院硕士研究生和博士研究生的招生方案。

张伟介绍了近期校友工作情况与未来发展规划。他指出，校友工作的重心是服务校友，措施是联络校友，最终目标是促进校友和学院共同发展。学院将在做好日常工作的基础上，通过《五道口校友通讯》、《校友电子通讯》、五道口校友网、五道口大讲堂，以及“资本与科技对话”论坛活动，加强学院与校友之间的沟通，促进金融界校友与实业界校友之间的交流。

在自由交流环节，参会校友踊跃发言，为学院发展和校友工作献计献策。校友们表示，将积极支持学院的工作，希望学院越办越好。

在总结讲话中，廖理表示，我们将致力于把五道口金融学院建设成为一流金融学院。希望校友能够尽快融入清华大家庭，使我院校友与学校其他院系校友实现融合。他还就校友关心的问题做了详细的回答。

清华五道口校友之夜：应对金融新变局

2014 年 5 月 10 日晚，以“应对金融新变局”为主题的“清华五道口全球金融论坛——清华五道口校友之夜”活动在学院多功能厅举行。活动由学院校友办、五道口校友会支持。

刘鸿儒老师出席并做重要讲话。他强调，金融研究应不满足于对现实政策的解释和评论，而应加强系统的理论研究，探讨中国金融的发展规律；

不满足于国内问题的讨论和争论，应加强国际金融市场变化的比较研究，探索中国金融的发展模式。他指出，研究工作需要系统化、全面化和国际化，需要有独立见解，切忌浮躁和表面化。

图为刘鸿儒发表讲话

学院各年级校友等 100 余人参加活动。本次活动由 1981 级校友、时任香港东英控股有限公司董事会主席、清华大学五道口金融学院理事、五道口校友会会长张志平主持。

三、道口小院装修建设

2011 年学院开始筹备之时，道口小院的教学、办公的设备设施年久失修，食堂及学生宿舍条件较差。学院领导、行政办积极向校内职能部门反映情况，争取支持与帮助。经过一番努力和准备，终于在 2012 年学院正式成立后快速启动了道口小院的装修改造工作。

（一）全力以赴保工期

为了尽快使学院运行步入正轨，校园改造的工期非常短。2012 年 7 月中旬启动，8 月正式开工，必须在 2012 年底工程完工，2013 年春节后就要投入使用，教职员工、学生要回院正常教学、办公、生活，中间只有短短 5 个月的时间。其中，涉及的工作内容不仅有一般的土建装修、电力增容、锅炉更换，还包括所有配套设施——家具、工位、教室内的电教设备采买和就位，以及与公安、消防、卫生检疫、学校有关部门的沟通，尤其是很多工作环节需要同步推进，更增加了装修改造工作的挑战和难度。

时间紧、任务重。那段时间学院人员虽少，但是为了保证完成任务，大家齐心协力克服重重困难，坚持“有条件上、没有条件创造条件也要上”的创业精神，兢兢业业、加班加点的场景令人至今难忘。行政办的所有现场管理人员，大家集体办公、集体用餐。在没有生活补助、补贴的情况下，大家分摊伙食费，晚上经常熬到深夜，夜宵就用方便面解决。当时，学院餐厅还在装修改造过程中，为了节省时间，每次吃饭，行政办的老师都是安排一个人将馒头、米饭、面条等食物从清华校内食堂打包过来，和装修工人一起，在搭建的工棚里，围着一张长条桌，集体吃饭。“那时候，即使白菜熬豆腐也吃得很香。”行政办公室主任何晓春如是说。

他还说，当时虽然条件十分艰苦，每天坚守工地，起早贪黑，但幸运的是，无论是学院还是行政办公室，都是温暖而团结的集体，从学院领导到部门同事，大家同甘共苦，齐心协力。在施工期间，学院常务副院长廖理、时任党委书记聂风华每天下午 6 点雷打不动来现场开碰头会，现场研究、处理、解决工程上遇到的问题。虽已时隔多年，仍记得数不清的深夜，忙碌了一天的院领导还来工地检查工作，仍记得无数个节假日，部门同事一起在临时搭建的办公室加班加点的情形。

有付出就有收获。在那段时间，很多青年老师收获了个人能力的迅速提升，收获了彼此革命同志般的友谊。一位老师动情地说：“当装修工作完成，看到大家面带笑容搬入全新的工作环境，感受到自己的付出得到了认可的时候，觉得所有的苦和累都是值得的。”

为什么大家都那么拼命？廖理老师说：“是无形的文化在支撑和引领着我们。包括吴晓灵院长在内的学院领导面对各种困难，大家都凭着坚强的意志扛过去了。当时党政班子天天在一起聊工作，全方位沟通，我们都非常投入，也带领着大家团结一心，追求卓越。”

正是学院领导和老师们秉承“不怕苦，敢为先”的精神，拧成一股绳，憋着一股劲，在短时间里让道口小院的楼宇、园林、教室、食堂、宿舍等焕然一新，在保留原道口小院特色的同时增添了许多清华的元素，旧貌与新颜完美融合，使整个校园更加优雅舒适，为师生的工作与学习创造了良好的环境。小院的装修改造工作，速度之快，质量之高，得到了社会各界的认可和赞叹。

用心丈量每一隅，手绘图纸显真情

在接手小院初期，因为交接流程的问题，建筑设计的图纸还没有移交给

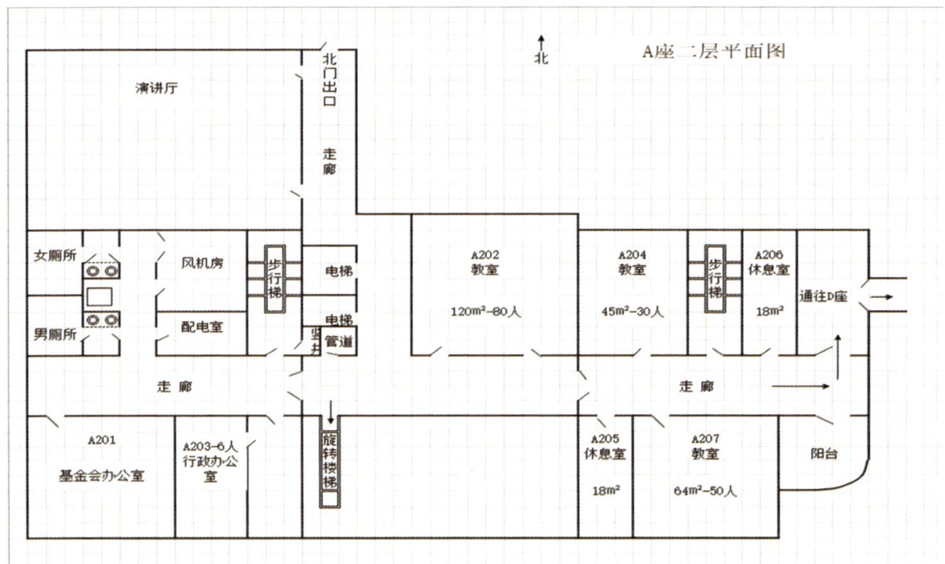

■ 图为装修期间行政办一位老师的图纸

学院。为了提前做好办公室分配的准备工作，尽快了解楼内具体设施，行政办的老师对学院的每一间房屋都做了仔细的测量，逐一查看A、B、C、D四个楼从地下室到顶层的消火栓、灭火器、安全出口和应急灯等楼内设施，画图并标注出具体位置及数量。因为人手不够，办公室所有人员一起上，一直干到凌晨3点多才完成。

负责绘图的老师并不是建筑设计专业出身，为了高效、清晰地展示每个楼层、每个房间的布局和面积，他用Excel文件来绘图，设定每一小格的长度代表一米。就是用这种看似很“笨”的办法，他把每个房间的格局和面积做了直观清晰的展示，让行政办对小院的情况做到心中有数，为后续的装修改造方案抢出了时间。

直到今天，学院依然保留着这些“图纸”，它们无声地讲述着五道口“不怕苦”的创业精神。

（二）五号楼里共甘苦

2012年在学院工作过的老师，言必称“五号楼”。清华大学校内原来的学生宿舍五号楼是建于 20 世纪 50 年代的筒子楼，已空置许久，当时原计划要重新装修，因道口小院装修改造，学院借来作为临时办公场地。全院几十号人就这么搬进去了，每间宿舍放两张长条桌，对坐两人就算办公室，喊一嗓子全楼都能听见，所有人走出“宿舍”门站在走廊上就算全体集合了，水房是楼里最大的空间，铺了张临时地毯就变身会议室了……

就是这样一个条件非常艰苦又不起眼的五号楼，成了大家不解的情怀。“水房里开会，四周都是水龙头和水槽”“某某老师加班到深夜时，在黑黢黢的走廊，遇到同样加班的同事，被吓一跳”……这样的故事如今已成为笑谈，在初创期的老师们心中变成不可磨灭的记忆。之所以它在大家心中成为传奇的存在，那是因为大家团结一心谱写了一段传奇的故事。廖理老师回忆说:“就是在那样的环境下，学院最早的这批员工非常敬业，也非常开心，大家对学院的未来充满了憧憬。”

在破旧的五号楼里，学院完成了初创的早期工作，包括员工招聘、部分招生工作、师资招聘的准备工作等，许多工作都是从 0 到 1 的突破。金融 EMBA 中心副主任李元真回忆说：当时我们没有 CRM 系统，不仅录入考生信息要靠 Excel 表，连准考证都要靠自己手工打印、贴照片、快递。由于流程不熟练，每次做准考证都要到半夜两点，一群年轻同事就这样嘻嘻哈哈忙到半夜不知疲倦。“甚至当时 EMBA 上课的教室也都是借用学校的，吴晓灵院长领衔的第一门课——中国金融改革与发展——就是在西阶上的。”学院院长助理、综合办公室主任袁源回忆说，当初综合办大多都是女同志，很想招聘一位男同志，但在五号楼面试时一位应聘者面露难色，对艰苦的环境颇为在意。学院领导特意开着车带他来到道口小院的施工工地转一转，把小院

■ 图为清华大学五号宿舍楼

未来的规划讲给他听。学院的求贤若渴之心可见一斑。有的老师总结说："当时能在五号楼里决定来学院工作的，都是真爱！"

"搬家"是那一年的关键词之一。从招待所到装修前的学院一号楼，再到清华大学校内五号宿舍楼，最后居然在半年内搬回了装修一新的小院。一位老师回忆说："现在想来，行政部门也是拼了"，"从五号楼搬走的那天，大家没有时间依依不舍，当天下午要出差去深圳办论坛，临行前有太多沟通电话和邮件，我和我的'舍友'边搬家边工作，一会儿身边柜子被搬走了，一会儿凳子被搬走了，就站着办公，一会儿桌子被搬走了，就抱着电脑继续……"值得一提的是，随着学院一起从五号楼搬回道口小院的，还有一棵"英姿挺拔"的白皮松。这棵白皮松非常巧合地长了五个粗壮的枝杈，暗合学院"五道口"的名称，经与学校协调后也从五号楼门前移植到了小院大门旁，就像卫士一样继续守护着崭新的校园。

创业时期，不仅要为创业创造条件，还得为基本工作创造条件，不仅具备条件要工作，没有条件，没有网络、没有电话、没有打印机……也得工作。"大学之道，在明明德，在亲民，在止于至善。"创业之初的学院老师们在最差的条件，付出最大的努力，追求最好的结果，这种追求极致的态度正是体现了"止于至善"的精神。

（三）一草一木皆是情

建院之初，学院建设到处需要钱，财务压力很大，其中最大的开销就是学院的装修改造费用。为了尽可能地节约费用，学院要求在不降低品质的前提下尽量废物利用。为此，学院主楼装修时换下的地砖被重新铺在了四号楼里，负责的老师和工人们一起小心翼翼拆卸、比照瓷砖颜色耐心拼搭，只为节约一笔材料费。当时学院除了向教育部申请两个年度工程专项审批经费和学校下拨专项经费外，幸亏老校友和第一届金融 EMBA 的同学们慷慨解囊，解决了工程经费不足的燃眉之急——大到一号楼 100 教室、花岗岩石材、卫生洁具、空调主机，小到瓷砖、空调风机盘管、装饰壁画……包括后来双清大厦办公用房装修改造等工程的部分资金，都是校友和同学们的爱心捐赠，帮助学院渡过了最早的难关。学院行政办公室主任何晓春回忆道："当时，学院装修改造得到了广大校友的积极响应，大家热心地向学院捐款、捐物，让我深刻体会到了校友们对学院的热爱和热情，深受感动。”

学院建设还获得了清华大学各部门的大力支持。当时学院请清华大学基建处作为校园改造的工程承担方，修缮中心为学院移植花草树木给予了大力支持，饮食中心将学院食堂打造成了焕然一新的融园餐厅，图书馆专门派出人员组建并长期运营位于学院的清华大学金融图书馆……

“对于在此过程中与我们一起应对挑战的人，我一直心存感恩。”廖理老师如是说。

细节之处最能见品质。为了体现出金融学院时尚、大气、经典的风格，学院老师考察了国内外多家商学院，不放过任何一个细节的设计。比如，在卫生间采用了擦手纸和洗手液的镜后暗格，设计实属巧妙；在食堂采用了“哈利·波特”风格的实木桌和高背椅，精心挑选的吊灯，专门设计的凉菜间和特色窗口……无处不体现用心。同时，学院对施工中的细节要求非常严格。据一位老师回忆，当时有一次来看工地，卫生间需要的隔板已经到场了，但是板子特别薄，不符合要求，为了保证质量，都运回去又重新做了一批。

说起道口小院的一草一木，聂风华老师如数家珍，甚至每一棵树木采买和移植的过程都是一段小故事。智慧的菩提、坚韧的银杏、浪漫的流苏、繁荣的紫荆、团结的紫藤、富贵的元宝枫、高洁的玉兰、顽强的白皮松……虽然小院面积不大，却有着十余种树木与师生们朝夕相伴。小院中间一小片园林水系更是点睛之笔，搭桥、垒石、立亭、水的流向、水中的金鱼……无不经过深思熟虑的设计。有山皆是园，无水不成景。园林里有水就多了灵动，校园里有水就增添了曲水流觞的诗意。

回忆起当年印象最为深刻的事情，很多老师不约而同地提到道口小院主楼正门前那两株茂盛的玉兰树。2013 年 4 月，学院购买了两株与五道口办学时间相当的拥有 30 多年树龄的玉兰树。两株玉兰高达数十米，根径宽大又包着两团泥土，运输比较麻烦，为避免影响交通，学院决定凌晨运进校园。但是因为树枝太长，在每一个转弯的路口都需要交通部门的协调和配合，原计划半夜能到达学院，但直到早上七点多才抵达。学院行政部门全体老师为此等了一夜。第二天早上上班时间，老师们进入学院大门的时候，看见两辆巨

■ 图为装修一新的学院主楼大厅和门前的玉兰树

大的吊车正在轰隆隆地吊起这两棵玉兰树，稳稳地移植到预设的位置，场面特别壮观。

据当时负责物业的老师回忆，两株玉兰的移植和培育过程相当不容易。由于树龄较高，两株玉兰树需要四年时间才能最终确认是否移植成功。四年时间里，老师们像呵护孩子一样，做了很多深入细致的工作。为了防止根部积水腐烂，他们在树下专门设计了肥墒井，解决树木根部土壤透气、透水、施肥等问题。为了防止树体地上部分（特别是叶面）因蒸腾作用而失水，他们在玉兰上方安置了喷淋装置，经常向树干喷水保湿。夏天，为了避免阳光对树体暴晒，加设了遮阳罩。冬天，为了防止树体冻伤，搭建了围栏，将树干包裹起来。平时，为了给树干快速补充水分和养分，提高树干和茎叶活力，促进成活，要及时为树干注射营养液。

“十年树木，百年树人。”朴实、圣洁、典雅的玉兰花，不畏早春风寒，不用绿叶衬托，无意与群芳争艳，高昂着头为学院奏响一曲古典乐。每到春天，似锦的繁花就是老师们当初艰辛努力的见证，也让每一位参与者体会到了育树与育人的不易。校园里青春洋溢的学子们，在老师眼中，不正是那一朵朵含苞待放的玉兰花吗？

2013 年 4 月末，在学院首届“吾道清春”学生节上，学院全体教职员工集体表演了配乐诗朗诵《我们的梦想》，寄托了老师们对同学们深沉的爱意

■ 图为学院教职工诗朗诵《我们的梦想》

和殷切的希望。廖理老师回忆说："一位清华的同事说，看着你们朗诵，我真的看到了一种精神。"是的，这就是梦想的力量，这就是"不怕苦，敢为先，讲团结，重贡献"的学院传统精神，就是这种精神支持着学院在过去的十年一路走来。

我们的人生没有传奇，
我们的脚步踏遍崎岖，
我们的工作如此平凡，
但我们愿为这份神圣而庄严的事业，竭尽一生的心力
我们愿用两鬓青丝守候黎明，用双手托起朝阳
我们是老师，这就是我们的梦想
……
如今，满园的紫荆花瓣，我们迎来了清华母亲新的儿女
这些同学们，就是我们新的梦想
一双双渴望求知的眼睛，是我们眼中最美的风景

响彻天空的琅琅读书声，是我们耳边最动听的旋律
哪怕看似幼稚的问题，也是我们最愿意解答的疑难
我们是老师，这就是我们的梦想
……
在这充满希望的季节里，再优美的辞藻，也比不过你们成长的微笑
再多的鲜花，和你们的进步相比都黯然失色
今天，在这水清木华的校园中，我们时刻不敢懈怠，
因为在你们的身上，承载着我们对清华一生的承诺
明天，当我们年华老去，
我们最希望看到你们在这个伟大的时代，成就伟大的事业，真正成为祖国的脊梁
因为我们是老师，这就是我们一生最大的梦想。

——教职工诗朗诵《我们的梦想》

从学院筹备到完成过渡再到设备设施逐步完善，大致经历了三个阶段：

第一阶段：2011 年 8 月 8 日—2012 年 7 月 31 日，清华大学工作人员进驻学院，逐步完成后勤部门的移交、接管工作。为保障教学工作正常进行，对影响使用、危及安全的部分设备及设施进行整修改造。2012 年 3 月 29 日，清华大学五道口金融学院正式挂牌后，经评估，院区的设备、设施与清华大学的标准差距较大，学院正式着手规划对教学、办公、生活等方面设备设施的装修改造工作。

第二阶段：2012 年 8 月 1 日—2013 年 1 月 6 日，学院一期装修改造工程项目完成。在此期间，学院教职工、学生全部搬至清华大学校内临时办公地点和学生宿舍。学院对 1 号楼、2 号楼部分空间、3 号楼、4 号楼、锅炉房进行全面装修改造。经过近半年的装修改造工程，学院教职工、学生搬回焕然一新的小院。

第三阶段：2013 年 1 月至今，学院设备、设施不断完善。对院内其他方面和院外办公用房进行了装修改造工作。完成环境绿化美化，传达室、保安室、

1 号楼地下室及配电室更新，2 号楼地下室和地面一至六层装修改造，3 号楼二层装修改造，1、2、3、4 号楼及锅炉房的外墙面装修改造及屋面防水的整修施工，篮球场的装修改造，液晶大厦、双清大厦、智造大街办公用房的装修改造工程等。

经过以上工程改造，学院的教学、办公、生活的设备设施更完善，做到了运行安全、保障有力。

第二章

永守初心，夯实教研基础

成立初期，全职师资问题成为横亘在学院眼前的一座大山——全院只有常务副院长廖理一位全职教师，师资引进成为学院的当务之急。面对全职师资匮乏的窘迫局面，学院利用国际前沿学术会议和一系列招聘活动，大力延揽国际一流学者。在此过程中，一批认可五道口理念的学术精英从海外归来任职，为学院师资队伍建设打开了新局面。

与师资问题同样急迫的还有教学项目上的开拓。2012 年，经济环境及行业的变化使得中国金融监管部门、金融业界、企业高层管理人员面临提升金融知识与能力的新挑战。国内，他们面临金融改革带来的新机遇；国际，他们面临提升全球视野和国际化运营能力的新需求。学院名誉理事长刘鸿儒老师曾在一次演讲中说："如果说以前中国金融和国际金融业的关系是引进国际经验，结合中国实际出台政策，那现在的任务就是直接进入全球金融市场，我们要按国际标准来增强中国金融的竞争力。"这样的初心促使着中国金融高等教育向一个新阶段迈进。在夯实金融专业硕士、金融学博士教育的基础上，自 2012 年起，学院陆续开拓了金融 EMBA、清华 - 康奈尔双学位 MBA、高管教育、全球金融 GSFD、技术转移硕士等教学项目。传承了五道口传统的清华大学五道口金融学院，在百年清华精神的引领下再次出发，在努力培养金融变革的推动者方面进行了更为深入的探索。

一、一流师资队伍建设首战告捷

重视师资队伍建设是清华大学的优良传统。20 世纪 30 年代，清华大学老校长梅贻琦“所谓大学者，非谓有大楼之谓也，有大师之谓也”的治校理念，成为清华大学教师队伍建设的基本理念。时任清华大学校长邱勇（现任清华大学党委书记）也强调，一所好的学校一定把教书育人看得最重。教师决定了一所学校的水平，好学校一定花更多精力、用更多资源来吸引好的教师。2012 年并入清华大学后，承载着中国金融界的满满期待，五道口金融学院向着更高目标再次出发。

（一）继续发挥导师外聘制的优势

博采众家之长的开放式办学是五道口的最大特色。“教育资源和业界资源的结合，这是五道口金融学院与学校其他院系的最大不同之处，也是对‘五道口’品牌与特色的强调与延续。”回忆起并入清华大学之初，五道口金融学院业界导师队伍建设的意义，学院理事长、首任院长吴晓灵如是说。

2012 年并入清华大学以后，学院延续了导师外聘的传统，积极与原中国人民银行研究生部的 87 位导师沟通，邀请他们继续担任学院的博士、硕士研究生指导教师。廖理老师回忆道，“我们当时就跟学校研究生院打了一个报告，希望这些业界导师能够以更高水平实现延续。我们确立了两个短期目标：第一是保证业界导师教学的比重，第二是业界导师能够独立指导研究生论文。”经过多轮沟通，最后绝大部分导师同意留任，并正式纳入清华大学导师库，以他们丰富的实践经验在理论知识与实践转化中为学生们继续指引方向。十年来，有百余位来自监管部门及金融机构的兼职教授、兼职硕士生导师，以更加紧密的方式，成为学院全员育人、全过程育人、全方位育人的中坚力量。

“不仅要留下来，更重要的是融入进来。”廖理老师在谈到延续五道口特色时表示，学院在继续保持和扩大从业界聘请导师优势的同时，进一步加强与导师、校友们的联系，使其真正融入清华这个大家庭。“从另外一个方面说，我们努力提供机会推动学院的导师和校友与清华大学的互相融合，共同为学院、为学校的发展做出贡献。”

（二）首批海外师资引进取得突破

随着时代的发展，特别是2001年中国加入WTO后，国内的综合性大学不断加大金融学科的建设力度，在师资队伍建设方面展现出越来越强的竞争力。五道口曾经引以为豪的授课教师和论文导师以外聘为主的做法已不再具有优势，甚至成为确保和提升教学质量的短板。“我们已经做不到哪里的老师好就请哪里的老师来讲课，往往是哪位老师有空或得到所在学校的专门批准才能来讲课。”学院原副院长康以同老师如是说。

没有全职师资团队，已经严重影响学院的学术氛围以及培养方案的连贯性和系统性，因此，2012年并入清华大学以后，学院的第一要务就是着手建设高水平的全职师资队伍。廖理老师回忆说：“学院成立之初，我们工作的重中之重就是大力延揽国际一流人才。”

但是，年轻的五道口在迫切需要补充新鲜血液的道路上，也遇到了未曾料想的困难。科研办公室主任戎蕾回忆起当时的情况，“‘五道口’在金融界可谓是一个响当当的品牌，但在学院初创时期，办学条件、全职师资力量的确难以与其他一流大学相比。最开始我们引进教师的时候是很难的，因为在外界大家认为我们就是中国人民银行的研究生部，是做政策研究的，没有把五道口当作商学院去理解。”当时学院引进海外教师面临两个困难：一方面是引进对象在海外已有稳定的教职，机会成本较高；另一方面则是他们对于刚刚成立的学院还抱有观望的态度。

清晰的目标必须与具体可行的操作路径相结合，才能凝聚成登陆彼岸的风帆。没有经验可以借鉴，只能摸着石头过河。学院将人才引进的切入点瞄准了全球经济、金融领域最重要的学术会议之一——美国社会科学联合会年会（Allied Social Science Association Annual Meeting，以下简称“ASSA年会”），并借助美国金融协会（AFA）分会的平台，组织了建院以来首次大规模海外师资招聘。

2012年8月，学院启动海外师资招聘，通过国内外金融学杂志、网站等渠道投放招聘启事。学院陆续收到185份应聘申请，其中39%的申请者毕业或任教于北美排名前 40 名的院校。2013 年元旦期间，学院专家小组正式踏上了远赴大洋彼岸的首次海外师资招募之旅。作为招聘活动的重头戏，学院在 AFA 会议主会场举办了招聘酒会。此次招聘酒会是学院成立以来第一次在国际金融学界亮相，也得到了相关领导的高度重视。时任清华大学副校长姜胜耀、时任清华大学人事处处长王希勤（现任清华大学校长兼党委副书记），学院理事长兼时任院长吴晓灵、理事周延礼带队，学院常务副院长廖理、时任党委书记聂风华悉数参加。经过严格评审，共有 43 名应聘者在 AFA 年会期间接受面试。此次赴美招聘活动，不仅向世界展示了新学院的形象，更与国际金融学界建立了沟通的桥梁。从此，ASSA 年会期间的招聘成为学院海外师资引进的常规动作，为学院延揽国际一流师资、促进学术交流打下了坚实的基础，同时也极大地提升了学院在国际金融领域的学术影响力。

清华五道口金融学院专家小组首赴 ASSA 年会招聘

2013 年元旦期间，我院专家小组赴美参加美国社会科学联合会年会（ASSA Annual Meeting），并利用美国金融协会（AFA）分会的平台进行了海外师资的招聘。

美国社会科学联合会年会由美国金融协会（AFA）、美国经济协会（AEA）、计量经济学协会（ES）等协会举办的分会组成，是全球规模最大的社会科学学术会议之一，不仅为学术交流搭建平台，也成为北美经济学、管理学毕业生应聘的重要渠道之一。

■ 图为姜胜耀在招聘酒会上致辞

■ 图为招聘酒会现场

聚天下英才而用之，“走出去”为学院人才引进迈出了坚实第一步，成为学院师资队伍建设的重要“火种”。在ASSA的首次亮相，开启了五道口建设全球一流全职师资团队的新篇章，实现了学院在国际一流师资上从无到有的飞跃。时任美联储高级经济学家的周皓，专注于风险管理方面的研究，是美联储最资深的华人经济学家之一；当时任教于美国宾夕法尼亚州立大学并获终身教职的曹泉伟，专注于投资学、证券市场等方面研究，多次获得国际学术奖项。他们作为学院聘请的专家，在全程亲历了学院的首次海外招聘之后，坚定了信心，最终选择加入了年轻的清华大学五道口金融学院。

引进周皓、曹泉伟两名正教授，是学院师资队伍建设过程中取得的一个重要进展，打造了学院全职师资引进的良好开局，提升了海外学者对学院的认可度。吴晓灵院长回忆这一段往事时说：“虽然五道口在华尔街有一定知名度，但当时要吸引优秀的师资来任教仍有难度，周皓和曹泉伟两位老师的加入起到了很好的带动作用。”

以筑巢引凤的ASSA招聘为起点，学院开始探索“走出去”与“引进来”并进的人才引进思路。通过举办各类学术年会、研讨会，邀请学术精英来学院讲座，在与世界金融学术前沿的进一步对接中，学院师资引进的步伐更加笃定，逐步构筑起吸引高水平、教学经验丰富的海内外知名学者的“沃土”。

二、携手藤校开启金融MBA新篇章

2012年以前，研究生部仅招收硕士研究生和博士研究生两个项目。彼时的人才培养更专注于解决我国金融体制改革中的问题。并入清华大学之后，学院开始站在国际一流商学院的定位上开展人才培养工作，建立多元的国际化人才培养体系。创设金融MBA、金融EMBA项目是学院多元化人才培养的突破口。如何取长补短，既要避免照搬西方模式，又要避免走上国内MBA“干研班”的老路？学院精准勾勒出金融MBA项目的远景——立足中国国内市场，培养一批具有国际视野并精通金融专业知识的国际化、复合型人才，确立了双学位金融MBA项目高举高打的筹办方针，开始在全球顶尖常春藤高校商学院中寻找MBA项目的合作伙伴。

“康奈尔大学约翰逊管理学院是世界顶级商学院之一，长期以来密切关注中国经济的发展，并高度重视在教育领域与中国高校的合作。学院成立之初，我们就与对方展开接触。”学院常务副院长廖理如是说。2012 年 5 月，廖理老师邀请时任康奈尔大学约翰逊管理学院副院长陈雅如教授为学院授课，其间首次谈到了“建立一个立足本土、面向世界的金融 MBA 项目”的构想。现任康奈尔大学 SC 约翰逊商学院中国事务院长的陈雅如，在谈及康奈尔大学将清华五道口作为在中国第一个学位教育合作伙伴时说道：“非常佩服廖理老师对于人才需求的敏感度，我们很快一拍即合，确定了这个合作项目的定位是 MBA 和 EMBA 两类生源的中间地带。对于中国的 MBA 项目来说，清华五道口与康奈尔的联合，是一次史诗级的合作，项目一开始便拥有得天独厚的优势。”

机遇垂青于善于洞察且敢于创新的智者。事实证明，清华五道口又一次以“敢为先”的创业精神，抓住了机遇，也创造了奇迹。在敲定了 MBA 项目办学基本思路之后，学院领导决定马上动身前往康奈尔，进行项目的第一轮沟通。

“我记得当时康奈尔大学已经放假了，校园里没什么人，但是那间教室里坐满了人，约翰逊管理学院的教授和重要职员几乎都参加了，会上我们充分讨论了合作办学的可行性和重要意义。当天下午，约翰逊管理学院就组织了学院几位重量级的教授分别与我们就科研和其他领域的合作进行了深入的探讨。”廖理老师回忆道。2013 年 8 月 2 日，双方仅用一天的时间，就基本明确了合作意向，探讨了部分细节，以及下一步的工作安排。之后，在经历了约翰逊管理学院内部投票、州教育厅报备的流程后，康奈尔大学迅速敲定了与清华五道口联合培养双学位金融 MBA 项目的方案。学院在完成可行性论证、调研的基础上，向清华大学研究生院提交意向申请。同年，清华大学与康奈尔大学正式签订协议。两所世界名校强强联手，一个全新的 MBA 项目在中国大地上呼之欲出。

强强联手，擘画全球 MBA 教育新未来

2013 年 8 月 2 日，由学院常务副院长廖理教授带队的清华大学五道口金融学院代表团，应时任美国康奈尔大学约翰逊管理学院院长苏米特拉·杜塔

（Soumitra Dutta）教授的邀请，前往位于美国纽约州伊萨卡市的康奈尔大学参观访问。

图为廖理教授向约翰逊管理学院的教职员工发表演讲

廖理教授向约翰逊管理学院的数十位教职员工发表了精彩的演讲，介绍了清华大学和五道口金融学院的历史沿革和发展方向。周皓教授介绍了学院的教学、科研方面的情况，以及即将成立的清华大学国家金融研究院。约翰逊管理学院的教授们认真听取了报告，双方还就演讲的内容进行了积极、详细、深入的交流。

学院代表团还分五批次会见了约翰逊管理学院的10余位资深教授和学者，包括美国金融界泰斗级人物、美国金融学会前主席玛琳•奥哈拉（Maureen O'Hara）教授和《金融研究评论》（*Review of Financial Studies*）主编安德鲁•卡罗利（Andrew Karolyi）教授。双方就共同关心的合作方式、学术交流、人员互访等问题，深入、坦诚地交换了意见。

教学相长，在明确了项目定位并组建师资团队之后，项目在招生管理方面也建立起高规格的要求和评估体系。不仅对学生的专业知识储备要求较高，最重要的是要求学生具备既了解中国、又能与世界对话的全面能力。在经历了严格的中英文面试，又经过全国联考的选拔后，2015年，59名佼佼者最终从300余名申请者中脱颖而出，成为清华－康奈尔双学位金融MBA首期班学生。

“‘五道口’三个字就是我最大的信心”——清华－康奈尔双学位金融MBA首期班开学

在中国，无论是学经济还是学金融的人心目中，五道口都是金融教育领域神圣的殿堂。作为第一批“吃螃蟹的人”，清华－康奈尔双学位金融MBA首期开班即吸引了一大批国内金融实战领域前沿的人才加入。正如首期班学员代表所说："五道口虽然没有办 MBA 的经验，但是'五道口'三个字就是我最大的信心。"

2015 年 5 月 5 日下午，"清华－康奈尔双学位金融 MBA"首期班新生在清华大学五道口金融学院参加 2015 级开学典礼。学院理事长兼时任院长吴晓灵、常务副院长廖理、时任康奈尔大学约翰逊管理学院院长苏米特拉•杜塔（Soumitra Dutta）、负责中国项目的陈雅如等出席开学典礼。

"清华－康奈尔双学位金融 MBA"项目首期班学生堪称"豪华精英阵容"——学生中已有研究生以上学历的占 41%，具有海外学习经历的学生占比超过 40%，其中研究生毕业院校为海外院校的占 58%，当中不乏牛津、剑桥、伦敦政经、芝加哥大学等世界名校的优秀毕业生，其余学生也全部毕业于"985"、"211"院校。学生中企业决策者占 21%；中高层管理人员达 43%，金融行业的从业人员占 67%。

三、打造产融结合的金融 EMBA 项目

2012 年，中国乃至全球都面临复杂的经济环境，经济新常态正在来临，各行业、各企业都在反思和求变，寻求创新的发展路径，以获得制胜未来的密码。彼时，中国 EMBA 教育已走过十年，未来十年中国 EMBA 教育要如何发展？办什么样的 EMBA、如何办出清华五道口的特色？

"边界"是学院早期在创建金融 EMBA 项目时考虑的首要问题。对于五道口金融学院又一次从"0"到"1"的创业冒险，常务副院长廖理有着独特的见解和思考："EMBA 建设不能等，我们要提前汇聚一群人，为更好地引领未来中国经济做好扎实的准备。清华五道口人绝不是跟随者，我们需要的是有开创精神的领导者。当时国内大部分商学院 EMBA 整体的设计安排和课程都是综合类的，是面向企业管理的。但我们要将目光放得更长远些：企业做大以后，就有了资本运作的需求；企业家个人成长起来以后，就有了财富管理的需求，甚至是进一步的家族传承需求，这些从本质上看，都是金融的问题。因此，五道口金融学院要做的 EMBA，毫无疑问，是要以'金融'为核心的。"

办学理念确立下来之后，距离 EMBA 首期班计划的开学时间——2012

年 9 月——只剩不到 5 个月。廖理老师回忆道：“如何设计课程体系，才能让企业家们有所提升，我们经历了比较痛苦的探索过程。”带领着年轻的团队，充分调研了中国企业家和金融从业者的学习需求，在无数次讨论后，学院最终确定了“理论前沿与实践创新结合，全球视野与中国实践结合”的课程研发理念，借鉴全球知名商学院 EMBA 课程精华，量身定制出紧密结合中国金融改革实践的培养体系。

课程筹备初期的工作千头万绪，“忙碌”是这段日子的关键词。在确定项目的办学思路、课程体系后，2012 年 6 月初，金融 EMBA 项目正式开始对外宣传和招生。彼时，EMBA 项目团队只有不到 5 人，距离首批招生的时间窗口也只有不到 20 天。金融 EMBA 教育中心副主任李元真回忆说，“因为是学院成立后新项目的第一次招生，当时心里一点儿底都没有。”直到项目团队拿到了金融 EMBA 第一批报名结果：短短 10 天的时间收到 62 份报名申请，且报名者均是来自全国各地的行业少壮精英。“2012 年暑假，全院都没有休息。我带一名实习生在深圳出差，一天约了 8 家机构拜访，说着同样的话术。现在想来，那些机构和客户大多不是目标学生，但不经过试错怎么知道什么是对的呢？一些弯路是必须要走的。”为了项目资源的开拓，于各地往返奔波是金融 EMBA 中心的工作常态——当天往返深圳、一个月去两次东南亚……

聚焦金融、实践前沿、产融共进、全球视野的教研体系和课程优势，成为吸引优秀人才的强大磁场。2012 年 9 月 19 日，来自包括香港、台湾地区在内的，平均年龄 44 岁的 100 名各领域精英在隆重的“清华 EMBA2012 年秋季开学典礼”中，共同开启了一个全新的身份：清华五道口金融 EMBA 首期班学生。首期班师资力量之强、学生层次之高，开创了中国金融 EMBA 多项第一，充分彰显出清华大学与中国人民银行强强联合的优势。学院理事长、时任院长吴晓灵寄语金融 EMBA 首期班同学，“来自实践中的 EMBA 学子将是提升中国经济实力的骨干力量，中国的经济发展需要大家把新理念、新思想带到实践中，让社会因为大家的努力而更加美好！”

“道口携手清华，实务融合务实”——这句清华五道口金融 EMBA 项目的标语流传颇广、简洁有力，它来自一位学院在读硕士研究生写于 2012 年 4 月祝贺学院成立的文章。学院在传承融合了清华精神与五道口传统的创业历程中，引领了中国金融 EMBA 项目的一场变革。“我们也由衷感谢当初有一些金融 EMBA 学生，是和我们一起抱着创业的心态共同走过来的。”2013年到2014年，随着多位同事陆续加入，金融EMBA团队的专业力量得到补充，金融 EMBA 课程体系及运营支持向着更专业、更精细的方向平稳前行。

■ 图为吴晓灵讲授“金融改革”课程

五道口金融 EMBA 清华园内开讲第一课

2012 年 10 月 18 日至 21 日，清华大学五道口金融 EMBA 首期班在具有百年历史的清华大学西阶梯教室进行了“社会主义经济理论与实践”课程的学习。作为金融 EMBA 在清华园内学习的第一课，清华大学五道口金融学院常务副院长廖理教授介绍了课程设计理念，“社会主义经济理论与实践”课程共分为四个部分——金融改革、财税改革、企业改革与农村改革。课程设置的目的在于帮助学生了解中国经济重点领域的改革历程及目前面临的挑战，理解当前政策、把握环境和战略方向。廖理表示，“希望大家能够用心体会‘自强不息、厚德载物’的校训，将我们的所学所思应用于实践，承担起中国经济与金融改革的使命！”

为期四天的“社会主义经济理论与实践”课程秉承“改革历程结合实践前沿”的教学线索进行大胆创新，由学院理事长、首任院长吴晓灵亲自主导设计，运用现代经济学的视角，以金融改革、财税改革、农村改革、企业改革为专题，由吴晓灵老师以及其他三位国内相关领域权威人士担纲主讲。通过课堂教学，使学生对中国经济改革话题具有整体认识，帮助学生把握中国社会和经济未来发展的脉搏和方向，提高决策能力。

四、高管教育：五道口的“破圈”行动

在学院创办之初，面临着金融行业高速发展，但高端人才紧缺和企业高

管人员亟须提升金融素养的状况，传统的培养方式已经不能灵活适应市场的发展和需求，如何真正地发挥一所金融院校的价值，把优质的金融教育从金融业界扩展到经济社会各界，更好地提高国家经济发展的质量，更高效地赋能企业创新和升级，是学院高管教育项目诞生之际就肩负的使命。

创业之初，由于缺少相关办学经验，课程研发及运营人才匮乏，学院高管教育项目的探索过程并不那么顺利。一个工作人员，要负责从设计产品、制作手册，到招生、录取，再到课程运营的整个项目周期。除此之外，师资开发也是高管教育运营之初的极大挑战。“哪些老师能讲什么样的课，讲课的效果如何，都需要去研究、去积累。”高管教育中心副主任姜艳霞回忆说。

面对重重困难，学院常务副院长廖理带着项目团队决定回到教育的源头来寻找破题之道。“商学院高管教育的目标不应该是卖课，而是从教育规律入手，将课程当成产品，因市场需求而生，随市场发展不断迭代。”课程产品化，不仅意味着需要在每一项课程研发之初投入大量时间进行需求调研，精心做好课程设计和师资延聘，更重要的是在全周期实现师资管理、教学管理、项目运营等全流程的系统化和标准化。

2012 年，五道口金融学院高管教育项目的“破圈”行动，就从定制项目入手，在探索项目发展规律中不断前行。学院整合优势资源，先后为华润集团、中信证券等多家大型企业、金融机构开设定制培训课程，邀请业界专家、知名学者领衔授课。

华润集团首届产融结合实战班访美培训圆满结束

2012 年 10 月 9 日—17 日，由清华大学五道口金融学院携手美国著名商学院和顶级金融机构为华润集团量身打造的首届产融结合实战班海外培训课程圆满完成。此次海外培训旨在为华润集团培养一批具有全球视野和国际领导力、掌握现代金融知识和高级金融技能的产融结合人才。

在第一模块的学习中，纽约大学斯特恩商学院金融和国际商务教授罗伊·史密斯（Roy C. Smith）就“附属金融公司”的理论背景、发展史、投融资结构和潜在的风险进行了全面和透彻的分析。金融系主任罗伯特·怀特罗（Robert F. Whitelaw）教授以轻松和幽默的方式解读了资产管理的角色和

■ 图为华润集团首届产融结合实战班访美培训课程

结构，并就“资产管理的现状”“资产管理的发展趋势”以及“资产管理行业发展中蕴含的风险和机遇”等话题与学员们展开了深入的交流。全球商业学院主任英格·沃尔特（Ingo Walter）教授为学员们讲授金融市场的再分配、风险控制与应对策略等，并就“金融危机后银行业的集中程度”“如何提高资本充足率及流动性比率”“摩根士丹利投资银行部战略定位”等话题与学员们展开了广泛的讨论和深入的交流。

访美培训第二站，产融班的同学们来到位于美国首都华盛顿的乔治城大学麦克多诺商学院，戴维·沃克（David A. Walker）教授就美国中央银行的法案及相关政策进行了详细的解读与分析。美国宾夕法尼亚州立大学商学院金融系讲席教授曹泉伟讲解了共同基金、私募基金与对冲基金。

学员们参访了通用电气金融公司纽约总部、花旗银行纽约总部、瑞士信贷集团、纽约证券交易所、罗森合伙人公司、摩根士丹利纽约总部、美国银行家协会和美国消费者金融保护局等金融机构。

学员们表示，通过全球顶级资源的学习平台，紧紧围绕产融结合的重点，体验了全方位、多层次的学习方法与实战经验，不仅对美国成熟市场先进的管理与运营方式有了全面的认知，而且对产融结合在中国市场的重要作用与发展机遇展开了更深入的探索，获得了前所未有的心得和体会。

高管教育中心在开始运营的一年半之后，终于迎来了第一批专业的班级主管队伍，逐步实现课程流程化、标准化。2013 年下半年，学院正式向着高管教育课程体系化的更高目标迈进，在初期定制课程的基础上，完成了项目开发的广度拓展，金融媒体奖学金培训项目、互联网金融高级研修课程两个公开课正式开启。2013 年，学院共举办培训项目 26 个，1207 人次参加培训。学员背景多元化，覆盖互联网金融、金融监管、投资、传统金融机构、房地产、研究机构、媒体等不同行业。

标准化课程运营体系的成功建构，让学院释放出更多的人力和精力用来提升课程的人文关怀。通过名师大讲堂、校友“下午茶”、同学企业互访、行业经验分享、资源对接等活动，学员们除了能够学到前沿的知识，还能彼此启发，碰撞出更多的火花，这些活动得到了学员的高度认可。

首期清华五道口金融媒体奖学金培训项目开学典礼举行

2013 年 10 月 17 日，清华大学五道口金融学院首期金融媒体奖学金培训项目迎来了 76 名新生。该项目面向主流财经媒体中高级管理人员和财经领域一线资深采编人员，以及相关领域的优秀骨干，邀请来自金融监管部门、金融机构、金融传媒领域的专家和学者授课，分析经济金融形势，解读经济金融政策，分享金融媒体运作经验。

首期培训项目共设 16 天核心课程，涵盖宏观经济、宏观金融、金融政策、

图为首期金融媒体奖学金培训项目学员合影

金融监管、公司金融等经济金融经典内容，以及消费金融、互联网金融、国际财经媒体运作经验与发展趋势研讨等，加强财经媒体的互动与交流。

五、金融专业博士项目初探

自我国开展 EMBA 学位教育以来，大批企业家重返校园，在完善知识体系的同时拓展思维、开阔视野。企业家们在完成 EMBA 学习后，还有怎样的成长诉求？后 EMBA 教育该如何开展？“我们得出的结论是，中国企业要走出国门，我们的企业家要具备国际化视野。”学院常务副院长廖理在谈及全球金融 GFD 项目（全球科技与金融发展学者项目的前身）设立初衷时这样说到。GFD 项目作为学院探索金融专业博士项目的有益尝试，在后 EMBA 教育的方向上开启了全新探索。

项目以全球视野聚焦中国特色，定位于强化金融服务实体经济的功能，旨在培养金融实践与创新、产融结合等领域具有全球领导力和高端学术水准的卓越领袖，为民营企业家和金融机构决策者提供专业深造和全面提升的机会。

2013 年 8 月 12 日下午，由常务副院长廖理教授带队，时任副院长周皓教授和时任上海中心主任严骏陪同访问了乔治·华盛顿大学，与副校长兼商学院院长道格·格思里（Doug Guthrie）教授、商学院副院长乔治·贾布尔（George Jabbour）教授和商学院首席战略官桑杰·鲁帕尼（Sanjay Rupani）先生等就金融专业博士领域的合作展开了探讨。8 月 13 日下午和 14 日上午，廖理一行还访问了卡内基·梅隆大学 TEPPER 商学院，与院长罗伯特·达蒙（Robert Dammon）教授、副院长迈克尔·特里克（Michael Trick）教授、EMBA 学术主任伯顿·霍利菲尔德（Burton Hollifield）教授、高管教育中心主任约翰·兰克福德（John Lankford）客座教授等就金融专业博士、EMBA 和 EE 领域的合作展开了探讨。

在前期大量深入的市场调研基础上，学院针对全球金融 GFD 项目进行了差异化设计，结合市场和目标人群对知识结构的新需求，课程结构最终形成了基础板块、金融板块、研究板块、行业板块和全球板块五大板块，通过不同项目阶段实施和完成整体教学计划。其中，基础板块强化理论应用于实践的升级课程；金融板块突出金融专业特色的核心课程；行业板块凸显金融服务实体经济的优选课程；全球板块拓展全球视野的跨国移动课程；研究板块整合理论研究与金融实践的必修课程。项目采用行动学习法与案例学习法，以发现问题、分析问题、解决问题为导向，同时更注重产业金融实践和全球资源整合。

2014 年 11 月 19 日，全球金融 GFD 系列项目首期班正式开班。首期班共招收 50 名学生，考录比超过 3 ∶ 1。首期学生均为大型民营企业创始人、高层决策者、领先民营金融机构创始人和决策者，平均年龄 47 岁，50% 拥有两个以上硕士或博士学位，20% 是境内外上市公司的董事长，可以说是精英云集、藏龙卧虎。

为拓展国际化视野，首期班的首次海外移动课堂便到访了美国西部两大名校——得克萨斯大学奥斯汀分校和斯坦福大学，以产融结合为视角，聚焦全球能源与创新。参与授课的师资不仅包括两校的知名教授，也包括美国投资界和实业界的资深精英代表。课程及参访活动均为量身定制，既包括系统化的理论知识和最新的前沿研究，也为学生们提供了与产业实践前沿的资深专家进行深入交流的机会。

"我一直觉得金融离我很远，直到我判断未来的企业家如果再不懂金融，便会寸步难行。"作为全球金融 GFD 2015 级新生代表，360 公司董事长周鸿祎在学院 2015 级开学典礼上如是说。正因如此，在金融的重要性日益凸显的今天，金融教育要服务企业家们终身学习的需求。全球金融 GFD 课程在保持理论性和思辨性的前提下，正向实践、金融、市场、创新等领域多线性延展，成为持续发展和终身学习的重要平台。

全球金融 GFD2016 级王俊峰：追求正义 学无止境

来到清华五道口之前，我的读书经历几乎都与法律专业相关，在美国加州大学伯克利分校先后获法学硕士和博士学位，2009 年我到哈佛大学做过全职访问学者。读书是我最大的爱好，能不断得到丰富的读书经历，是我一生的幸运。

清华五道口被誉为中国金融的"黄埔军校"，为国家培养和输送了众多杰出的金融人才。但我从来没有想过有一天会加入这样一个集体。缘起于

■ 图为王俊峰在十三届全国人大一次会议上海市代表团全体会议上发言

2015 级一位师姐持续热诚的介绍与推荐，我得以进入清华五道口攻读全球金融 GFD 课程。

金融毕竟与法律不同，对我来讲都是全新的课程，开学伊始，我也曾经紧张忐忑。进入课堂，我很快发现许多同学都是未曾谋面的合作伙伴，这份熟悉感很快驱散了我的紧张。事实上，三年的学习生活令我感动，班上同学真诚相待、乐于分享和热心帮助像我这样的金融后进者。

作为一名法律人，清华五道口给我带来的体验是全方位的，无论是学院的办学理念、丰富的课程设置安排，还是老师的敬业、同学的情谊。

清华五道口是创新金融知识、培养金融领袖的学术殿堂。GFD 课程内容高端多元丰富，融汇金融理论、实践与创新，既聚焦中国特色，又深具全球视野，令我受益良多。例如“金融科技创业与投资”课程，创业嘉宾互动分享经验，现实代入感强烈，教学效果十分明显。

众多大师风范令人难忘，他们深入浅出、循循善诱，既充满理论与实践结合的活力，也散发着学术的魅力。此外，老师们严谨务实，谦和周到，点点滴滴都透露出“讲团结、重贡献”的五道口传统和校友文化。记得在一次学院组织的学生代表座谈会上，师生坦诚交流互动，学院坚持以学生为本、注重教学相长给我留下深刻印象。

令人萦怀的还有群星灿烂的五道口 GFD 同学们。大家的工作背景各不相同，年龄也有差异，反而带来很强的互补性，让大家有机会探寻与感悟在多元环境下美美与共的场景。清华五道口的就读经历，在开阔专业视野的同时，更让我切身感受到了家国情怀和社会责任感的熏陶和培养。

经济社会发展瞬息万变，在这一过程中，个人的发展是和国家的前途、民族的命运紧密结合在一起的。促进公平正义、增进社会福祉，需要每个人的理性自觉和主动作为。唯有不断地学习，我们才能克服本领恐慌，才能有更大的社会担当，而清华五道口无疑给予了我源源不断的支持，成为清华五道口的一名学生，更是我内心最大的骄傲。

第三章

砥砺前行，创新发展格局

2014 年，世界开始逐渐走出金融危机的阴翳。全球经济切换引擎，发达经济体有所复苏，经济回暖大趋势确立。新兴经济体则面临着新一轮的改革与转型，经济全球化进程仍需寻求更好的方案。

这一年，中国的发展正面临一个重要转折，十八届三中全会对中国下一步的总体改革进行了系统而全面的战略部署，全面改革方向明了、图景绘就。经过二十多年实践探索，我国社会主义市场经济体系已经初步建立，但一些问题仍然突出。作为一个重新定义的关键起点，中央政府发出强有力的“全面深化改革”关键信号，中国将构建一个统一开放、竞争有序的现代市场经济体系，让市场在资源配置中发挥决定性作用。顶层设计与市场智慧契合，改革大略将一一落笔。金融改革成为整个改革中十分重要和关键的组成部分。

站在 2014 年——全面深化改革“元年”这一关键的历史节点，学院迎来了新的里程碑事件：《清华金融评论》杂志创刊、清华大学国家金融研究院的建立以及首届清华五道口全球金融论坛的成功举办。

一、《清华金融评论》创刊

引领金融改革，理论需先行。作为由教育部主管、清华大学主办、学院承办的一本刊物，《清华金融评论》身兼多重使命，既要搭建学界与金融业界沟通的桥梁，又要在国家金融改革、国家经济建设的大浪潮中做出应有的贡献。学院理事长吴晓灵表示，“把握下一步中国金融改革的趋势和总体战略，既要把握金融业自身发展的客观需要，也要考察金融改革与当前经济转型和结构调整的互动关系，同时金融领域以外的各个领域改革的深化，也会直接与金融改革形成相互影响和相互促进。如何在媒体改革转型的特定时期，发挥学院的优势办好一本金融杂志，充分利用各个领域改革的相互作用是至关重要的。”

《清华金融评论》能够顺利创刊，“布局早”是重要的因素。早在学院并入清华的筹备阶段，学院就打算创建类似《哈佛商业评论》的杂志。常务副院长廖理回忆说：“杂志的刊号我们在建院前就开始筹备了，因为我们知道申请刊号非常不容易，很多事等到真要做的时候再着手筹备就已经来不及了。”当时社科类期刊刊号十分有限，新刊号申请更是几乎没有可能。学院与学校相关部门、清华大学出版社进行了沟通，在各方大力支持下，终于将教育部主管且已经停刊的某期刊，变更为刊号保持不变的财经月刊《清华金融评论》，并面向国内外公开发行。据《清华金融评论》副主编张伟回忆，获取刊号的过程十分复杂，各种协调会、汇报会、单独见面沟通会，相关材料修改的次数已经多到记不清的程度。申请手续先后经过清华大学、教育部、国家新闻出版广电总局的审批，终于在 2013 年 6 月 24 日获得国家新闻出版广电总局的批复，标志着《清华金融评论》成功取得刊号，成为学院学术传播的重要平台之一。

办一本公开发行的杂志对学院来说是一个全新的挑战。国内外的校办刊物均有成功先例，如哈佛大学商学院 1922 年创办的《哈佛商业评论》早已成为管理类经典刊物。珠玉在前，《清华金融评论》应如何定位办刊方向，走出特色道路？是该瞄准《金融研究》《经济研究》等学术期刊的定位，还是对标《财经》《财新》等市场类期刊？种种问题在创刊伊始就摆在创始团队的面前。

在廖理老师看来，《清华金融评论》探索的是学术性和通俗性之间的平衡。“从教育部的认定来说，我们归为学术性期刊。我们确实是以学术为基础，但纯学术期刊与我们想触达的读者不一样，我们要触达政策制定者，要向智库型媒体发展”。在这样的定位下，《清华金融评论》的文章没有展示复杂的模型和实证分析，而是归纳总结模型背后的结论，并更加专注于理论与实践的结合，逐步确定了“分析研究经济金融形势、解读评论经济金融政策、建言献策经济金融实践”的办刊内容，以及“顶天、立地、学术、政策”的办刊原则。经济金融政策与商业决策息息相关，《清华金融评论》围绕政策建议和政策解读的内容核心，一方面将商业机构的实践经验与市场反馈传递给政策制定者；另一方面对已出台的政策进行解读，帮助公众和市场更好地理解政策走向和发展趋势。

2013 年 11 月 5 日，第一期《清华金融评论》印刷出版。这期承载着多方关注的杂志，是创刊号也是试刊号。第一期以《利率市场化渐进》为封面主题，对中国利率市场化改革进行了深入分析。2013 年 12 月 17 日，《清华金融评论》首次以众筹预售的形式发行，创造了前所未有的杂志发行方式，在众筹活动启动的第 3 天就完成了 5 万元的众筹目标。杂志出版后，第一要务就是向每位编辑与学术委员会成员、主管主办部门、新闻出版总局和出版社等广泛征求建议和意见。大家给予高度肯定的同时，也给出了重要的指导建议和意见。针对大家的反馈建议，经过充分讨论评估，创刊号的效果达到正式发刊的预期，可以考虑正式对外发布创刊。

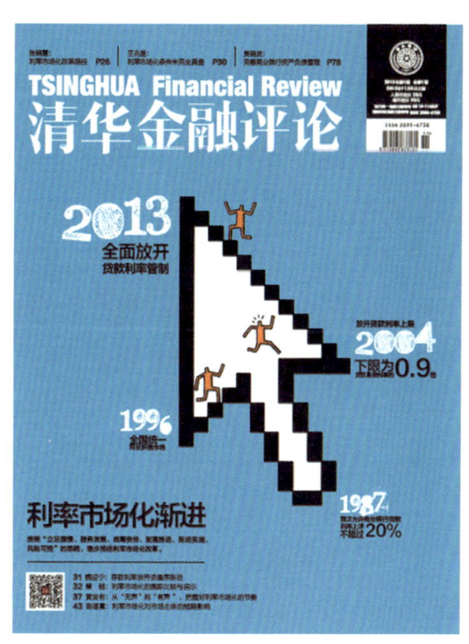

图为《清华金融评论》创刊号封面

2014 年 1 月 15 日，《清华金融评论》创刊会举行，清华大学五道口金融学院理事、中国人民银行副行长潘功胜，清华大学五道口金融学院理事、时任清华大学副校长谢维和，时任中国金融期货交易所副总经理陈

■ 图为《清华金融评论》创刊会

晗，清华大学五道口金融学院理事长兼时任院长吴晓灵，常务副院长廖理等嘉宾出席创刊会并先后致辞。

吴晓灵老师在创刊会上表示：“《清华金融评论》作为学院发展整体战略的一部分，不仅仅是一本杂志，更是用一个崭新领域的开拓来诠释五道口的专业性和权威性，是教育与金融业界合作打造高端金融智库平台的探索，我们将充分发挥编辑与学术委员会聘请金融监管部门、商业性金融机构以及金融学界的专家学者的优势，努力做到洞悉前沿，掌控全局。”

《清华金融评论》采用封面专题和固定栏目相结合的内容模式，针对重要话题、重点问题或者重大事件进行中长期的研讨。每期封面专题涵盖10~15 篇文章，分别从不同角度对问题进行深度解读。杂志同时设置了宏观经济、央行与货币、银行与信贷、资本市场、财富管理、互联网金融、论文故事会、国际、道口研究 9 个固定栏目。

《清华金融评论》在吸取业内先进办刊经验的同时努力开拓新的视角。加大封面专题占比、强大的编委会阵容和执行主编“轮值制”，成为杂志的三大创新亮点。《清华金融评论》大大加强封面专题内容的广度、深度，封面专题系列文章占据整本杂志三分之一甚至一半的版面。通过十几个作者不同角度的观点阐释，帮助读者全面理解当期封面话题的外延与内涵。这一做法从创刊号起坚持至今。编委会由40多名专家组成，包括金融监管部门的政策制定者、学院及其他高校教授组成的学者团队，以及一些商业性金融机构的业界专家。这一组成得益于学院得天独厚的背景和丰富的校友资源。在划定专家名单时，编辑部依据杂志定位，将校友作为切入点，利用校友资源作为工作突破口。除特殊情况不方便兼职的拟邀专家之外，绝大部分专家都当即同意加入编辑与学术委员会，拟邀名单几乎全员落实。杂志每一期还会聘请不同领域的权威专家担任执行主编，把关具体的选题和作者的遴选。

作者和读者是与《清华金融评论》息息相关的两个群体——作者是内容灵魂，读者则是动力源泉，作者和读者是“立于金融改革潮头”的实践者。他们有身居要职的监管者，有位居一线的金融高管，也有政策智囊的金融学者。正是他们心怀国家，将个人使命与中国金融发展改革、国家命运紧密联系在一起，从而能够以专业的业务能力、严谨的学术能力，将观察到的市场现象泼墨成文，指导金融实践，警示金融风险，建言金融改革，为金融业稳健发展布道，为实现金融强国领航。因而，在坚持“政策解读、政策建言”内容定位的同时，《清华金融评论》建立了一个高端的交流平台——金融家理事会，为政策制定者、经营决策者、教学研究者提供直接交流的对话机制。同时，举办金融大家评、道口形势分析会、读者见面会等固定品牌活动以及行业峰会，从不同维度提供政策解读和建言的对话平台。

《清华金融评论》首期“金融大家评”活动：多位经济学家解读经济增速下滑

2014年4月11日，《清华金融评论》首期“金融大家评”对话讲座活动在清华大学五道口金融学院举办。中金公司首席经济学家彭文生以“新经济起点”为主题发表演讲。在对话讲座环节，嘉宾们针对中国经济增速下滑问题进行了深刻分析与讨论，探究我国未来经济究竟走向何方。

“清华金融评论·金融大家评”是《清华金融评论》杂志搭建的一个以对话讲座形式为主的开放式交流互动平台。其中，“大家”包含两个含义：

一是经济、金融界的大师级人物和知名专家，通过活动对重要政策和热点问题进行解读、评论，这与《清华金融评论》“顶天”的办刊原则一脉相承；二是每次活动邀请广大读者、各界人士共同参与话题的评论和交流互动，这与杂志“立地”的办刊原则十分契合。《清华金融评论》编辑与学术委员会委员、经济金融界专家学者、资深撰稿人、关心关注经济金融问题的朋友和读者，都可以通过这一平台，针对当前经济金融的热点话题和重要政策，进行深度探讨和交流，从而把握现实的经济金融趋势，看清经济金融事件背后的原因，探究经济金融未来发展的脉络。

《清华金融评论》首期道口形势分析会探讨影子银行风险与监管

2014 年 4 月 2 日，《清华金融评论》首期“道口形势分析会”在清华大学五道口金融学院召开。会议采用闭门研讨形式，讨论了“中国影子银行风险与监管”相关话题。

会议围绕影子银行的规模、成因、风险、防范措施和监管方向等问题展开。与会嘉宾先后做开放式演讲和自由讨论，探究了我国影子银行发展的来龙去脉，为我国影子银行规范发展、风险防范和监管措施建言献策。

《清华金融评论》道口形势分析会以闭门研讨或公开讨论的形式，深度探讨和解读重要政策及热点话题，旨在为政策制定者建言献策，为经济金融界专家学者搭建交流对话平台。

《清华金融评论》第一期“读者见面会”热议金融如何链接云计算和大数据

2014 年 10 月 19 日，《清华金融评论》第一期“读者见面会”活动在清华五道口金融学院举办。本次见面会以“金融如何链接云计算和大数据”为主题，通过“云计算在金融业的应用场景”“云计算技术和业务模式的使用者”“金融大数据和传统互联网大数据的区别”“金融大数据如何来改变和提升传统金融业务的核心能力”“云计算和大数据如何改变金融的业务模式和生态环境” 5 个方面展现了金融与云计算和大数据之间的关系。本期读者见面会共有70余人参加，为读者与嘉宾创造了深度交流的机会，针对观点议题进行了深入的探讨，现场气氛十分热烈。

《清华金融评论》读者见面会是“读者俱乐部”全国性的常规活动。以不同的热点为讨论主题，以嘉宾演讲、听众提问、互动交锋为主要形式，采用线上与线下相结合的方式，在活动中创造读者与杂志作者、相关专家深度交流的机会，搭建了一个良好的沟通平台。

二、清华大学国家金融研究院建立

金融是现代经济的核心，经济运行的命脉。随着经济全球化以及我国改革开放的不断深化，金融业的蓬勃发展有力推动了我国经济社会发展，广泛地影响着人们生活的方方面面。据国家统计局公布的数据，2002年到2011年的10年间，我国外汇储备余额从2864亿美元增加到31811亿美元，增长了10倍多；银行业金融机构各项人民币贷款余额从13.13万亿元增加到54.79万亿元，增长了3倍多；证券市场上市公司数从1224家增加到2342家，增长了近1倍；全国保险公司原保费收入3053亿元增加到14339亿元，增长约3.7倍。从学院建院前10年的数据来看，中国金融发展已呈现出日新月异的态势，金融市场体量持续扩大，中国正逐渐成为一个金融大国。

但硬币的另一面，却不得不让国人保持理性和清醒：从创新水平、监管能力、公司治理、国际化程度、市场体系发育程度、人才资源等质量型指标来看，我国金融发展水平与发达国家相比还有很大差距。国际经验表明，金融服务业增加值占国内生产总值比重是衡量一个国家金融发展程度的重要指标，而至本世纪前10年，我国在该指标上仍然没有达到美国、日本等发达国家的标准。同时，起源于美国次贷危机的金融危机，对中国经济系统的冲击远比预想中更为深远，也折射出中国金融系统在抵御外部风险冲击、防止内部风险传染方面还有进一步提升的空间。

作为党和政府科学决策的重要支撑，中国特色新型智库是国家治理体系和治理能力现代化的重要标志，也是国家软实力的重要组成部分。面对亟待破题的中国金融发展“质”的提升，通过建设中国特色新型智库汇聚智识、提供体系构建的内生动力，便成为一项重大而迫切的任务。“科研工作要面向世界科技前沿、面向经济主战场、面向国家重大需求、面向人民生命健康。”近年来，习近平总书记对智库建设做出了一系列重要指示，指明了智库工作的职责使命、发展方向和路径。在 2011 年清华大学与中国人民银行签署的《关于建立清华大学五道口金融学院的框架协议》中，即提出了学院加挂“中国人民银行金融研究院”牌子的构想，后因编制问题未能实施。但作为引领中国金融改革实践的五道口金融学院，如何在传承五道口精神与经验的基础上，更大程度、更高质量地发挥智库作用，为促进我国经济社会高质量健康发展添砖加瓦、贡献智慧，一直是学院成立以来的一个重要课题。

初心如磐，不负使命。正如常务副院长廖理所说：“以服务国家重大战略需求为导向建设一个金融智库，这是学院一开始就确定的，建言献策是这个金融智库的使命。”在国内外经济金融形势日益复杂的背景下，五道口金融学院从建院之初便将筹建一流智库作为学院初创期的重要工作，并将智库建设的目标定位于“提高我国金融政策性研究的准确性、科学性和有效性”这一高举高打的位置上。

有了建设目标和方向，接下来要解决的则是现实问题。一方面是科研经费怎么筹；一方面是科研人员从哪里来。廖理老师在谈及这些问题时表示，高校教师需要教学、科研两手抓，在教学之外要抽时间来做研究，必须有一个团队支撑。建设一支专业、全职、稳定的研究团队，成为研究中心的首要任务。学院的研究中心最终确定以企业捐建形式成立，各中心能够在教授的带领下招聘、组建起小而精的研究队伍，极大提高了研究质量与研究效率。这种建设方式使研究中心既有学术高度，又能接地气，通过合作企业能够更加深入地理解行业存在的问题，同时中心的研究成果也能够指导企业解决发展中的问题。

经过一年多的筹备，2014 年 5 月，清华大学国家金融研究院（以下简称“研究院”）在中国人民银行、中国银行业监督管理委员会（原）、中国证券监督管理委员会、中国保险监督管理委员会（原）的共同支持下，在首届清华五道口全球金融论坛上正式宣告成立。

清华大学国家金融研究院宣告成立

2014年5月10日，在清华五道口全球金融论坛的开幕仪式上，宣读了《关于成立清华大学国家金融研究院的决定》及任职决定。至此，致力于打造中国金融一流智库的清华大学国家金融研究院宣告成立。

学院名誉理事长、中国人民银行原副行长、中国证券监督管理委员会首任主席刘鸿儒，时任教育部副部长鲁昕，时任中国银行业监督管理委员会副主席王兆星，时任中国保险监督管理委员会副主席周延礼，中国证券监督管理委员会原纪委书记李小雪，时任香港东英控股有限公司主席张志平，时任清华大学校长陈吉宁，时任清华大学副校长谢维和，时任清华大学国家金融研究院联席院长吴晓灵、李剑阁等嘉宾共同参与清华大学国家金融研究院启动环节。

清华大学国家金融研究院积极为国家金融体系建设和发展规划提供政策性研究，为国家宏观金融与微观金融等领域提供学术研究、政策分析与案例研究，并为金融决策与监管部门提供政策分析与咨询。

在研究院宣告成立之时，其下设研究中心——互联网金融实验室、货币政策与金融稳定研究中心、民生财富管理研究中心已经开始运转。在充分发挥已有工作成果的基础上，研究院继续努力开拓优秀的科研力量，在金融领域深入探索，积极开展高水平学术研究、政策研究及人才培养等工作。在推动金融学科建设的同时，为国家金融领域的发展提供有力的决策支撑。时任清华大学校长陈吉宁在清华大学国家金融研究院成立仪式上表示，如何发挥好金融的力量，激发全社会创造活力，有效推动经济转型升级是金融界的艰巨使命和光荣职责。大学在其中的作用之一就是搭建一个高水平的学术平台，广邀政界、业界、学界的朋友碰撞思想，激发灵感，汇集智慧，凝聚共识，为金融业的改革发展贡献有价值的思想成果和政策建议。

三、首届全球金融论坛成功举办

党的十八届三中全会之后，站在全面深化改革的新起点上，中国的经济金融发展备受世界瞩目。中国金融业的发展也面临新的机遇。随着利率市场化、人民币国际化的推进，中国金融市场愈发向着成熟和开放的方向迈进。新的商业模式不断涌现，拥有创新能力的商业机构和专业的金融投资机构如雨后春笋般成长起来，大大激发了市场活力。另一方面，飞速发展的新兴业态也给金融监管提出了新的挑战。金融监管部门、学术界、业界都亟须开展深层次的探讨，维护金融体系的安全稳定，推动金融真正服务于实体经济。

为搭建学术交流平台，探寻中国与世界良好互动、共同发展的未来之路，清华五道口全球金融论坛（以下简称“论坛”）应运而生。

首届论坛的诞生经历了近一年的酝酿与准备。2013 年，学院在搬入小院后便策划了一场学术论坛活动，邀请校友、经济学家共话未来经济金融形势，并在此基础上开始筹办清华五道口全球金融论坛。2013 年 7 月，首届论坛的第一版策划方案成型，论坛开始进入前期筹备阶段。2014 年初，论坛的组织架构正式确立，包括论坛理事会、论坛组委会和论坛秘书处。

2014 年 3 月 23 日下午，时任国际货币基金组织（IMF）总裁克里斯蒂娜•拉加德（Christine Lagarde）做客“清华五道口全球名师大讲堂”，为到场的近 500 位嘉宾及清华师生带来了题为“中国青年：全球领袖，全球公民”的主题演讲。演讲的最后，学院理事长、时任院长吴晓灵感谢拉加德带来的精彩演讲，同时宣布学院的另一项重要学术活动——清华五道口全球金融论坛将于 2014 年 5 月 10 日至 12 日在清华大学召开，论坛的官方网站和报名系统已正式启动。清华五道口全球金融论坛的序幕就此拉开。

这是学院首次举办大型国际论坛，没有可参考的经验，许多工作都是摸着石头过河。从筹备到举办，论坛几乎调动了全院师生的参与，将工作人员和学生志愿者分为了嘉宾组、注册组、媒体组、会务组、交通安保组、IT 组、文稿资料组、审校组、志愿者组等十几个工作小组。为了让嘉宾及听众有更好的参会体验，工作组设计了数套听众注册方案以及场内分区方案，反复推翻、重来，熬过了好几个不眠之夜。为了通过招标方式招到性价比最高的合作伙伴，工作组不断完善招标书，最后一版招标方案发出时已过凌晨四点。到了论坛召开前夜，为了将数千份材料装袋，工作组老师和志愿者同学将资料袋码成几列长龙，展开流水线作业，终于在天亮之前将所有的会议资料准

■ 图为首届大论坛主视觉及舞台

备完毕。据学院院长助理、综合办主任袁源回忆，当时部门里有三位准妈妈作为核心成员全程参与了论坛的筹备，论坛前夕，各项工作到了最紧张的阶段，准妈妈们跟大家一样加班加点，经常熬到晚上十一二点才回家，到后来腿脚浮肿，只能把脚放到凳子上继续工作。到了 2015 年第二届论坛，这三位妈妈进入了哺乳期，依旧承担着论坛筹备组的重要工作，成了背着保温包穿梭在会场的“背奶妈妈”。“正是这么多人像呵护自己的孩子一样呵护着学院的荣誉，我们才能取得这样快速的发展。”

经过紧张的筹备，2014 年 5 月 10 日，首届“清华五道口全球金融论坛”在清华大学新清华学堂开幕。首届论坛由清华大学主办，学院和清华大学国家金融研究院共同承办，并获得了刘鸿儒金融教育基金会的大力支持。论坛以“改革——发展新征程”为主题，对中国与世界金融形势做出分析、解读及预测。论坛理事会向海内外金融行业的专家学者和权威人士发出邀请，希望通过建立深层次的交流，共同寻求中国经济改革与发展的方向。

■ 图为首届“清华五道口全球金融论坛”现场

首届论坛上，共有99位演讲嘉宾出席了为期三天的论坛活动，“一行三会”以及众多知名金融机构倾力参与成为论坛的亮点。时任中国人民银行行长周小川发表了长达 1 个半小时的闭门演讲，为在场听众详细解读国家宏观调控和金融改革策略，内容翔实、权威，让全场 2000 多名听众受益匪浅。同时，时任教育部副部长鲁昕、时任清华大学校长陈吉宁、浙江省副省长朱从玖等也出席了论坛并发表致辞或演讲。此外，论坛还吸引了海外金融机构及学术机构的目光，来自国际货币基金组织、美联储、康奈尔大学、哥伦比亚大学以及国际知名金融公司合伙人等业界、学术界人士齐聚一堂，为中国和世界金融发展献计建言。

论坛在议题的设置上定位精准，既关注时下热点问题，也探索未来发展之路。论坛共设置了“改革与发展的新征程”和“清华五道口全球金融论坛暨首届中国金融政策论坛”两场全体大会。首届论坛还设置了五场主题论坛，分别聚焦“多层次的资本市场建设发展与投资者保护”“互联网金融”“资本项目开放、全球资本流动及金融风险控制”“VC/PE 投融资”“资产与财富管理未来”。以“中国未来金融监管格局”为主题的内参研讨会和以“全球资本流动与金融风险管理”为主题的学术研讨会，也成为首届论坛的一大特色。

在互联网金融分论坛上，学院宣布在全日制金融专业硕士中开设互联网金融方向，课程涵盖金融统计与计量学、互联网金融发展史及商业模式、大数据分析导论、互联网金融实证研究等核心课程，以及数据挖掘方法与应用、计算机安全与原理、下一代互联网等计算机课程，并辅以前沿问题系列讲座，致力于培养互联网金融市场急需的高端人才。2014 年 5 月 10 日晚，论坛夜话环节设置了“应对金融新变局”“家族企业治理与传承”“互联网金融创新征程”“房地产金融及资产证券化”等议题，成为主题论坛的补充和延伸。

首届“清华五道口全球金融论坛”在金融业界、学界引起了极大反响和广泛关注。据统计，首届论坛听众报名 2720 人，参会 7800 人次，其中来自金融界人士占比达 36%，入场券“一票难求”。主流媒体及海内外财经媒体对论坛进行了大量报道，形成广泛的海内外影响。

首届清华五道口全球金融论坛取得了丰硕的成果。正如常务副院长廖理在闭幕致辞中所指出的，来自海内外的 99 位政府和监管机构的各位领导、财

■ 图为论坛开始前听众早早在注册处排起长龙，等待入场

经界领袖以及专家学者作为演讲嘉宾，其独到的见解、精辟的剖析以及观点的碰撞，都使本届论坛成为一届激发创新、推动变革的思想盛会。学院理事、中国保监会原副主席周延礼在接受采访时说道，“清华五道口全球金融论坛为国内外顶级的金融界人士搭建了交流平台，对政策制定产生积极影响，为引导金融行业健康发展发挥了重要作用，这个作用是难以估量的。”

在学院成立之初，学校领导就曾经提出了建成“一院、一坛、一刊”的布局与期望。十年过去了，清华大学国家金融研究院的智库功能凸显，成功将清华五道口全球金融论坛建设为品牌学术交流活动，专业财经期刊《清华金融评论》平稳发展，成为国内金融领域交流和分享的重要平台。在世界的金融舞台上，怎样持续地发出有力的中国声音，怎样用全球通用的学术语言讲好中国故事、分析好中国问题，将是学院始终坚持探索和思考的方向。

中篇

使命勇担当

以梦为马，不负韶华。经过成立初期大刀阔斧的改革创新，学院获得了快速发展，积累了宝贵经验。但事业发展不仅需要百米冲刺的速度，更需要马拉松式的坚定毅力。在机遇与挑战中，学院不断夯实基础寻求突破，在永不停止的思考与行动中实现超越，“不怕苦，敢为先，讲团结，重贡献”的五道口传统在学院持续前行的步伐中不断升华。

十年来，学院进一步明确了办学方向，建成一支专兼结合的高水平师资队伍；积极推动人才培养水平不断提升，形成了较为完善的人才培养体系，各项目生源优异，培养质量得到行业高度认可，树立了良好的品牌形象；大力倡导扎根中国大地开展学术与政策研究，产生大量高质量的研究成果，为金融行业的改革开放和稳定发展提供智力支持；全面推进国际化建设，提升了国际影响力……每一份成绩的背后，都离不开清华大学的正确领导、中国人民银行的大力支持，离不开全体五道口人的默默付出与不断坚守，离不开所有关注学院发展的社会各界人士的关心和帮助。

本篇将从学院管理体制、队伍建设、人才培养、科学研究、社会服务、国际化建设、战略合作及校友融合发展等方面，全面介绍十年来学院的发展情况。站在时代的潮头，清华五道口正在用实际行动，践行着“培养金融领袖，引领金融实践，贡献民族复兴，促进世界和谐”的光荣使命。

第四章

凝心聚力，构建一流治理体系

教育是民族振兴、社会进步的重要基石。2021 年清华大学 110 周年校庆之际，习近平总书记为新时代高等教育发展勾画出全新的蓝图："我们对高等教育的需要比以往任何时候都更加迫切，对科学知识和卓越人才的渴求比以往任何时候都更加强烈。"面对来自时代与人民更为迫切的需要，高等院校需要以更加进步有为的姿态进行回应。而加快推进构建"中国特色"与"现代大学制度"的高度统一的治理体系与治理能力，是直面人民的需要和呼唤，推动科技进步和创新的时代要义所在。

构建科学的大学治理体系是新时代高等教育现代化的基本要求，是建设创新型国家、实现人才强国的重要保障。为此，学院必须准确把握中国特色一流金融学院对治理的要求，以学院使命、愿景为指引，协调好党委全面领导、行政管理决策、学术审核评价、群众民主监督的关系，完善制度体系，优化组织结构，推进治理体系和治理能力现代化。以"人"为核心，以制度促规范，以文化聚人心，提升学院的凝聚力和向心力，建设一支政治素质过硬、专业素质超强、团结协作进取的一流教职工队伍，推动学院的各项事业持续健康快速发展。

一、科学的管理体制

自 2012 年成立以来，学院以“成为具有中国特色的世界顶尖金融学院”为愿景，坚持世界一流、中国特色、清华风格、道口传统的发展道路，充分发挥党委政治核心作用，建立健全学院各项体制机制，与时俱进地凝练弘扬师生校友广泛认同并自觉践行的价值理念和行为规范，形成鲜明的清华五道口特色文化，激发起学院事业发展和师生校友工作生活永不枯竭的内生动力。

（一）加强党的领导，充分发挥党委政治核心作用

回首征程，从中国人民银行研究生部到清华大学五道口金融学院，坚持党的全面领导，坚持党政密切配合，坚持群众路线，坚持创新发展——这既是学院党委规范履职尽责、充分发挥作用、推动教育事业发展的主要经验，也是学院党委长久秉持的基本工作原则。

“办好我国高等教育，必须坚持党的领导，牢牢掌握党对高校工作的领导权，使高校成为坚持党的领导的坚强阵地。”习近平总书记在全国高校思想政治工作会议上的重要讲话，为新时期高校党建工作确立了宗旨。党委要确保正确的办学方向，掌握思想政治工作主导权，始终成为培养社会主义事业建设者和接班人的坚强阵地。五道口金融学院党委按照清华大学党委的统一部署，以习近平新时代中国特色社会主义思想为指导，全面贯彻党的教育方针，认真学习领会新时代党中央对教育、对高校提出的一系列新理念、新要求，紧紧围绕学校“双一流”建设的总体目标，党政密切配合，落实立德树人的根本任务。完善党委全面领导的组织体系、制度体系和工作机制，发挥学院党委政治核心和保证监督作用。着力加强师生思想教育工作，逐步提高党建工作、学生工作和宣传工作水平，凝练传承学院特色文化，强化学院品牌建设，着力提升学院核心竞争力、学术影响力，为加快推进各项事业高质量发展提供坚强保障。

1. 欲筑室者，先治其基

在清华大学党委领导下，学院党委充分发挥政治核心作用，把方向、管大局、作决策、保落实，通过建章立制，切实将加强党的领导贯穿于学院治理的全过程。

学院制定了《五道口金融学院党委会会议议事规则》《五道口金融学院党政联席会议议事规则》，对议事决策范围、议事决策原则和程序、议定事项执行与监督等进行了详细规定。学院党委会会议和党政联席会议坚持民主集中制，集体讨论决定重大问题，建立健全集体领导、分工负责、协调运行的工作机制，确保党的领导在学院重大事项管理中得到全面落实。

党政密切配合，是团结带领师生员工凝心聚力、锐意进取、扎实工作的基础，也是十年来学院各项事业取得快速发展的重要保障。根据学院党政联席会议议事规则，涉及办学方向、教师队伍建设、师生员工切身利益等重大事项，由党委会会议先行把关，再提交党政联席会议决定。党委会会议和党政联席会议议事规则的执行，不断推动党的全面领导走向深入，推动学院科学治理水平逐步提升。

学院落实党委全面领导、行政管理决策、学术审核评价、群众民主监督，建立起规则清晰、运行顺畅、执行到位的权责机制，推动各项工作有效运行，促进学院事业健康发展。

2. 党建引领，润物无声

多年来，学院党委不断推进党建工作创新发展，调动全院党员干部和师生员工的积极性、主动性、创造性，党组织监督保证和服务能力显著增强，党的制度建设、组织建设、作风建设、队伍建设水平不断提升，在学校党委每年对各院系党建工作评估中，学院连续几年都保持在前列。

在教师思想政治教育方面，学院党委高度重视对青年教师的思想引领，加强教师的政治把关和师德师风建设。开展丰富的组织生活和社会实践调研活动，帮助青年教师，尤其是海外归国人员更快更深入地了解中国国情，在教师中获得了积极的反响。学院党委积极发展青年教师入党，支持开展调查研究，鼓励党支部创先争优。学院党委率先垂范，组织开展党建特色工作研究，连年获得清华大学优秀组织奖；各教职工党支部积极申报调研课题、特色活动，涌现出一批优秀成果；研究生党建研究课题连年获得校级优秀课题，一名博士生入选首批全国高校“百名研究生党员标兵”；教职工党支部和博士生党支部同获学校党建标兵党支部。

在学生党建方面，学院党委以“党风正”带动“学风淳”，在党支部建设、学生思想教育、就业指导、心理健康等各个方面体现党组织的战斗堡垒作用。2018 年初，学院党委针对非全日制在读研究生占比高、人数多的实际情况，率先探索非全日制研究生党支部试点建设，成立了 EMBA 首个非全日制学生的临时党支部。这一创新之举在学校是首次尝试，得到学校的高度重视并在全校进行推广。刚开始在非全日制项目中试行建立临时党支部的时候，学校并没有相关办法和先例，于是学院积极探索，参照全日制的学生党建来设计规范。现在，学院已实现了在非全日制项目建立临时党支部的全覆盖。在集体建设方面，学院建立了一个特色集体——道口家庭，这种新型集体建设方式打破班级界限，成员覆盖了在校学生、教职工和各类校友，旨在加强对学生的思想引领，发挥全员育人的作用。在就业引导方面，学院有各种各样的就业咨询活动，其中一项特色工作是党委委员的开放交流时间。学院党委委员每周都有一个固定的时间开放给学生预约，面对面的谈话可以加深师生间的了解，解决学生在思想、学习、生活、职业发展、就业等方面的困惑。学院还对有理想、有抱负，愿意前往艰苦地区工作的学生制定了详细的“扎根计划”，秉承“扶上马，送一程，关爱一生”的原则给予支持。

全力抓好党建工作是学院党委首要任务，学院始终把党的政治建设摆在首位，党风引领师风、党风带动学风，党建工作已深入学院工作的各个方面。在党的全面领导下，在党政密切配合下，全院师生不忘初心，牢记使命，以更加坚定的信念、更加饱满的热情，推动学院在建设具有中国特色的世界顶尖金融学院道路上不懈奋斗。

（二）理事会与高端咨询机构搭建与业界沟通的桥梁

严格执行党委会会议制度和党政联席会议制度，为构建学院科学、高效的治理体系奠定了扎实的基础。学院成立之时便设立理事会，搭建起学院与业界沟通的桥梁，使学院在人才培养和科学研究方面更加贴近业界的需求，持续释放比肩国际一流水平的办学活力。学院理事长、首任院长吴晓灵曾说：“通过理事会领导下的院长负责制，依托清华大学的优质办学资源，我们可以继续发挥五道口密切联系实践、引领实践的优势，把五道口打造成国内领先、国际一流的金融高等教育平台和金融学术、政策研究平台，培养高层次、创新型、国际化的金融人才，为金融业的稳定、健康发展提供坚实的智力和人才支持。”

理事会在战略层面对学院与业界关系紧密的教学与科研进行方向性指导。2012 年 3 月 29 日，清华大学五道口金融学院第一次理事会会议召开。来自中国金融监管机构以及中国金融教育和实践前沿的多位专家组成的学院理事会首次亮相。

在理事会领导下，高端咨询机构战略咨询委员会和学术顾问委员会的相继成立，汇聚起学界与业界的智慧和资源，在继承“五道口”紧密联系实践传统优势的过程中，发挥学院积淀的业界优势为学院赋能，并通过为学科建设、课程体系建设、学术研究等工作提出指导意见与建议，助力学院人才培养和科研学术水平不断提升，为学院在人才培养和学术研究方面引领与契合行业需求奠定了坚实的基础。

十年来，学院理事、学术顾问委员会委员、战略咨询委员会委员几乎每年都会相聚学院，共商学院当前发展及未来规划。每一次学院理事会、学术顾问委员会、战略咨询委员会会议的召开，不仅是一次学院的工作会议，更是一次思想的盛会。来自学界和金融业界的各位理事和委员们，听取学院领导对师资队伍、人才培养、学术与政策研究、国际化建设、社会责任、文化建设等各方面发展近况的汇报，并围绕“如何把学院办得更好”畅所欲言，为学院主动适应新变化、探索新路径、发掘新模式提供宝贵的意见和建议。与此同时，各位理事和委员们把握经济社会发展的最新动向，围绕双循环发展新格局下对金融人才培养与研究的新要求、新形势下国际化建设路径等议题展开热烈讨论，积极建言献策，成为学院与金融业界紧密沟通的纽带与桥梁。

清华大学五道口金融学院召开 2013 年理事会会议

2013 年 3 月 19 日，清华大学五道口金融学院召开理事会会议。学院名誉理事长刘鸿儒、理事长兼时任院长吴晓灵、时任清华大学副校长程建平、时任国泰君安证券董事长万建华、时任香港东英金融集团董事会主席张志平、时任中国证券监督管理委员会副主席庄心一出席会议。学院常务副院长廖理、时任党委书记兼副院长聂风华列席会议。会议由吴晓灵主持。廖理代表院务会向理事会汇报了学院 2012 年的工作情况和 2013 年工作计划，从学科建设、队伍建设、人才培养、科研发展、校友与合作发展、国际交流以及行政保障等方面向

■ 图为 2013 年理事会会议嘉宾合影

理事会汇报了学院的发展规划。

2012 年是清华大学五道口金融学院的起步之年，学院完成了各项交接工作，实现平稳过渡，同时，发展规划基本明确，学生培养水平得到进一步提高，师资队伍建设初见成效，院区改造基本完成，各项工作逐渐步入正轨。

理事们对学院一年来的工作给予了充分的肯定，并针对学院的招生方式、学生创新精神和学习能力的培养、师资队伍建设、案例开发以及营造良好发展环境等方面提出了中肯的意见和建议。刘鸿儒说，“一年来，学院的工作方针明确，思路开阔，执行力强，成效显著。学院要致力于在全球金融领域建设一个一流的高等学府，要有一流的教师队伍、一流的学生、一流的科研成果，要在打造精品上下功夫”。吴晓灵在总结发言中说，“学院一年来的工作得到了各方的认可，这也证明清华大学和中国人民银行两个党委对于合并的决策是正确的。各位理事提出的建议，对学院下一步改进工作有很大的帮助”。吴晓灵表示要把学院的发展规划与学校的规划相结合，充分发挥清华和五道口的特色，让学院的工作更上一层楼。

清华大学五道口金融学院学术顾问委员会成立

■ 图为吴晓灵为学术顾问委员会主席顾秉林颁发聘书

2013 年 11 月 21 日，清华大学五道口金融学院学术顾问委员会成立仪式暨第一次全体会议在学院举行。学术顾问委员会是学院研究生教学、科研和社会服务的咨询机构，邀请国内外金融、教育领域德高望重的专家学者加入。学术顾问委员会的成立，旨在进一步推动学院教学质量与科研水平的提升。首届学术顾问委员会主席由清华大学原校长、高等研究院院长顾秉林院士担任。

清华大学五道口金融学院战略咨询委员会成立

2013 年 1 月 18 日，清华大学五道口金融学院战略咨询委员会成立大会暨第一次会议在学院举行，20 位战略咨询委员会委员出席了会议。战略咨询委员会共有 26 位委员，主要由来自金融监管机构、相关政府部门以及主要金融机构的领导担任。他们为金融学院的战略发展规划、课程体系建设、学术研究等提出咨询建议，并帮助金融学院建立学生就业实习基地。

战略咨询委员会的成立，进一步加强了学院与金融业界的联系，发挥五道口紧密联系实践的传统优势。

学院召开 2020 年理事会、学术顾问委员会、战略咨询委员会会议

2020 年 10 月 11 日，清华大学五道口金融学院召开 2020 年理事会、学术顾问委员会、战略咨询委员会联合会议。学院理事、学术顾问委员会委员、战略咨询委员会委员相聚学院，共商学院当前发展及未来规划。学院党政班子成员、清华大学国家金融研究院院长朱民参会。

吴晓灵表示，面对世界百年未有之大变局，面对新冠肺炎疫情带来的冲击，学院主动适应新变化，探索新路径，发掘新模式，2020 年各项工作取得了长足发展，希望理事和委员们对学院当前工作及未来发展提供宝贵的意见和建议。

学院常务副院长廖理作院情报告，他从师资队伍、人才培养、学术与政策研究、国际化建设、社会责任、文化建设、学院疫情防控工作等方面汇报了学院发展近况。学院党委书记顾良飞对清华大学通州金融发展与人才培养基地做情况报告，他从项目背景、定位、选址、规划、进展等方面做了全面介绍。

参会的理事与委员们充分肯定了学院所取得的成绩和进步，围绕双循环发展新格局下对金融人才培养与研究的新要求、通州院区功能设计、后疫情时期国际化建设的路径等议题展开讨论，积极建言献策。

在人才培养方面，理事和委员们表示，学院要加强理想信念教育，厚植爱国情怀，打造业务精湛的金融人才队伍。同时，要进一步改进招生工作，发挥理论联系实际的办学特色，充分利用清华大学多学科的优势，因材施教，培养适应未来发展需要的复合型高端金融人才。

在推进学术与政策研究方面，理事和委员们建议，科研学术应关注与时代发展紧密相关的重大课题，着眼于高水平对外开放过程中出现的新问题、新挑战，金融支持实体经济发展中融资难、融资贵的问题开展研究。同时，学院要积极回应金融改革发展对学术研究的迫切需求，着力加强数字经济、财富管理、银行业转型等课题研究，发挥智库作用。

在学院国际化建设方面，理事和委员们表示，学院要对当前的国际形势有深刻的认识，构建更加长期、更加结构化的国际合作格局，提升国际影响力。同时，在我国高水平对外开放的过程中，学院应着力搭建国际化的金融学术与金融科技的交流平台，建设成培养高层次、创新型、国际化金融人才的基地，提高国际竞争力。

此外，理事和委员们还就通州院区建设、社会责任、在线教育、金融干部培养、金融人才资质建设、学术成果共享、学生实习实践、就业咨询与引导等提出宝贵意见。

学院院长张晓慧对各位理事、委员的意见和建议表示衷心感谢，并做出积极回应，她从“如何把学院办得更好”“怎样发挥学院的历史性作用”两个方面发表观点。她表示，立足于中国金融改革发展实践，要努力把学院建设成连接金融教育和金融实践之间的一座桥梁，成为中国金融人才培养的桥头堡、国家理论政策的研究基地。同时，学院的教学和科研要始终走在时代前沿，在数字化转型新发展机遇中，引领时代潮流，承担历史使命。

■ 图为会议现场

■ 图为张晓慧发言

■ 图为参会人士合影

学院理事长吴晓灵作总结发言。她表示，在世界百年未有之大变局中，五道口金融学院要始终坚定政治站位和理想信念，加强金融职业道德教育；教学和科研要立足于数字化转型的时代潮流，关注数据基础设施建设和银行转型研究；要研究金融人才的成长特点，通过学位教育和非学位教育，特别是利用好在线教育，建设高水平金融人才队伍；服务于中国金融业更高质量、更高水平的对外开放，加强国际合作和交流；要始终牢记金融服务实体经济的初心和使命，培养金融人才社会责任意识，全力以赴做好服务国家、服务社会这篇大文章。

（三）发挥文化育人功能，文化建设突出传承与创新

学院文化既是一所学院在长期办学历程中积淀下来的精神、制度、环境、行为方面的共同价值与规范，也是高等教育始终坚守的灵魂家园和个性本色，更是改革发展创新的思想基石和前进动力。

清华大学在百年发展历程中，形成了独具风采的精神文化、制度文化、物质文化和行为文化，积淀了深厚的文化底蕴，影响了一代代学子，为清华

大学的发展提供了科学系统的思想指导和坚强厚重的精神支撑，对中国教育界乃至中国社会产生了重要的辐射与引领作用。与中国金融改革共同成长的中国人民银行研究生部，培养了诸多经济金融领域的顶尖人才，在密切联系实践、引领实践的过程中，形成了五道口人“不怕苦，敢为先，讲团结，重贡献”的光荣传统。五道口传统与清华精神是一脉相承的，为五道口金融学院的文化建设奠定了坚实基础。

为了高效开展学院文化建设工作，学院专门成立了文化建设领导小组，统筹文化建设相关工作。

1. 以制度建设保障文化实践

文化建设是制度建设的基础，各种规章制度的建立、办学模式的建立，都扎根于文化。学院在制度建设中充分体现学院的文化理念，使学院文化固化于制，形成对师生员工的价值观导向和行为规范。不断总结道口家庭、扎根计划、青年教师社会实践等活动的经验，形成重点文化实践活动的工作机制；建立文化宣传骨干培养机制，在文化建设领导小组的指导下，让文化宣传骨干在岗位上发挥文化宣传推广以及“传帮带”的重要作用。

回顾历史，重温清华精神与学院文化

2021 年 4 月 2 日，清华大学五道口金融学院党委书记顾良飞在学院 3-300 多功能厅为清华 - 康奈尔双学位金融 MBA2020 级学生带来一场“清华精神与学院文化”的主题讲座，从学校的历史沿革、精神文化和革命传统，以及学院发展的改革变化和杰出人才等方面为同学们进行了分享。

图为顾良飞讲述“清华精神与学院文化”

顾良飞带领同学们从 1911 年建立清华学堂开始全面回顾了清华大学建校 110 年来的关键历史节点和重要人物、重大事件，特别提到了清华早期培养的很多学科领域的著名学者，既是清华校友，又是康奈尔大学校友，让同学们为作为两校的校友感到更加自豪。

讲述清华精神离不开介绍清华校训。顾良飞分享了著名科学家钱伟长奋斗不息、追求卓越和清华五道口创始人刘鸿儒坚忍强毅、不屈不挠的奋斗故事，深深地撼动了同学们的内心，让同学们更加深刻地理解了“自强不息、厚德载物”校训中蕴含的力量。2018 年习近平总书记在纪念改革开放四十周年大会上指出，正是这种“天行健，君子以自强不息”“地势坤，君子以厚德载物”的变革和开放精神，使中华文明成为人类历史上唯一一个绵延 5000 多年至今未曾中断的灿烂文明，学院“金融变革的推动者”办学定位与这种精神一脉相承。顾良飞还以中国“核弹之父”王淦昌的一句“我愿以身许国”为例，阐释了校风“行胜于言”的内涵。

随后顾良飞通过讲述韦杰三、施滉、张甲洲、熊大缜等清华英烈的事迹，尤其是抗战期间航空骄子沈崇诲驾机重创敌舰“出云号”血洒长空壮烈牺牲的英勇故事，让同学们对清华英烈的革命精神有了更为深入的认识，也让同学们对爱国奉献的清华精神有了更加深刻体会。

在介绍学院办学理念与学院文化时，顾良飞首先结合清华办学理念和学院办学实践，对“培养金融领袖，引领金融实践，贡献民族复兴，促进世界和谐”的使命，“不怕苦，敢为先，讲团结，重贡献”的传统做了详细解读。

通过阐释金融学院使命、传统、愿景、特色、品牌、标识、院花，以及学院文化环境建设等，顾良飞从多方面展示了学院在继承传统、保持特色、创新发展上的探索和实践。他特别提到，服从于国家发展远景目标，依托清华大学中长期发展战略，即到 2030 年迈入一流大学前列、到 2050 年前后成为世界顶尖大学，对“成为有中国特色的世界顶尖金融学院”的愿景充满信心。

通过此次主题讲座，同学们深深地感受到了清华大学 110 年来的光荣历程，以及从中国人民银行研究生部到清华大学五道口金融学院四十载的辉煌成就。同学们被清华大学 110 年光辉的历史，一大批学术大师、兴业英才、治国人才以及革命英烈的事迹所感染，激励着他们勇担时代重任，全身心投入实现中华民族伟大复兴的征程中来。

2. 以文化研究带动文化建设

在清华大学档案馆的指导下，学院于 2016 年 9 月建成档案室，制定了《五道口金融学院档案管理办法》，规范了学院档案的管理与使用工作。档案室目前收存的文书档案、基建档案共 213 卷，每年续存约 20 卷。学院对重大活动的图片进行存档和梳理，共计 1100 余张图片，内容涉及教学项目、国际交流、职业发展、论坛活动、学院风景等，形成可供检索的图片档案。学院于 2016 年启动了五道口史料征集与大事记的编写工作，对档案进行了查漏补缺，形成文字材料 24 万余字。通过拜访五道口创始人、老教授、老校友，收集关于五道口创办初期的资料，同时向各年级校友广泛征集史料，并按照年份整理汇编了五道口历史资料，编撰出版了《五道口纪事（1981—2012）》，以真实记录五道口前 30 年的发展历程，再现当年草创艰难，展示五道口辉煌成就，激励道口新人砥砺前行，再谱育人新篇。

为了与时俱进地凝练弘扬清华文化、五道口精神，促进文化传承与创新，学院编撰出版了第一版文化手册。第一版文化手册的编撰是一项发动全院师生共同完成的“大工程”。为了切实了解全院教职员工对于文化建设的期待及人心所向，工作组以访谈、座谈会、调查问卷的形式面向全院进行了广泛调研：面向学院党政领导班子成员展开一对一深度访谈；面向学院教职员工及学生展开了两场文化建设专题座谈会，参会人员涵盖了不同院龄、不同部门、不同职级的各类教职员工代表，以及硕士、博士在读学生代表；面向学院全员发起问卷调研工作，问卷设计几经修改，涉及文化建设的各方面内容，最终收到师生回复问卷三百余份。经过分析凝练，编辑形成了《清华大学五道口金融学院文化建设调研报告》。

在文化建设领导小组带领下，文化手册几易其稿、反复推敲，最终形成了“理念篇”和“实践篇”，并通过党委会和党政联席会审议正式印发。理念篇阐述了清华校训、校风、学风，以及以“紫藤文化”为表征，涵盖使命、愿景、传统、办学特色、学院品牌等核心内容的五道口文化体系；实践篇则集中展示了学院特色文化工作等内容。未来，还将增加文化手册的“故事篇”，总结梳理典型人物和事迹，弘扬践行学院文化的精神品质。

3. 以文化宣传推进文化育人

为了使文化理念深入人心，起到凝心聚力的文化引领作用，学院高度重视文化环境建设，积极推动物质环境与文化环境的有机融合，充分发挥文化育人功能。为反映清华五道口的传统和历史，营造学院特色文化氛围，学院设立使命墙，提醒全体师生时刻铭记“培养金融领袖，引领金融实践，贡献民族复兴，促进世界和谐”的光荣使命；设立院史墙，展示学院办学历程与发展现状；安置纪念石和纪念像，纪念清华五道口创始人和早期建设者；设立肖像墙，纪念为清华五道口奠定办学基础的四大学术顾问、八大研究员；设立捐赠墙，鸣谢为学院发展做出贡献的机构和个人；设立照片墙，展示学院师生校友的精神风貌。

学院依托培训活动、文化活动等大力推进文化宣传工作，充分发挥学院文化的涵育功能。学院通过新生教育、入职培训、党团活动等多种形式宣讲清华文化、五道口传统。例如，在一次“一二·九运动与清华爱国传统”的主题讲座中，党委书记顾良飞带领同学们回顾了清华大学光荣的革命传统，以清华杰出校友为例，阐释了坚忍强毅、不屈不挠、奋斗不息、追求卓越的清华精神，介绍了清华校训、校风、校花的内涵，讲解了金融学院使命、愿景、特色、品牌、标识、院花等文化理念，并从多方面展示了学院在传承优良传统上的探索和实践。一位同学在听完讲座后表示：“在一个多小时的时间内，我们跟随顾老师旁征博引、深入浅出的讲述，通过探索国史党史的光辉岁月，重温了一代代清华人是如何把个人命运烙印在民族复兴的行板中。通过顾老师的循循阐释，我更加深入地了解了刘鸿儒先生和清华五道口的创立发展历程。一名清华人、五道口人的责任和担当从未如此清晰地展现在我眼前——来时之路已往，心间铭记先辈伟绩；崭新篇章待书，吾侪更当奋进自强！”

（四）防患未然，构建学院风险防范大安全体系

“大安全”属于超前防控，考验的是风险防控工作的科学性、预见性、主动性和创造性。一直以来，学院党委把构建学院风险防范大安全体系作为一项紧迫任务来抓。构建“大安全”体系，一方面，要加强制度和机制建设，筑牢风险防范的基础；另一方面，要严明纪律要求，加强警示教育，以优良的作风建设凝聚人心，共同建设风清气正的平安校园与和谐校园，提升师生的安全感和幸福感。

高校的意识形态安全关系着学校的办学方向，直接关系到培养什么人、怎样培养人、为谁培养人的关键问题。十年来，学院坚持立德树人，全面落实意识形态工作责任制，坚持马克思主义在意识形态领域的指导地位，坚持社会主义办学方向。根据新情况新形势，学院构建完善规范快速的舆情应急

决策处理机制，为学院的安全稳定发展提供保障。

学院切实加强消防、治安、交通安全制度和工作体系建设，全面落实人防、物防、技防，层层压实责任，维护教学秩序，保障校园安全稳定。从校园环境改造、教室改装、基础设施的安全运转，到基于信息技术的智慧平安校园体系，学院在为师生创造安全温馨的工作、学习和生活环境过程中，以温暖的方式践行着“三全育人”的理念。

学院把师生员工健康安全放在第一位，把抓好新冠肺炎疫情防控作为政治任务，第一时间成立防控疫情领导小组，通过党支部建立疫情防控三级信息员工作体系，实现全院师生和外协人员千余人疫情防控全覆盖。根据实际情况，及时分析疫情形势、理解上级精神、研讨学院实际、制定防控措施。疫情期间，学院积极推进线上教学、线上科研、线上办公，顺利完成了全部教学任务。事实证明，学院的疫情防控体系经受住了实践考验，应对处置突发事件的水平得到切实提高。

筑牢校园疫情防线，夯实疫情防控壁垒

图为 2020 年上半年学院党委疫情防控工作总结会

2020 年新冠肺炎疫情暴发后，清华大学五道口金融学院党委高度重视疫情防控工作，团结带领师生员工按照“坚定信心、同舟共济、科学防治、精准施策”的要求切实做好各项工作，在坚决打赢疫情防控阻击战中践行初心使命、体现责任担当。

学院第一时间成立了防控疫情领导小组，领导干部以身作则，建立 24 小时值班值守制度，通过《金融学院疫情防控工作情况通报》及时传达上级指示、防控疫情领导小组会议决策。紧密依靠基层党支部，建立防控工作三级信息员系统，共 88 人的队伍，实现了防控信息传递反馈的全覆盖。学院多措并举、稳妥推进，保障疫情防控阶段教学工作按期开课，保证就业服务不“断线”。坚持“疫情防控不松懈、教学科研不停步、改革发展不放松”，在抓好防控工作的同时，积极响应国家

号召，开展与抗击疫情相关的金融科研，充分发挥科技攻关的突击队作用，"以智抗疫""金融战疫"。开展疫情防控专题组织生活和支部共建，动员全体党员积极参加抗疫爱心捐款。学院精准判断形势、措施做细做实，取得了疫情防控阶段性胜利。

■ 图为金融学院研究生参加疫苗接种专项志愿服务

学院高度重视学生心理健康教育工作，进一步建立健全心理健康服务机制，成立学生健康发展研究中心，组建专兼结合工作队伍，及时把握学生心理健康特点和最新动态，落实学生心理健康服务全覆盖，增强危机预防和干预能力，促进学生全面健康发展。

二、立体化的队伍建设

千秋基业，人才为本。十年来，五道口金融学院一路笃定前行，事业蓬勃发展的背后，必定拥有一支能打仗、能打胜仗的高素质队伍作为支撑。学院教职工克服困难、团结奋进、爱岗敬业、开拓创新，他们以突出的成绩诠释了清华大学"自强不息、厚德载物"的校训和"不怕苦，敢为先，讲团结，重贡献"的学院传统。正如学院常务副院长廖理在采访中所说："如果用一个词来总结学院近十年成就的灵魂所在，那么我认为是'团队'。"在五道口金融学院这片哺育了无数领军人才的金融教育沃土上，时刻闪耀着"人才效应"的光芒。通过强化政治引领、狠抓师德师风、创新管理机制，学院教职工队伍质量和结构持续优化，形成了引才聚才、育才用才的新局面。

（一）引育结合，建设国际一流全职师资队伍

从 1985 年提出要逐步建设成为世界一流的具有中国特色的社会主义大学，到 1993 年明确提出"要建成综合性、研究型、开放式的世界一流大学"，清华人始终清醒地认识到：要跻身世界一流大学的行列，首先要有一流的教师队伍。

为了不断提高教师队伍的整体水平，学院继承和发扬五道口导师外聘制传统特色的同时，引育并举，积极引进国际一流全职师资队伍。作为率先完成清华大学教师人事制度改革的院系，学院加强杰出人才和拔尖人才引进力度，探索支持青年人才脱颖而出的培养机制。截至 2021 年 12 月，学院拥有全职师资 24 名（教授 7 名、副教授 10 名、助理教授 3 名、研究员 1 名、副研究员 1 名、助理研究员 1 名、院聘研究员 1 名），其中 18 名获海外名校经济学或金融学博士学位，8 名具有海外执教经历，6 名长聘系列教师入选国家高端人才项目，一支开放的、不断发展的、立足中国市场兼具国际视野的一流教师队伍初步建立，一种吸引、聚集、造就优秀教师队伍的良好氛围已经成型。

1. 海纳百川，打造国际化人才“新高地”

事业因人才而兴，人才因事业而聚。十年来，学院通过加强顶层设计，建立灵活的用人机制，提供人性化的教师服务，面向重点学科领域着力引进国际顶尖学者。适应高端人才需求的“量体裁衣”制度，是学院人才引进过程中打通高端人才吸纳通道的助推剂。学院原副院长、金融学讲席教授周皓说，“人才引进工作要以一种开放的心态来做，尤其是针对学术上的顶级学者。瞄准国内外真正高端的人才，我们一事一议，提供科研、生活条件，真诚地把他们请进来。”

在教师服务方面，为了解决老师的后顾之忧，学院科研办作为专门的学术支持部门，将教师的人事管理和科研管理工作统一，为教师提供全方位服务。尤其是对刚刚归国的老师而言，因为对国内环境不熟悉，很多生活上的琐事杂事都可能导致工作不适应。为此，科研办专门对教师服务进行了细化，包括办理各种手续、住房、医疗、保险、子女教育等各个方面，为教师们提供耐心细致的帮助。周皓老师说：“作为一个好的商学院，教师服务的确非常重要。特别是对海外引进的老师来说，我们把这些事情帮大家解决好之后，他们就可以轻松上阵，至少让老师们心里踏实。”“有人文关怀，有人情味，也是我们学院的一项软性优势。”

通过多方位努力，学院陆续引进了田轩、张弘、余剑峰、张晓燕、鞠建东等优秀的教授级学者以及多位助理教授，集中力量打造重点学科方向，推动行为金融、金融科技和国际金融等学科方向发展。至此，定位于世界级的金融学教研团队组建完成，全职师资队伍规模初现。

学院全职师资介绍（按入职时间顺序）

廖理：清华大学五道口金融学院常务副院长、金融学讲席教授、教育部长江学者特聘教授（2015 年），兼任清华大学金融科技研究院院长、清华大学国家金融研究院副院长、互联网金融实验室主任，《清华金融评论》主编。主要研究领域是金融科技和消费金融。曾获第一届“孙冶方金融创新奖”和清华大学优秀教学奖。

王正位：2013 年加入学院担任助理教授，2021 年晋升长聘副教授，清华大学五道口金融学院党委副书记、副院长，清华大学金融科技研究院副院长、智慧金融研究中心主任。研究领域包括金融科技、消费金融等。

周皓：2013 年加入学院担任教授，同时担任中国宏观经济论坛秘书长，中国金融四十人（CF40）特邀成员，以及亚洲金融经济研究局（ABFER）高级研究员。曾任美国联邦储备委员会高级经济学家，“孙冶方金融创新奖”评奖委员会秘书长。主要研究领域为资产定价、宏观经济学、中央银行、中国金融体系。

李波：2014 年加入学院担任助理教授，2021 年晋升副教授。研究领域包括经验性企业融资，重点关注财务困境、债权人控制权和政府政策。

刘悦：2014 年加入学院担任助理教授，2021 年晋升副教授。研究领域包括理论及实证资产定价、国际金融市场、投资者交易行为、金融市场摩擦。研究成果发表于 *Economics Letters* 等，曾获得亚洲资本市场最佳论文 2012 年度奖。

张际：2014 年加入学院担任助理教授，2021 年晋升副教授。研究领域包括宏观经济学、货币政策、财政政策和失业理论。

田轩：2014 年加入学院，清华大学五道口金融学院副院长、清华大学国家金融研究院副院长、金融学讲席教授、教育部“长江学者”特聘教授（2016）、国家杰出青年基金获得者、北京市卓越青年科学家获得者。同时担任深交所第一届创业板上市委员会委员与第一届创业板并购重组委委员、中央统战部党外知识分子建言献策专家组成员。曾任中国证监会第六届上市公司并购重组审核委员会委员和世界银行咨询专家。主要研究领域包括公司金融、企业创新和风险投资。

刘碧波：2014 年加入学院担任助理教授，2021 年晋升长聘副教授，清华大学五道口金融学院院长助理。研究领域主要包括实证公司金融和行为金融，并积极关注中国资本市场的各种议题。

陈卓：2014 年加入学院担任助理教授，2020 年晋升副教授。研究领域是实证资产定价与中国金融市场，包括中国债券市场、量化投资、基金评估，以及金融计量学。

张弘：2014 年加入学院，现为清华大学五道口金融学院教授。曾长期就职于欧洲工商管理学院（INSEAD）。主要研究方向是市场机制、资本流动，以及 ESG 对金融市场的影响。

安砾：2015 年加入学院担任助理教授，2020 年晋升副教授。主要研究方向覆盖行为金融、家庭金融和资产定价。

金涛：2015 年加入学院担任助理教授，2021 年晋升副教授。研究领域包括宏观经济学、资产定价、时间序列以及应用数学。

余剑峰：2016 年加入学院，现任清华大学五道口金融学院教授、清华大学金融科技研究院副院长。曾任明尼苏达大学卡尔森管理学院 Piper Jaffray 讲席教授。主要从事行为金融和宏观金融的理论和实证研究。

施展：2016 年加入学院担任助理教授，2021 年晋升副教授。研究领域主要包括固定收益产品、宏观金融、资产定价、金融计量。

周臻：2016 年加入学院担任助理教授。研究方向是金融市场摩擦的理论研究和信息经济学，包括金融危机和监管、公司金融、系统性风险和金融网络等问题。

张晓燕：2016 年加入学院，现任清华大学五道口金融学院副院长、鑫苑金融学讲席教授，兼任清华大学国家金融研究院副院长、清华大学金融科技研究院副院长。同时担任世界经济论坛未来理事会委员，上海证券交易所高级金融专家等，曾任证监会第十七届发行审核委员会委员。主要研究领域包括国际金融、实证资产定价、金融科技和中国资本市场。

王娴：2016 年加入学院担任副研究员，现任清华大学五道口金融学院研究员，清华大学国家金融研究院副院长。曾任中国证监会市场部副主任，负责证券交易监管，证券市场分析及系统性风险防范等工作。研究领域包括金融市场和金融机构监管、系统性风险的监测与防范，对中国经济体制改革史也有一定的研究。

张福栋：2016 年加入学院担任助理教授。主要研究方向是宏观经济学和国际经济学，包括不平等的宏观原因和影响、财政政策、房地产、主权违约、偏好的量化度量、中国经济等。

鞠建东：2017 年加入学院担任教授，教育部长江学者特聘教授（2014 年）。研究领域集中在国际贸易、国际金融和产业组织，曾获 2016 年浦山世界经济学优秀论文奖，2020 年教育部第八届高等学校科学研究优秀成果奖（人文社会科学）著作论文奖经济学类一等奖。

胡杏：2019 年加入学院担任副教授，曾在香港大学担任金融学助理教授，研究领域主要包括实证资产定价，重点关注资产流动性、信贷风险以及金融危机。

张伟强：2021 年加入学院担任副研究员。研究集中于消费金融和金融科技等领域，2016 年被评为清华大学优秀博士后，2019 年入选中国博士后科学基金会资助者选介。

高皓：2021 年加入学院担任助理研究员。研究领域包括家族企业、家族财富、公司金融、公益慈善及绿色金融。

袁越：2021 年加入学院担任助理教授。主要研究领域是公司金融及金融中介理论研究。

田轩：我不愿做旁观者

“总是一次次向全新的领域出发。”清华大学五道口金融学院副院长、金融学讲席教授田轩这样描述自己的学术研究过程，而这与他的人生之路也颇为吻合。

2001 年从北京大学经济学院毕业，选择出国深造，在美国奋斗了 13 年，在他博士毕业 6 年后，拿到了美国印第安纳大学凯利商学院的终身教职。

“在美国，拿到终身教职意味着不会被学校开除。但想要获得终身教职是非常难的，需要经历校内外全方位的评估。比如印第安纳大学是研究型大学，获得终身教职的基本门槛是在金融学三大顶级学术期刊上发表不少于 3 篇学术研究文章。”田轩申请终身教职时，已经在金融学三大顶级学术期刊发表了 7 篇研究文章。

选择回国是他深思熟虑后的选择。“看到祖国日新月异的发展，我不愿只做一个旁观者。”他说，中国加入 WTO 后，经济迅速腾飞。在国外的他认为自己从事的研究工作对国家是有价值的，想回国做点事情，知识分子的家国情怀促使他下定决心回国。

2014 年回国后，他选择到清华大学五道口金融学院工作。

目前，田轩担任了国家自然科学基金委员会重大专项项目“中国经济发展规律的基础理论与实证”的专家指导组成员。近几年，他先后兼任中国证监会第六届上市公司并购重组审核委员会委员、中央统战部党外知识分子建言献策专家组成员、深交所第一届创业板上市委员会委员和第一届并购重组委员会委员等职务，并获得 2017 年北京市无党派人士建言献策优秀成果特等奖。“希望通过自己的努力为国家经济社会发展作出一点贡献。”他说。

张晓燕：我为什么选择回五道口

我是“70 后”，虽然大学毕业之后就出国深造，但是一直希望学成以后有一个报效祖国的机会。在美国接受教育并且工作一段时间后，我觉得时机成熟了，自己所学知识和积攒的经验，回国可以发挥显著的作用。中国处在一个跑步前进的发展时期，我觉得回国帮助国内加速培养高质量人才，然后建设一个完整的学术体系，意义重大。我回国就直接来到五道口，因为它与国内其他的院校很不一样，优势明显，更容易把事情干好。具体来说，就是五道口学院占据了天时、地利和人和。金融系统是整个社会正常有效运行的基础设施，国家非常重视，这是天时。而五道口的平台是人行和清华的强强联合，起点很高，此为地利。同时整个学院的团队创新意识非常强，做事高效而且脚踏实地，这是人和。所以，我就来到了五道口。

之前我在美国高校工作了 15 年，从助理教授到系主任，就意识到一个问题：美国的高校，学术研究可能做得很好，但其实跟社会的联系不多，并没有起到推动国家往前走的作用，这也不是它的办学目标。相比来说，国内的高校培养了大量的人才，服务社会的导向也非常明确，但在做学术研究方面可能累积还不够，科研基础还不够扎实。我来之前，就觉得我们要吸收两种体系的优点。一方面我们努力提高科研水平，鼓励大家引进先进的思想和方法，做高质量的、严谨的学术研究；另一方面，我们的研究扎根于中国大地，要注重社会影响，为国家建言献策，为社会培养人才。

回头看，经过多年努力，我们采取了一系列的创新举措，有效地吸收了国内国外在科研教学和政策研究工作中的优点。五道口这棵“小树苗”，已经慢慢长成一棵小树了，作为其中的见证者和建设者，真是无比欣慰。

2. 激发活力，全力支持青年教师成长

“一个优秀的学术机构得有自己培养和产生高端人才的本领。”在科研办主任戎蕾看来，如果单纯为了“有”而有，引进许多人才却没能给他们创造发挥才能的舞台，就使得引进人才仅停留在了统计数字的“美观”上，成为典型的“政绩工程”。“而我们把一个新来的教师从助理教授逐渐培养到副教授再到正教授，将自己的教师培养起来，才是根本之计。”2020 年，学院 4 位教学水平优秀、科研成果突出的助理教授晋升准聘副教授，1 位学术功底深厚、专注政策研究的副研究员晋升研究员。2021 年，学院 2 位准聘副教授晋升长聘副教授，5 位助理教授晋升副教授。

在助力青年教师成长成才的培育之路上，学院通过多种形式为人才成长创造“软环境”的“沃土”。“青年教师从一个学生的角色转换成为教师的角色，有很多东西是不适应的，这种不适应非常正常，任何人在角色转换的时候总有一个适应期，所以新教师入职后应该由经验丰富的老教师来引领、指导，对青年教师的培养是我们非常重视的，我们有义不容辞的责任。”一位老师将学院师资队伍建设中的“新旧传承”，形容为“促进学院创新发展源源不断的内生动力”。

为活跃优秀青年教师学术思想，营造宽松的学术氛围，学院坚持“请进来，走出去”的原则，以会议、学术交流的形式定期邀请诺贝尔奖得主、海内外知名学者来学院访问，使青年教师有机会与国际学术大师深入交流，同时鼓励教师赴国际一流学院做学术访问、参加高端金融学术论坛等，吸收更

多的新思想、新理论、新方法，提高自身教学科研水平，培育一批创新能力强、国际视野宽、研究成果丰硕的学术骨干，实现学院教师由数量的积累向质量提升的转变。

学院副院长、金融学讲席教授张晓燕认为培养青年教师学术品位非常重要，要通过学术研讨会的形式树立起一个学术的高标准，把青年教师的科研积极性调动起来。“如何把学术风气带好，这是需要下大力气去做的。首先我们请知名的学术大家来做研讨，让大家清楚地看到我们的学术标准，把研究视角打开，理解别人的研究思路和方法；二是资深教授带头，考核和激励并用，鼓励青年教师积极参加学术活动；三是除了外请专家的学术研讨会外，每周学院还会定期举办学术午餐会，青年教师和资深教授都会参加，加强内部交流。我们就是要帮助青年教师把学术品位提上去，让老师们做高质量的研究。”

此外，学院还积极鼓励教师申报各类人才及科研项目，定期参加清华大学举办的项目申报说明会及各类学术沙龙，有力地促进了各院系青年教师间的交流与合作，推动学科的交叉和融合，进而优化学院发展的软环境。

为青年教师成长提供舞台

2014 年，30 岁的陈卓从美国西北大学凯洛格商学院博士毕业加入清华大学五道口金融学院，成为学院首批“80 后”青年学术新人之一。近年来，陈卓积极开展政策性研究，通过“西学中用”，为监管政策的制定以及潜在的效果提供分析和测试，提出发展建议。在学院工作 7 年多的时间里，他以独立或共同作者身份发表或被接受了 9 篇研究论文，其中包括 5 篇刊登在国际金融经济顶级学术期刊上，参与的两个国家自然科学基金委重大项目，分别在中期与结项考评中获评优秀。

陈卓为硕士生讲授“硕士生专题研究”，为博士生讲授“实证资产定价”，他主讲的视频课“公司金融”，以其通俗易懂、幽默风趣的风格在网络上广受青年群体的好评。2019 年起，陈卓担任金融专业硕士项目副主任，负责技术转移硕士项目的筹备与运营工作。

2020 年，陈卓光荣入党，成为五道口金融学院第一批海外归国青年教师中的预备党员之一。同年，陈卓成为学院首批获得晋升的青年教师之一，获聘副教授。

3. 破除“五唯”，探索科学的教师评聘体系

教育大计，教师为本。学院自成立以来，积极配合清华大学深化教师人事制度改革，借鉴国际排名前30所商学院的教师聘任标准，形成《清华大学五道口金融学院教师聘任管理办法》，于2014年12月通过清华大学审批。该管理办法涵盖教研系列教师岗位分类、岗位职责、聘任标准、聘任程序、考核方式、聘期管理等内容，为学院建设一支高水平的师资队伍奠定了制度基础。

在人才评价机制方面，2018年习近平总书记在全国教育大会上强调，“要深化教育体制改革，健全立德树人落实机制，扭转不科学的教育评价导向，坚决克服唯分数、唯升学、唯文凭、唯论文、唯帽子的顽瘴痼疾，从根本上解决教育评价指挥棒问题。”清华大学《关于完善学术评价制度的若干意见》指出，“要坚持正确导向，克服学术评价中唯论文、唯帽子、唯职称、唯学历、唯奖项等倾向，建立重师德师风、重真才实学、重质量贡献的评价导向。”为此，学院探索建立以品德、能力、学术业绩及贡献为主要标准的立体化人才评价导向机制。

学院明确扎根中国大地建设世界一流金融学院的定位，引导师生加强中国问题研究，强调金融理论与实践结合，学术与政策研究并重的导向。打破原有的评价体系过于注重国际期刊发表论文的要求，将对于中国问题的研究纳入评价体系。围绕建立新的学术评价标准，学院展开了一系列调研和讨论。2019年学院每月召开两次长聘教授会议，围绕在保证学院学术标准的前提下，如何打破长期以来“唯论文”的评价导向展开深入研讨。同年，学院还先后召开两次全体教师大会，会议形成共识，明确学院要构建集教学、科研、服务多个维度的多元化复合型评价体系。把教师的工作分为教学、科研、公共服务等类型，对教师的评聘标准不再被论文束缚，让教师在教学、科研推广、公共服务等方面取得的成果同样得到认可。同时，大家也认识到，完善的学术评聘体系所要破除的只是“唯论文”中的“唯”字，绝不是轻视论文和科研成果，要切忌从一个极端走向另一个极端。学院召开党政联席会，指出要

不断调整完善学术评价标准，在建立立体化学术评价体系的同时，坚持贯彻扎根中国大地、研究中国问题的要求，为学院长远发展奠定良好基础。学院党委会决定，修订教师聘任管理办法的原则，形成由学院党政主要领导组成教师聘任领导小组，从思想政治、教学、科研三个方面综合考评的基本思路。除了各类会议研讨，学院对教师还进行个别访谈，了解现有学术评价体系中存在的问题，并对哈佛大学、康奈尔大学、美联储等十余家国外商学院及机构学术评价指标进行外部调研，充分借鉴兄弟院系对于中国问题研究的评价办法。

经过一系列调研和讨论，学院积极探索学术评价体系建设，完善教师聘任标准，建立重师德师风、重真才实学、重质量贡献的评价导向，形成了由学院党委、教学委员会、评聘专家小组分别对师德师风和政治表现、教学工作以及科研工作进行评价的工作机制，进一步修订了《五道口金融学院教师聘任管理办法》《五道口金融学院教师聘期考核细则》。

此次修订打破了“一把尺子量到底，一个标准评天下”的简单量化评价指标，强化了对教师综合表现和贡献的评价。新的管理办法规定，学院长聘教授委员会在对教师进行长聘考核的过程中，在教学委员会负责审定参评人个人教学档案袋记录、评聘专家小组负责审议科研能力、创新思路的基础上，将学院党委对于参评人师德师风、政治表现的评定结果作为根本要求。此外，“为中国金融改革发展贡献新思想、设计新模式”成为学院教师评价体系的重要标准。“现在我们的评价标准更加科学全面，新的管理办法强化了‘将论文写在中国大地上’的导向，关于现实问题的研究报告或者是被采纳的一些政策建议，它们的价值都是不亚于 A+ 论文的。”戎蕾老师介绍说。

4. 重师德师风，立理想信念“领航标”

师者，传道授业解惑者也。长期以来，学院坚持把师德师风作为教师队伍建设的第一标准和首要任务，以“先天下之忧而忧，后天下之乐而乐”的深厚家国情怀为指引，以爱岗敬业的师德建设为支撑，以红色文化涵育为抓手，强化教师队伍的家国情怀和使命担当。建立合理的师德师风考评方式，完善教师职业操守和学术道德制度，对教师实行师德表现一票否决制，致力于培养一支有理想信念、有道德情操、有扎实学识、有仁爱之心的优秀教师队伍。

“关于一流师资具体的标准，我们学院体现在三个维度。第一个是政治思想方面，其中包括师德师风；第二个是教学方面；第三个是学术方面，其中师德师风是第一标准。”采访中，学院党委书记顾良飞如是说。

为了坚定理想信念，践行初心使命，学院党委、党支部充分利用校院两级的优质资源，开展跨单位、跨院系、跨类型党支部共建等形式多样的组织生活。此外，学院要求青年教师在聘期内必须带队和学生们一起参加一次7~10天的社会实践。社会实践去的地方包括贵州、广西、甘肃、青海等比较艰苦的地区，这些地方更能帮助大家了解中国国情。这样的实践工作在教师中也广受好评，实践归来的教师们都表示，实践活动帮助他们深入了解当地对金融的真正需求。

了解国情　增长才干——金融学院召开2017年暑期社会实践教师座谈会

2017年10月，金融学院举行了暑期社会实践教师座谈会。11位参加过暑期社会实践的学院全职教师参加，分享了实践中的收获与体会。

2017年暑期，学院派出了全职青年教师带队的7支队伍、师生共计79人奔赴全国7个实践基地开展暑期社会实践活动。从东部沿海到雪域高原，学院师生足迹踏遍了广东肇庆、浙江新昌、河北枣强、福建宁德、青海海晏、广西巴马、甘肃平川。

老师们纷纷表示，暑期社会实践不虚此行，师生们能从中了解中国基层的现状。在实践的过程中，老师们与学生们同吃同住同实践，手把手地教给学生们如何调研、完善报告。师生们的暑期实践对当地产生了深远影响，我院师生调研形成的“农村金融信用体系”“农村金融创新”等报告，不但帮助当地政府切实解决了实际问题，还多次受到主管部门的批示和表扬。

学院党委书记顾良飞在总结发言中指出，暑期社会实践的目的是让大家“受教育、长才干、作贡献”。学院的教师们不仅要做国际前沿研究，还要能结合中国实际研究中国问题，做有中国特色的研究，这对扎根中国大地、建设社会主义大学至关重要。

社会实践一直是金融学院育人的重要组成部分，并纳入学生必修培养环节之中，金融学院的社会实践连续多年获得清华大学社会实践金奖。2017年，学院鼓励青年教师积极参与暑期社会实践，并明确了两年内暑期社会实践在青年教师中实现“全覆盖”的目标，成为学院教师思想政治工作的重要抓手，也为教师有的放矢、契合实际的金融理论研究夯实了基础。

经师易遇，人师难求。从 1998 年起，每年一度的清华大学“良师益友”评选是学校研究生会发起的一项重要活动。由广大研究生同学投票选出心目中的优秀教师代表，通过评选辛勤育人、为人师表和受人尊敬的优秀导师代表，加强研究生学术建设、提高研究生教育质量、促进创新型人才培养。全校上万名同学参与投票，用一张张选票表达了对自己心目中“良师益友”最真挚的感谢。五道口金融学院作为校内最年轻的院系之一，已有廖理、田轩、周皓等老师获得过该荣誉称号。

“学院建院之初，我给自己定下一个要求，争取每天最早来学院，最晚走。10 年过去了，我想我基本上做到了。”学院常务副院长、金融学讲席教授廖理如是说。从 1995 年起，廖理老师就在清华园中任教，从教 27 年，他的勤谨和热忱，感染鼓舞着所有人，成为一批批学子心目中的“良师益友”。当学生在科研路上出现畏难情绪时，他会鞭策他们勇敢走出舒适区。曾有博士研究生在求学时研究进度不佳，觉得毕业无望，甚至想过放弃。廖理老师一语点醒“梦中人”：“无论在学术上，还是在以后的工作中，都会有很多这样的时刻。但你绝对不应该在逃避中得过且过，一切只取决于自己的态度和努力。”

士有百行，以德为先。学院副院长、金融学讲席教授田轩认为，对于青年人的成长，师德师风有着潜移默化、润物无声的力量。对待年轻的清华学子，他如父兄般提出希望：首先要乐观，学术尽管辛苦但事情要往好处想；其次是努力，时间花在哪里，成就就会出在哪里；最后也是最为重要的就是要持之以恒，尽管少年得志可喜，但大器晚成更为可贵。

“作为教师应当言传身教、育人无声；作为学生应当厚积薄发，脚踏实地。”“踏实、求实、不张狂、不务虚、不慕虚荣”，这是金融学讲席教授周皓长期以来对师风和学风的认识。对于清华大学的学生以及年轻学者，周皓以“君子不器”作为寄语：作为学者、学生，在从事学术研究的过程中，不追求小的技巧，不拘于小的得失，目光长远、志存高远，真正深入学习广博的思想和知识，这才是应该坚守的最质朴而纯粹的学术品质。

林枫辅导员奖获得者王正位：强化党建引领，践行师者初心

自从 2013 年加入清华大学五道口金融学院任教以来，王正位始终把教书育人作为自己的首要职责。2015 年 10 月起，他担任学院党委研究生工作组组长，2018 年 12 月起担任学院党委副书记，2021 年 8 月起兼任学院副院长。在学生工作中他始终坚持“以学生的成长和发展为中心”，坚持“又红又专”的传统，抓好思想政治教育、关心学生成长、传承清华精神，真正做到“双肩挑，两促进”，为党育人，为国育才。

育人为先，打造党建骨干队伍

党建是一切学生工作的龙头。面对学院众多的研究生党员，王正位认识到，仅靠一两个党建骨干是不够的，需要一支过硬的、有层次的党建骨干队伍。为此，他推动建立了一个核心队伍：党支书—党建助理—研工组副组长，这个核心队伍能够覆盖研究生党支部的几乎所有工作。

王正位尤其重视这支队伍的人才培养工作。他推动创建了“党支书团队”，通过党支书沙龙、党建研究课题等提升党支书的工作能力，提高他们对党建工作队伍的认同感、凝聚力。同时，党支书—党建助理—研工组副组长，这是一条个人成长之路、火炬传承之路。一名各方面素质突出的党支书能够从

■ 图为党团班骨干座谈会

“党支书团队”中脱颖而出，成长为党建助理，经过党建助理一至两年的锻炼，可以成为研究生工作组副组长。这种成长路径保证了核心队伍人员的相对稳定，好的经验和做法也能够得到继承和发扬。

同声共振，党建带动集体建设

“党建带动集体建设”，这一直是王正位开展集体建设的理念，使得班集体能够紧紧围绕在党支部周围。他除了担任研究生工作组组长外，还担任了学院教职工第三党支部书记，这个党支部主要由学院教师组成。他组织了教职工第三党支部和博士生党支部的“师生支部共建课题”，通过圆桌座谈、支部共建、教师荐书等丰富的形式，促进学院博士生和青年教师的交流互动，带动研究生班集体建设。

助力学生成才，集体建设成果斐然

过去几年，学院研究生党员发展工作有序开展，党员骨干队伍人才辈出，集体建设成果斐然。学院金博 18 班获得清华大学研究生先进集体、庆祝中华人民共和国成立 70 周年活动清华大学先进集体，金博 15 班获得“北京高校示范学生基层组织（班级）”荣誉称号，金硕 152 班获得北京高校“我的班级我的家”优秀班集体。金硕 161 党支部获得清华大学先进党支部；金硕 152 党支部、金硕 161 党支部获得清华大学先进集体（研究生）、清华大学研究生先进集体。特色组织生活方面，金硕 152 党支部的“党史读书会”和金博 16 党支部的“师生党支部共建”获得集体建设基金“实效奖”……

这一份份荣誉背后，凝结着王正位作为教师、辅导员的心血和汗水，凝结着他和学生们亦师亦友、教学相长的浓厚情谊，源自他发自内心的责任感和对这份事业的真挚热爱。

（二）专兼融汇，发挥兼职师资队伍优势

“专兼融汇”是学院鲜明的办学特色之一。成立以来，学院继承和发扬五道口导师外聘、紧贴金融实务的传统，聘请更多享有国际声誉的知名学者、来自各大监管部门及金融机构的业界教师担任学院授课教师和博士、硕士生指导教师，形成一支由全职教师、兼职教授、兼职硕士生导师、特聘教授、访问学者、兼课教师组成的立体、多元、务实、创新的师资队伍。截至 2021

年底，学院共有百余位兼职教授、兼职硕士生导师。

把握时代要求，恪守责任担当，教书育人是大学的使命与职责。学院在传道授业解惑的过程中，始终践行着价值塑造、能力培养、知识传授“三位一体”的育人理念。而作为育人体系中的重要一环，有着“外脑”之称的兼职导师队伍，为学院育人格局打开了全新的思路。

来自中国金融实践前沿的兼职导师队伍，不仅能指导学生做学问，还能带来前沿的学术信息和各具特色的治学经验，为学院的发展、学生的成长以及教师之间的学术交流提供了全新的视角，注入新鲜的学术活力。此外，兼职导师为学生的实习、就业等方面打开了新思路、建立了新渠道。“这种较大规模引进、聘用校外导师的方式，与全职师资队伍形成了互补的效应。比如实践和理论的互补、学科结构、知识结构的互补以及不同的治学模式、治学方法的互补。”科研办主任戎蕾认为，每个导师有自己的独特经历、背景和治学特色，这些互补对导师本人以及其他导师、其他学生，其实是多向有益的，“即便只是一次小小的讲座，也是富有启发性的。”

学院在成立之初便将所有兼职导师纳入清华大学导师库进行统一管理、考评，不断完善日常管理机制，依靠制度建设消除传统外聘教师运行中的盲点，使兼职导师管理不仅仅停留在“一纸聘书”上。

（三）双轮驱动，建设一支高素质职员队伍

20世纪50年代，清华老校长蒋南翔曾提出著名的“两个车轮”理论：“学校有两支队伍，一个是教师队伍，另一个是职工队伍。这两个队伍，像鸟之两翼，车之两轮，是不能分离的。”重教重职、立体发展，由此成为百年清华坚持高水平办学的坚守。

十年来，学院逐渐形成一套较为完善的引、用、育、留管理体系，职员队伍的整体素质不断提高，为教学科研管理服务提供了重要支撑，对学院实现跨越式发展作出了重要贡献。

1. 启动职员队伍人事制度改革，为事业发展保驾护航

2014年，学院职员队伍已从建院初期的十几人增长到一百多人。增长迅速的职员队伍为学院发展不断输入动力的同时，也给学院原有的人力资源管理体系和管理模式带来全新的挑战。由初始状态的从“0”到“1”，到提速

状态的从“1”到无穷大，一场以“变革求新”为主题的职员队伍人事制度改革工作在五道口金融学院展开。

面对人力资源管理体系又一次革新，学院将视角再次瞄准了更广阔的天地。2014 年 7 月，学院派代表出访美国，旨在建立与国际一流商学院的沟通和联系，同时了解其组织架构和人力资源管理体系的设置及运营模式，为学院发展提供参考和借鉴。此次出访，学院派出的代表们共走访了包括伯克利加州大学哈斯商学院、斯坦福大学商学院、哈佛商学院等在内的六家美国商学院，与核心管理岗位人员进行了多次访谈。

2015 年初，为进一步优化和规范人力资源管理模式，学院邀请专业人力资源团队来院开展岗位、薪酬和绩效改进项目。整个项目历时约两个月，基于对学院各部门、中心的部门职能及岗位履职要求等进行分析与研究，结合国内外商学院员工岗位序列划分与管理的普遍实践，对学院的人力资源管理体系做了全面的梳理和诊断，并提出了详细的改革方案。

至此，学院成功迈出了职员队伍人事制度改革的第一步，解决了原有人事管理体系中职员薪酬激励、发展通道等掣肘发展的核心问题。在此基础上，2018 年，根据清华大学职工队伍人事制度改革相关要求，学院展开了新一轮职员人事制度改革，一个适应学院全新加速发展阶段的职员队伍管理体系雏形初现。

根据学校改革要求，学院全面梳理岗位体系，制定设岗方案并按要求完成全员聘岗及后续相关工作。通过岗位梳理和工作流程梳理，学院的岗位体系更加清晰，人岗匹配度更高，管理更加科学化和规范化：岗位梳理及岗位说明书撰写，使职员对工作内容和目标的认识更加清晰，更加合理地安排工作，同时为绩效考核工作打好基础；职员招聘流程的细化，使招聘工作更加有序合规，规避了用人风险；岗位数量的严格控制，提升了各部门和中心的成本意识和管理意识，工作效率得到进一步提高。

职工队伍人事制度改革进一步理顺了学院职员队伍的建设逻辑，岗位体系更加清晰和完善，为职员队伍人力资源管理奠定了良好的基础。学院职员队伍从建院之初的 12 人，发展到至今的将近 400 人，每年平均新入职 70 人。职员队伍平均年龄 35 岁，硕士以上学历占比 73%。

2. 注重职员发展，完善职业发展路径，打造团结协作的学习型组织

学院职员队伍的特点是年轻、学历高、专业化水平高。这支爱岗敬业、追求卓越的职员队伍，是支撑学院发展的宝贵财富。围绕建设中国特色世界一流大学的发展目标，职员队伍的优良传统需要在培育中传承下去。十年来，学院借助多种培育方式，实现人才队伍的持续健康发展。

为了增进新入职职员对清华大学的了解，提高新职员对学校、学院文化的认同感，帮助新职员尽快融入学院，每学期学院都会开展内容丰富的新职员培训活动。在一系列讲座活动中，讲述清华校史、学院的文化传统和发展现状，介绍学院的发展历程，让大家对学院的前世今生有全面的认识，对学院的前景和个人职业发展充满信心；对部门业务的介绍、学院办事流程和规章制度的讲解，为新职员更快更好地融入学院、融入部门、进入工作角色打下了良好基础。

为了增强职员的归属感和认同感，学院还会组织新职员参加“品味清华”系列活动。通过在学校的校史馆观看珍贵的历史资料，新职员了解了清华辉煌绚烂的历史，感受到了清华百年文化的厚重；通过重点实验室参观，新职员领略了清华大学国际一流的科研实力，体会到清华大学严谨务实的科学态度和持之以恒、敢于创新的科研精神；通过校内定向拓展活动，职员们在竞技与对抗中，由陌生到熟识，团结协作能力得到增强。

在增强职员队伍文化建设的同时，学院积极创造条件提升职员队伍的专业水平——组织骨干职员赴外地参访，与兄弟商学院交流学习先进管理经验；利用寒暑假选派骨干职员到国际知名院校访问交流或参加短期培训项目，开拓职员的国际视野；开展“双双大讲堂”系列活动，以午餐会的形式举办学术讲座，提升职员的金融素养；设立硕博课程旁听计划，开发社会化专业培训课程，提高职员的业务水平；设立培训基金，支持职员进行个性化学习；建立道口读书会、图书角，供职员在工作之余及时“充电”，交流读书心得，营造良好学习氛围……通过一系列培养的举措，为学院职员队伍发展注入强劲的动力与活力。

在“道口读书会”，读懂“五道口”

2018 年，为使学院教职工持续学习，培养长期读书和交流的习惯，五道口金融学院分工会组织建立了“道口读书会”活动。邀请行业专家、图书作者等嘉宾为学院教职工分享读书感受并推荐好的书籍；设立固定区域的专业图书角，为学院教职工提供工作之余及时“充电”的条件。

仅在 2018 年的春、秋季两个学期，五道口金融学院分工会就邀请了 8 位院内教授和业界大咖，以读书沙龙午餐会的形式进行分享。活动不仅邀请到了书籍的原作者讲述撰写理念，如《创新的资本逻辑》一书作者、学院副院长田轩，《理性的非理性金融》一书作者、学院金融讲席教授余剑峰；还邀请到了业界大咖从专业角度诠释看法，如易宝支付创始人余晨就《从 0 到 1》一书分享了商业投资的运作，国民信托总经理石俊志博士就《千年金融史》一书分享金融市场现状等。

2019 年，在清华大学校工会“特色工会活动”评选中，五道口金融学院分工会的“道口读书会”活动取得了第二名，获得了学校工会的认可。

3. 定性与定量相结合，建立科学的评价体系

针对职员队伍特点，学院制定了由试用期考核、聘期考核和年度绩效考核构成的多维度、全方位职员评价体系，通过客观地评价学院职员的工作表现，统一和规范地推行绩效管理工作，帮助职员不断提高工作质量，促进职员发展，以保证学院战略目标的实现。学院将考核目的定位于发展性评价，重视考核结果改进和结果的发展应用，并将考核结果与职员的岗位发展、职业发展及激励结合起来，大大激发了队伍活力，提高了队伍的工作效能。

在“三全育人”教育理念的指引下，为了构建“立德树人”良好风尚，学院将师德师风考察的范围由教师扩大至全体职员，将政治把关和师德师风考评工作贯穿在职员聘用、职称评审、晋级晋升、年终考核、评奖评优等全过程。

同时，为了充分发挥典范榜样作用，学院通过评先树优，激励先进、鞭策落后。以迎新总结会为契机，学院对在工作中做出突出成绩的集体和个人进行年度表彰，对在学院工作五年以上的职员进行年功表彰，鼓励教职员向

先进集体、个人学习，激发全体职员的荣誉感。

4. 畅通沟通渠道，提升队伍凝聚力

伴随着学院的快速发展，组织架构的日益复杂和教职工队伍的不断壮大，构建良好的沟通交流渠道，营造团结协作的文化氛围是学院面临的重要课题。2014 年 3 月，“道口分享”主题系列活动正式与教职工见面。该活动旨在深入贯彻落实党的群众路线教育实践活动，广泛动员教职工积极参与，促进学院领导与职员之间，以及职员之间的沟通与交流，分享工作技能经验，提高职员的综合能力。通过部门交流午餐会、部门对对碰、才艺大比拼、经验分享会等形式，活动已累计举办近百场，年均参与 150 人次。

随着学院研究中心数量和职员规模的持续扩大，由于办公空间的限制，部分研究中心搬至距离学院两千米的双清大厦办公。学院高度重视两地办公带来的沟通障碍和归属感不足的问题，2019 年至今，学院分工会先后组织策划了 20 余场“双双系列”主题活动，职员共计 2000 余人次参加，成为学院和双清办公区之间、研究中心之间的重要沟通交流渠道。“双双系列”主题活动主要由两部分组成：一是“双双大讲堂”活动，即在双清大厦，每双周开展一次，以午餐学术讨论会的形式，邀请学院各研究中心或研究项目负责人等作为主讲嘉宾，面向学院全体职员开展系列讲座活动；二是“双双趣味运动会”活动，即在金融学院内，以趣味运动的方式，通过组建“道口队”和“双清队”展开角逐，让两地的职员在趣味运动中快速建立友谊，提升职员的归属感和队伍的凝聚力。

学院通过构建能够有效连接广大教职工与院领导的沟通机制，畅通教职工利益诉求渠道，及时把握教职工的思想状况，解决涉及教职工切身利益的重大问题：通过举办“院领导下午茶”系列活动，定期组织新老职员代表与院领导进行座谈，传递学院的办学理念和发展动态，了解职员对于学院建设、部门工作以及个人发展规划等方面的意见与建议；通过学院党委设立的“院领导面对面”沟通交流机制，可以直接反映教职工在工作、生活、思想等方面存在的问题与困难；对于涉及教职工重大利益的事项，如职工人事制度改革、通州院区建设等，学院积极组织沟通交流会议，广泛听取意见，通报工作进展。

“双双”链接，搭建两地办公交流桥梁

■ 图为 2019 年学院教职工趣味运动会合影

2019 年 5 月 28 日，首场“双双大讲堂”成功举办。学院党委副书记、金融科技研究院智慧金融中心主任王正位，以“中国金融科技发展的路径与挑战”为题进行讲座，吸引了近 50 位教职工前来参加，现场座无虚席。

2019 年 9 月 12 日，首场“双双趣味运动会”在学院篮球场举行。此次活动以“道口大比拼，健康又开心”为主题，共有 150 余名教职工参与了活动。

“双双系列”活动将学院两地办公的教职员工紧密地团结在了一起，有效地提升了职员之间的沟通效率以及合作意识。

“院领导下午茶”：倾听心声

■ 图为 2020 年院领导与新职员代表座谈会

■ 图为 2020 年院领导与老职员代表座谈会

在每年定期举办的“院领导下午茶——职员座谈会”上，学院领导与来自学院各部门的新职员代表亲切座谈，各位职员代表各抒己见，从个人规划、部门建设和学院发展等方面提出了自己的意见与建议。

第五章
三全育人，培养金融领袖

在各大高校学子眼中，五道口有个难以忽视的标签——难考。2021 级金融专业硕士统考报名 1590 人，录取 35 人。2021 级单独培养金融学普博生报名 93 人，录取 6 人；直博生报考 124 人，录取 11 人。这样的录取比例使很多人戏称每年五道口的招考无异于“神仙打架”。那么，这座红楼小院有何神秘之处？为何引得众多学子争相报考？在这一章中，我们试图从教学体系和学风建设两个方面来揭开五道口的面纱。

一、以一流的教学体系为“锚”

人们常说，人才是第一生产力。而人才培养是高校最基本、最核心的使命。学院的人才培养可以说与中国金融发展历程同呼吸共命运。院长张晓慧曾指出，五道口最成功的育人经验就是主动回应时代的发问，积极探索解决问题的路径。作为我国金融系统第一所专门培养金融高级管理人才的高等学府，五道口在中国人民银行研究生部之时，就确定了“为我国金融体制改革培养和输送急需的高素质人才”的培养目标。40 多年来，一代代五道口人投身于我国金融改革实践，在各自的工作岗位上做出了卓越贡献。

在建院之初，学院便提出了“培养金融领袖”的办学使命。何为“金融领袖”？五道口的师生们心中自有尺度。五道口创办人刘鸿儒老师曾说：“有人称我们是‘金融黄埔’，我觉得没什么不好。黄埔军校是培养革命精神、开创精神和改革精神的摇篮。我们就要按照这个精神继续前行，投身改革开放事业，经受锻炼。”也有五道口的校友认为，“领袖者，群众表率也。”每一名未来的“金融领袖”首先要成为个人价值观的时代表率，更要成为带头践行主流社会价值的表率。

2013 年，清华大学提出价值塑造、能力培养、知识传授“三位一体”的人才培养模式。经过几年的实践，这种人才培养模式已成为清华大学的教育理念，也成为学院坚定贯彻的育人理念。“时代是出卷人”——正如院长张晓慧所说，与 40 多年前相比，当今我国金融业面临的挑战更加复杂多变，对金融人才培养提出了更高要求。为建设高水平金融人才队伍，培养高层次、创新型、国际化金融人才，学院探索出了一条具有中国特色、彰显清华风格、传承五道口传统的国际一流金融教育之路。

截至 2021 年 7 月，五道口共培养了 2592 名硕士研究生、317 名博士研究生、303 名金融 MBA、529 名金融 EMBA。学院同时面向企业高级管理人员和金融机构专业人士提供再教育的培训课程。

（一）精品式的学术学位教育项目

博士学位是一个人可以获得的最高学位，是具备独立研究能力的标志。学院副院长、金融学讲席教授张晓燕认为，学生的培养是多元化的，对不同的学生有着不同的培养方式，而博士生教育要培养的是学生的学术品位、学术素养，让他们具备严谨的基本功，同时也要训练他们的思维框架。与本科生相比，博士生不再单单学习前人总结并反复实践的知识，而更需要以学术思维探索未知领域，独立发现问题并解决问题，成为知识的创造者。时任清华大学校长邱勇（现任清华大学党委书记）曾指出，“博士生教育是学历教育的最高层次，体现出一所大学人才培养的高度，代表着一个国家的人才培养水平。”对一所高等学府来说，博士生教育的重要性不言而喻。

1987 年，学院前身中国人民银行研究生部在成立的第七年开始了博士研究生的招收培养。30 多年来，金融学博士项目为我国金融系统输送了一批批

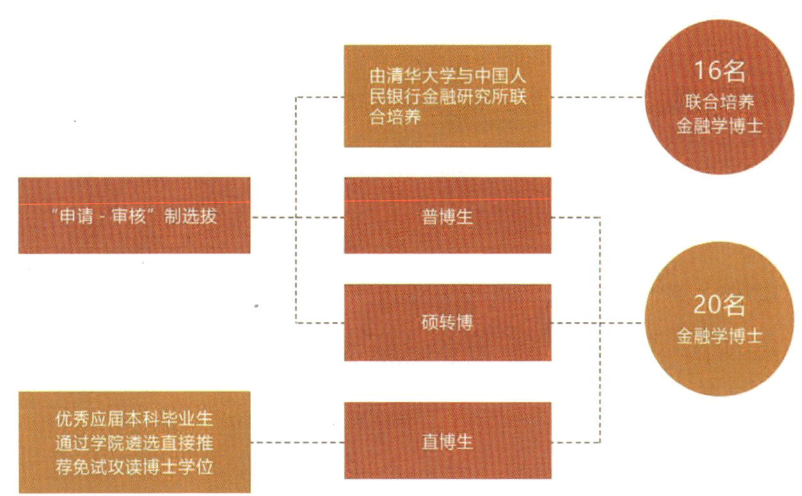

■ 图为学院金融学博士生类别

高端学术型人才。项目致力于培养具有坚实宽广金融、经济学科理论基础、系统的金融学、经济学知识，并深刻理解全球金融系统和宏观经济实际运行情况的高端学术型金融人才。他们能够在金融学、经济学学术领域或金融机构从事独创性研究，解决金融行业发展和宏观经济运行的前沿问题，并能够在各类金融经济组织承担重要的工作。学院通过推荐免试、硕士转读和对外统招普通博士，以及与中国人民银行金融研究所联合培养博士等多元化的选拔方式，培养具有独立学术研究能力的、兼具创新能力和领导能力的高级金融人才。

为了能够选拔出有学术潜力的优秀人才，学院在招生机制上不断优化创新，实行分类考核、综合评价、多元录取。2018年起，直博生与普博生的招生创新性地采取博士春令营方式，将博士招生复试与教授宣讲、交流晚会相结合，充分展示学院的学术与科研能力，帮助学院教授与候选人互相了解，吸引了更多优质生源。

要进窄门，更要走远路。从录取率看，学院的门确实很“窄”，每位博士生都要经历“百里挑一”的考验。而前进的道路从不会一帆风顺，科研学术之路漫长且艰苦。选择以学术为业，并持之以恒地走下去并非易事，需要坚忍不拔的毅力和直面困难的勇气。每个学者，在求学过程中，都存在遇到

■ 图为 2018 年首届博士春令营欢迎晚会

巨大困难的潜在可能。清华大学原校长、国家最高科学技术奖获得者王大中认为，“科研工作是一项崇高的事业，值得一辈子去追求和奋斗。但是科研如登山，过程往往充满着困难、挫折和风险。克服这种困难需要有悟性、勇气和韧性。”每一位走在学术道路上的人，特别是博士研究生，若要选择学术科研为终身事业，都需要有这种“登山”的准备。

那么，如何使学生们在这条艰苦的学术之路上走得更远、更稳？学院坚持以立德树人为根本任务，通过一系列举措来提升博士生的培养水平。一方面，充分发挥资格考试、选题报告、论文工作中期检查 / 年度进展报告、最终学术报告、学位论文答辩等培养环节的质量把关作用，制定博士学位论文相关规定，规范博士论文管理，强化学位论文质量监督；另一方面，以提高人才培养质量为核心，坚持贯彻清华大学“三位一体”的育人理念，培养党和国家事业发展急需的德才兼备、又红又专的高层次创新人才。

学院在博士生课程体系上做了进一步深化。首先，项目将博士生课程分为“公共必修课”“专业必修课”“专业选修课”三个模块，提高课程的前沿性、研究性和挑战度，突出创新思维和创新能力，学生通过必修学习掌握基本的经济和金融理论知识后，可以根据研究兴趣选修专业前沿课程，为后期研究

■ 图为学院博士课程体系

和论文做准备。其次，坚持开放融合，推进科教融合、产教融合，强化国际交流合作，提升研究生教育服务经济社会发展和推进人类命运共同体建设的能力。博士专业课加入两门业界导师讲座课程，业界导师均为曾任宏观经济管理部门的部级和局级研究型官员，每位博士生导师根据其工作实际中曾经遇到的重大宏观经济金融问题进行分析和讲解，帮助学生从中国经济金融中找出有价值的研究方向，同时从理论和政策制定不同视角分析这些问题；增设的金融前沿问题系列短期课程，每年从世界知名学者中邀请 1~2 名特聘教授，为博士生讲授金融最前沿的知识。

为培养国际化高端学术人才，让学生们更加深刻地了解全球金融系统和宏观经济实际运行情况，学院积极开拓金融学博士联合培养，与哈佛大学、哥伦比亚大学、杜克大学、加州大学伯克利分校等建立联合培养项目，拓展研究生教育国际合作的广度和深度。2016 年至 2020 年期间，共有 9 名博士生参与了联合培养项目。另有 3 名博士生毕业后选择到海外一流商学院攻读博士后。

世界一流大学在博士生培养方面的一个指标，就是有多少博士生毕业后在其他高校任教，这也体现了学术理念的传承。近年来，学院金融学博士生毕业后任职高校和从事科研工作的人数不断增加。2016 年至 2021 年 6 月，共有 18 名博士生毕业后奔赴高校及科研岗位，占博士毕业生总人数的 30.5%。

2015 级金融学博士隗玮：在五道口读博士的日子

2015 年本科毕业后，我进入清华大学五道口金融学院直接攻读博士学位。在我的眼里，五道口小院是一所神圣而又神秘的殿堂，可以寻觅无数的可能和无尽的挑战。以“培养金融领袖，引领金融实践，贡献民族复兴，促进世界和谐”为使命的五道口金融学院具有她独特的魅力，这种气质也深深地影响了每一位五道口人，既会仰望星空，又能脚踏实地，既有明确的职业规划，又有强烈的家国情怀。

选择在五道口读博，要面临的不仅仅是申请时的笔试、面试，这更是一种未来生活状态的选择。念博士，是一种逻辑思维的训练，以及独立分析问题和解决问题能力的训练。进入学院的第一个星期，我有幸当选为金博 15 班党支部的党支书。在培训会上，学院老师的一句话让我铭记在心：“学生工作，是育人也是育己，是奉献他人也是砥砺自我，贯穿始终的应该是青春奉献的责任心和使命感。”

学院为博士生提供了扎实丰富的学术训练体系与资源。在博士低年级，充实而有针对性的课程设计为我们的科研之路打下了坚实的基础；在课外，学院一方面邀请了国际顶尖学者来院进行学术研讨会，让我们可以接触到最新最顶尖的金融经济学前沿研究；另一方面学院时常邀请金融监管和业界人士来进行讲座，让我们可以时时跟进金融实践中的进展与创新。我们还在学习期间围绕金融问题进行广泛的社会调查，并结合毕业论文选题进行专题调查，更深入地了解国情。除此之外，学院不断丰富的海外交换项目，为我们提供了拓宽国际视野的机会。学术研究的道路是漫长的，学院为我们营造出良好的学术环境，倾听我们的心声，为我们在前进道路上提供强有力的支持。

博士毕业后，我来到了芝加哥大学贝克尔•弗里德曼经济研究所中国中心、清华大学 - 芝加哥大学经济与金融联合研究中心进行博士后研究工作，继续开展与中国经济金融相关的科研。在读博期间，我已经感受到，在世界范围内，学者们对中国问题的兴趣和关注度正不断提高，越来越多的研究中国问题的高质量论文刊发在了世界顶尖期刊上，越来越多的人开始关注中国经济究竟是如何运转的。来到芝加哥大学之后，这种感受更为明显。希望我有朝一日能够为祖国的人才培养和科学研究做出自己的贡献。

■ 图为隗玮，曾获国家奖学金、清华大学林枫辅导员奖（学生）、北京市三好学生等荣誉

（二）高水平的专业学位教育

1. 金融专业硕士

时任清华大学校长邱勇（现任清华大学党委书记）曾表示，硕士生教育体现大学人才培养的活力，硕士生教育是培养专业化人才的主要途径，应重点培养学生解决当代社会、经济和产业发展中所面临的实际问题的能力，兼顾专业知识深化、学术能力的培养和综合素质扩展、职业技能训练。学院对金融专业硕士的培养正是深入贯彻了这一理念——以实践为导向，突出培养学生解决实际问题，并不断创新的核心能力。

五道口在成立之时，即聘请北京大学陈岱孙教授、胡代光教授、厉以宁教授和中国人民大学黄达教授为研究生部学术顾问，设计适应社会主义市场经济和金融改革的人才培养方案，激发学生的市场经济思维。此后，从中央银行制度的建立到资本市场的建立，五道口的课程都随着中国金融改革在第一时间作出了调整，可谓与时代同频共振。经济金融市场的发展日新月异，五道口从不拘泥于固有的课程体系，而是不断改进并更新教学，帮助学生获取最新的经济金融理论知识与最前沿的实践指导。

在硕士生培养上，学院在沿袭中国人民银行研究生部传统特色课程的同时，突出金融理论基础、前沿知识和实践技能，注重学生国际视野提升。硕士生的理论课程由学院资深教授讲授，从经济学、金融学的基本原理出发，向学生提供分析经济现象、解决金融问题的逻辑体系和方法论。同时，学院延续五道口外聘导师的传统，严格遴选金融业内享有崇高声誉的各类专家、学者作为导师，融汇金融理论与市场实践知识，倡导课堂学习与市场实践的直接对接，使学生“虽身在校园，却时刻触摸着中国金融业的脉动”。每年新入学的研究生都会参加丰富多彩的新生入学教育，学院邀请学界、业界精英和校友代表介绍金融业界动态及前沿学术研究，组织讲座及各类活动二十多场，帮助学生对金融领域建立概貌性、前瞻性的认识。

近几年来，金融专业硕士项目充分调研学生和用人单位需求，不断改革创新，优化培养方案。为了满足当前金融行业的发展需要，项目调整了课程结构，建设了金融安全、金融科技和金融市场三个方向的课程体系。金融安全方向从微观、中观和宏观层面，培养对金融风险与安全管理有全面认识，

图为张晓慧院长做新生教育讲座

能够从事机构和国家层面的金融风险防控和安全治理的人才；金融科技方向通过金融与科技交叉融合的课程体系，培养对金融与科技的本质与前沿有深刻认知，了解发展趋势并能做出准确判断的管理人才和创业人才；金融市场方向则为市场化金融机构、企事业单位培养立足国内、兼具国际视野，理论与实践结合，深入了解金融运行本质的金融人才。学院还通过设立奖学金、提供实习机会等方式，采取切实措施鼓励学生在相关领域就业。

2017 年，为了充分发挥学院的学科优势，帮助北京国家会计学院（以下简称“北国会”）提升金融学科的建设水平，经清华大学批准，学院与北国会签订了联合培养金融硕士的协议。两院根据学科优势进行教学安排，学生可以同时享有两院的教育资源，参加两院的活动、实习及就业辅导等。在两院师生的共同努力下，项目共招收两届金融专业硕士总计 100 人，取得良好的合作成果。

立足于当下，放眼于未来。对很多硕士生来说，学院是学生生涯与职业生涯的连接点。帮助毕业生顺利完成从学校到社会的过渡，引导毕业生树立正确的择业观和就业观，是学院硕士生教育的重要一环。学院与 70 余家实习和就业单位展开战略合作，提供全方位的就业指导，解决学生对于不同职业类型和岗位职业发展的困惑。另一方面，学院也鼓励学生在国际舞台上发挥更大的价值和作用，开展一系列国际组织实习与就业引导活动，成功推荐学生赴经济合作与发展组织和联合国等国际组织实习。

学院战略咨询委员会委员、国家外汇管理局副局长陆磊在采访中表示：“作为中国第一，与世界一流相比，五道口的短板是视野，我们容易局限于‘金融’和技术。当今世界，学科建设需要厚积薄发，人才培养需要在哲学、历史学、数理逻辑、物理学、国际政治等多角度给予养分，需要学院在基础课、专业课教学之外，依托清华大学开设更多的多方位通识性选修课程，推动格局开阔与躬行实践相结合。”

2016级金融专业硕士石宇：青春走过五道口

在纷繁喧闹的“宇宙中心”五道口，有一座清幽僻静的红楼小院，朱红色的外墙在周围五彩斑斓的广告牌中显得肃静而深沉，主楼顶上悬挂着“中国人民银行研究生部”“清华大学五道口金融学院”两行鎏金大字，讲述着这所院子在过去40多年为中国金融行业做出的贡献。这所小院，就是我曾经两年学习和生活的地方。

在清华五道口读书，常常会因教室、宿舍、食堂、健身房自成一体以及便捷的位置而受到清华大学其他院系同学的羡慕。的确，清华五道口提供了最优质的硬件保障，让我们能专心投身于学术研究，心无旁骛地探索职业方向，与天南海北的有志青年们度过这段难忘的青春时光。

几年前，我从清华大学经济管理学院本科毕业，在选择毕业去向时，我的第一目标就是到五道口金融学院攻读金融硕士。之所以制定这一目标，最主要是被学院“金融黄埔”的历史传承所吸引，这里不仅培养金融体系的领军人才，更让学子们拥有一颗家国之心，这在纷繁功利的金融市场中尤为可贵。幸运的是，学院也选择了我，让我用两年的学习和实践去体会她“培养金融领袖，引领金融实践，贡献民族复兴，促进世界和谐”的光荣使命。

清华五道口的课程设置，体现了金融学理论与实务并重的理念。不同于很多商学院对于专业型硕士强调实务课程的风格，学院给我们开设了不少金融理论课程，让我们在读论文、搭模型的过程中对于金融学的内在逻辑有了更深层的认识，对于长期投身金融事业也大有裨益。此外，我还选修了“互联网金融”辅修课程，通过对一个个互联网金融商业模式和真实案例的研究，让我对于正在变革金融行业的这股科技旋风有了自己的理解。我的硕士毕业论文也聚焦于这一方向，并把我本科信息管理专业所学的数据挖掘知识运用到金融领域。得益于清华五道口在互联网金融研究领域的领先优势，我在论文选题、数据获取等方面得到了学院老师的诸多指导，最终取得了较为丰富的研究成果，继本科之后再次获得“清华大学优秀毕业论文”荣誉。虽然最终并未以学术研究作为职业方向，但能在大师云集的清华园里高质量地完成两篇毕业论文，无疑是学生时代最幸福的收获。

清华五道口的课堂内外还渗透着对于国情民意的浓浓关怀。在青海省海晏县实践时，我切身体会到西部地方企业缺乏人才、经营受限、难以获得金融市场关注等困境，地方企业的发展需要当地政府的全力支持，产业扶持基金等普惠金融手段近年来也在基层落地开花。读研以来，我逐渐将自己的职业方向明确为股权投资领域，毕业后将赴某投资银行旗下管理的政府引导基金从事投资管理工作，我希望能运用自己的专业知识和行业理解，引导社会资金流向新兴产业和初创企业，为社会创造价值，为民生增添福祉。此外，我还希望带着道口人对普惠金融的这份关注一路前行，为祖国的基层金融体系建设添砖加瓦。

五道口小院汇聚了全国各地优秀的青年学子，大家拥有相似的职业志向，也有各自不同的人格特点，共同学习生活的两年时光，彼此早已建立起深厚的同窗情谊。难忘课堂内外，我们组成一个个课程小组，为大作业和课堂展示分工协作、挑灯夜战；难忘行业研究大赛，我和小伙伴们用心组织赛事活动，让此项赛事得以传承；难忘汇聚各类校友的“道口家庭”，承载着一届届道口人团结互助的精神力量；难忘毕业旅行，我和同伴们踏入神奇的北非大地，在撒哈拉沙漠感叹大自然的广阔，畅聊同龄人的话题，感受着少年游的畅快……这些共同参与的经历是我研究生阶段最多彩的回忆。

六年前，我从南方小城背起行囊，来到偌大的清华园，在这里度过了本、硕时光。我相信一所好大学能塑造人的一生，从这个层面而言，这段与中国最优秀的同龄人并肩奔跑、磨砺成长的岁月，除了教给我认知世界的知识和方法，更让我相信两件极为重要的事：一是不要过于计较眼前的利益得失，眼光放长远，我相信自己还能赢得更大的收获。二是以包容和同理心真诚对待身边的人，相信他们会是我人生路上极宝贵的财富，给予我尊重、支持、宽慰的力量。

图为石宇，清华大学优秀毕业生，曾任学院研团总支金融领导力协会副会长，获得清华大学综合优秀奖学金、互联网金融方向一等奖学金

今天，我从清华五道口毕业，走向社会。有幸获得“清华大学优秀毕业生”这一荣誉，我将其视为我学生时代最重要的肯定，激励我走好以后的道路。最后，我要感谢我的父母，

你们永远是我人生路上最坚强的后盾。感谢各位老师，你们教会我为学、为人之道。感谢清华，一路走来的每一步我都沐浴在母校的光辉之中，希望未来我能给母校再添光彩。感谢与我相遇的同学朋友们，你们是我学生时代最丰富多彩的记忆，我想与你们继续前行，去拥抱更加精彩纷呈的未来！

2. 技术转移硕士

近年来，清华大学积极开展“双一流”建设工作，办学质量、社会影响力和国际声誉持续提升。着力推进建设一批具有清华风格和时代特征的高水平特色专业学位项目，为我国产业转型升级和国家创新发展战略的实施提供强有力的人才支撑，是清华大学人才培养的核心目标。

当前，科技创新已经成为引领高质量发展的第一动力。提高国家科技创新能力，实现科技成果的落地，推动经济高质量增长，不仅需要科学工程领域的不断突破，还需要金融资本的赋能和支持。秉承针对国家急需领域培养高层次应用型人才的办学理念，按照“高端定位、清华特色、中国视角”的专业学位设置标准，依托清华大学金融、科技创新、管理等优势学科的交叉和融合，借助清华大学在高新技术转移和产业化方面的丰富经验和资源，2020 年，学院在北京市政府和清华大学的支持和领导下，开设技术转移硕士项目。项目旨在培养对科技创新具有深刻理解，兼具金融市场能力和商业管理能力的复合型、国际化技术转移领军人才，推动科技成果转化与产业落地。

科技创新与金融相结合是经济高质量发展的需要。技术转移硕士项目是国内首个聚焦科创与金融融合的学位项目，也是学院科创金融人才培养体系的核心环节。“科技创新与金融相结合是经济高质量发展的需要。目前国内多所高校虽然在科技与金融各自领域的人才培养上取得了长足的进步，但对于金融与科技结合的人才培养还处于起步阶段。”学院常务副院长廖理指出，“学院在已有的科创金融人才培养体系中，加入面向科技成果转化骨干人员的技术转移硕士项目，形成由技术转移业务生力军、初期创业者、成长期科创企业负责人、大型企业或投资机构负责人、科创金融服务机构管理者组成的教育生态体系，全面服务国家的科技创新战略。”

项目招生对象为具备一定科技创新、公共服务、金融投资领域知识积累和工作经验，有志于从事科技成果转化工作的人员。首届学生于 2021 年秋季入学，考录比为 9 ∶ 1。学生平均年龄为 31 岁，主要来自北京、广东、江苏等经济较为活跃、科技成果转化需求较为强烈的地区。学习背景方面，本科学历占 43%，研究生学历占 57%，有 5 人具备中高级专业技术职称或博士学位。专业背景方面，23 人具备技术背景，17 人具备金融背景，13 人具有金融和科创的复合背景。有 17 人为单位中高层管理人员，其余为单位业务骨干。考生来源行业涵盖航空航天、电子信息、生物医药、环境工程、能源等重点与新兴领域。

在培养环节，项目注重理论与实践教学贯通融合，突出培养学生解决实际问题的核心能力，在培养方式上融合课堂教授、案例教学、课外讲座、企业参访、实践导师指导等多种形式。课程内容包括金融知识基础、科技创新前沿与商业化、知识产权保护以及科创企业管理相关理论，也包括针对科技成果的转移、融资、管理、运营等核心流程相关的实践训练。学生在任课教师指导下讨论和制定科技成果转化和金融资源对接的实施方案，并前往科研机构、金融投资机构、孵化园和产业园区，开展科技成果转化项目全流程实践。

项目的建设也得到了社会各界的广泛认可和支持。“面对百年未有之大变局以及新冠肺炎疫情的暴发，北京市科技和人才优势凸显，科创成果大量涌现。2018 年北京市出台了《新时代推动首都高质量发展人才支撑行动计划（2018—2022 年）》，其中重要工作之一就是培养科技成果转移转化骨干人才队伍。”北京市人才局副局长刘敏华表示，“北京市将进一步落实科创人才政策，支持项目的发展。”

2021 级技术转移硕士马文婷：不停奔跑在自我突破的路上

2021 年，对我来说是非常不平凡的一年。我再次收到了母校清华大学的录取通知书，进入了梦寐以求的金融殿堂；我举家离开了扎根 7 年的城市，来到北京重新闯荡。这一年，注定是再次突破自我的一年。

人说三十而立，我人生中上一次的转折点也是在“而立”这一年。我是一名“根正苗红”的工科生，博士毕业于清华大学电子工程系，从事的研究也是工科中的工科——极化合成孔径雷达图像处理。毕业后，我沿着原来的跑道去了研究院所，继续探索雷达图像在指挥控制系统中的应用，继续做军工项目、发表科技论文，其间拿到了国家自然科学基金、评了高级工程师。如果这样一直沿着人生最舒服的惯性走下去，我会在这个研究所里继续做项目、评专家直到退休，这么安稳、波澜不惊地过一生。

对于我来说，做科研像在一个深山老矿里挖井，做得越专，挖得也越深，看到的世界也越窄。当一切都按照预定的、仿佛编排过的剧情上演时，我并没有像预想的那样快乐。我喜欢去看这个多样的世界，见各行各业有意思的人，喜欢感受这个世界最新的变化并想参与其中。

在寻找的路上，我从创业开始。我和合伙人先后创办了几个公司，一次又一次地经历失败，一次又一次地爬起来重新开始。我们经历了大量的技术驱动型公司的典型难题，一路荆棘，也一路成长。在创业的几年里，我深刻地体会到了从技术走向市场有多难，在技术驱动型的公司里，很多问题是共性的，解决方法也有相似的途径。我想去看更多的企业，从每个企业的个性问题里找到共性以及解决方法，去帮助更多和我们一样的创业者。

图为马文婷，2021 级技术转移硕士（清华大学信息与通信工程博士学位，具有高级工程师资格；曾作为项目负责人获国家自然科学基金、江苏省自然科学基金资助，负责、参与国家重点项目 8 个，发表论文 13 篇，拥有发明专利 4 项。）

而股权投资恰是那个适合我的职业。我可以以资本为契机和抓手，汇聚更多的资源去实现对技术驱动型公司的帮助和赋能。过去的几年间，我深入跟踪了几十个技术转移项目，积累了很多来自一线的问题、教训和经验。为了解决一些核心难题、提高项目的成功率，我作为主要创始人和发起人筹建了一只规模一亿元的创投基金，并尝试通过这个基金为抓手，汇集集团内外部的人才、市场、技术转移机构等资源，着力去解决之前发现的难点问题。

现在，我从事股权投资有几年了，但总觉得自己缺少点什么。虽然通过工作和自学，我在逐渐补充金融知识，但总觉得不够系统，无法形成底层的思维方式，也难以从金融的角度去思考问题。我决心去补足。

跨专业考研是难的。在本科毕业 11 年之后再次跨专业考研更难；边工作、边独自照顾孩子、在两个半月的时间里挤出时间跨专业考研难上加难。好多个深夜里，我在医院里边陪着孩子打点滴边学习，一手扶着播放着动画片的平板电脑，一手做着微积分试题。有一个信念始终支撑着我：我一定要来中国的金融殿堂！幸运的是，我最终以综合成绩第一名的成绩再次回到母校，再次实现了梦想。

为了更好地完成学业，也为了能够持续将学业中学到的技术转移知识赋能到实际的技术转移工作中，我举家搬迁回到了北京。我相信两年的学业将会很大程度上助力我的事业，我在技术转移事业中持续积累的教训和经验也会为学院带来新鲜的素材。

终于开学了，走在主楼前的银杏树下，仿佛我还是 2009 年那个刚来清华报到、对未来充满渴望的少年。十多年过去了，“自强不息”四个字始终牢牢地刻在我的心中。我对在紫藤小院的两年充满了期待和渴望，期待能再次实现人生的突破和跨越。

3. 清华 - 康奈尔双学位金融 MBA

2015 年春季，学院与康奈尔大学约翰逊管理学院合作创办的清华 - 康奈尔双学位金融 MBA 项目正式启动。这是中国大陆地区第一个与常春藤大学合作的金融 MBA 学位项目，也是世界顶级商学院首次在中国授予其原版 MBA 学位。两所世界顶尖院校的合作填补了我国对兼具本土思维与国际视野的复合型金融人才培养的空缺。

MBA 项目是学院本土和国际化结合的典范——学院副院长、金融 MBA 教育中心主任田轩教授这样评价，“这个项目定义为‘中国连接世界的金融人才通道’，而不是简单的金融和管理的教育平台，我们希望从这里走出去的学生，能够传承五道口的深邃精神，承前启后，做中国乃至世界金融行业的中流砥柱。金融 MBA 项目的任课教授来自学院国际顶尖的全职师资团队和多个聚焦国家金融改革的金融实验室、研究中心，他们把坚实的金融基础知识和先进的实践成果带给学生，也通过和学生多维度深入探讨，支持国家金融政策的完善，为国家建言献策。这是五道口金融学院特有的教学相长的金融教学体系，也是五道口的传统，相信在这种良性循环的优质教学体系中培养出来的金融 MBA 学生，将深入参与并影响国家的金融改革和产业升级。”

项目采用中英双语授课，学制为两年。在这里，学生们能够在完成金融专业基础课程、熟练掌握微观金融工具知识、提升宏观金融素养的同时深度参与金融行业实践。项目共设四大教学模块，教学采用与世界顶级商学院完全一致的核心课程体系，同时满足两校对硕士研究生培养的具体要求。作为独具特色的双学位、中英双语教学项目，学院及康奈尔大学约翰逊管理学院各自承担 50% 的教学任务，其中，两次赴美集中学习成为同学们十分关注并期盼的日程。每年，金融 MBA 的学生们会在康奈尔校园度过 3 周左右时间，全身心地重返课堂、切身感受美国校园文化，并参访国际著名机构与企业。康奈尔大学 SC 约翰逊商学院中国事务院长陈雅如说，“希望我们的学生是国际一流的，要有跨界沟通交流的能力，同学们到美国去也会跟我们的 EMBA，跟我们的工程类、科技类的学生一起交流，开发一些新的商业模式，这对他们是非常有价值的一个过程。”从红楼小院到伊萨卡小镇，再到纽约罗斯福岛，同学们在不同文化的碰撞中开阔视野、增进交流，感受两校名师的风采。

经过几年发展，金融 MBA 项目不断探索创新，修订培养方案，完善课程安排，招生名额增幅达 100%，累计引进 35 位康奈尔大学授课教师。2020 年，在新型冠状病毒肺炎疫情影响下，项目招生工作主要以云招生、云答疑、云直播的形式开展。招生说明会融入教授主题公开课，帮助广大同学们在线提前领略课程风采与大咖智慧，感受课堂魅力。报考数据显示，2021 级入学新生平均年龄 32 岁，平均工作年限 9 年，研究生及以上学历者占 43%，具有海外留学经历者占 49%，企业中高层及以上管理者占 83%，金融机构生源占 66%。生源质量及竞争力居全国同类项目首位。至 2021 年 12 月，项目连续三年蝉联中国商学院教育盛典“中国商学院最佳金融 MBA 项目 TOP10”第一名。

常务副院长廖理说，“对于清华五道口，MBA 项目是‘窗口’和‘通道’，通过双方密切的交流、学习和互访，让我们得以持续地了解国际一流商学院的教学科研机制、学院治理等方方面面。”站在世界经历百年未有之大变局的当下，MBA 项目更加肩负着交流互鉴、与世界同行的重任。正如时任清华大学常务副校长王希勤（现任清华大学校长、党委副书记）在寄语 MBA 项目时所说，清华大学有能力、有自信，在矛盾中寻求平衡与发展，在中西框架下不断探索、融合，产生新的知识体系与发展模式，引领高等教育发展

■ 图为王希勤发表演讲

的新趋势。而清华 - 康奈尔双学位金融 MBA 项目对于中西文化交流和发展意义非凡。它将在扎根中国本土的同时，不断培养兼具国际视野的金融人才，为提升中国金融行业的全球竞争力贡献力量。

金融 MBA2018 级二次赴美学习：Hackathon 竞赛 | 践行创想决胜 36 小时

纽约东部时间 2019 年 4 月 27 日，在结束了实战华尔街（Wall Street Trek）模块的学习后，同学们迎来了本次赴美学习中的另一项重要日程——2019 商业创意大赛（Hackathon）。商业创意大赛作为康奈尔大学约翰逊管理学院一项传统的创新实践大赛，已经连续举办多年，从清华 - 康奈尔双学位金融 MBA 项目首期班赴美学习开始，它已成为广大师生期待的亮点，也成为约翰逊管理学院跨项目学习、融合、实践创新的一个典范。

在本次比赛中，金融 MBA2018 级的同学们与康奈尔大学约翰逊管理学院 Full-time MBA、EMBA、Cornell Tech 等多个项目的学生共同参与，混合编为26组。每个小组不只是迅速完成团队融合，还需各自发挥所在领域特长，在36小时内，极具创意地完成创新创业案例，并在最后的竞赛环节进行项目设计展示。

在开幕式上，康奈尔大学SC约翰逊商学院中国事务院长、Nicholas H. Noyes管理学讲席教授陈雅如，康奈尔大学SC约翰逊商学院高级讲师史蒂文·格尔（Steven S. Gal）向同学们详细介绍了本次大赛的活动背景、活动意义，大赛设置的规则、以往案例及注意事项，并鼓励大家互助合作，充分创想，把握时间，快乐而高效地完成小组任务，并积极抓住机遇获得大赛名次。

简短的开幕式后，同学们迅速以小组为单位展开了紧张又激烈的讨论，不同文化、知识背景的组员进行着一轮又一轮的头脑风暴，在思想交流中不停碰撞出创意的火花。直至深夜，同学们的热情丝毫没有受到影响，每个小组深知这36小时的意义：如何才能获得顶级VC（现场裁判导师）的青睐？如何才能赢得大赛？极致的产品设计来自如何定义自己，来自多元团队的创意实践与沟通协作，来自自身知识领域的突破，来自对产品的极致求真，更来自终极梦想与初心的博弈。

经过一天的讨论后，各小组轮番上阵进行汇报。在有限的展示时间内，大家都最大限度地展示了各自小组的风采和创意成果，包括智能停车系统、

■ 图为马克·尼尔森（Mark W. Nelson）与获奖同学合影

线上教育、医疗养老、数据应用等各类创新创业案例，丰富的创意与产品设计让评委们赞叹不已。评委老师们则就各组的不同情况分别提出了具有针对性的建议。

在两轮激烈的角逐后，最终第 2 组、第 8 组、第 24 组分别位列一、二、三名，成为本次竞赛的优胜组。康奈尔约翰逊管理学院院长马克•尼尔森（Mark W. Nelson）宣布了比赛结果，并向获奖的同学们表示了热烈祝贺。

赛后，同学们纷纷表示在准备以及展示的过程中不仅收获了知识，践行了创新案例孵化的过程，体会了创意的珍贵，更获得了团队协作与跨文化沟通合作的宝贵经验，是一次难忘的友谊凝聚升华之旅。

随着 2019 商业创意大赛的圆满结束，金融 MBA2018 级的同学们本次赴美学习在纽约的课程部分已全部完成，他们即将再次来到伊萨卡继续他们的学习之旅。康奈尔大学约翰逊管理学院知名教授的课程及演讲、精彩的班级活动、美丽的康村校园，都在等着同学们一起去体验，让我们的精彩继续飞！

■ 图为小组展示环节

4. 金融 EMBA

2008 年金融危机后，中国企业正面对国家经济实力的腾飞与内外部环境日趋复杂的新局面，机遇与挑战并存。时代的鞭策促使中国金融高端教育向一个新阶段迈进，需要培养具有国际视野和良好商业道德，具备金融专业能力、创新能力、战略决策能力和全球领导力，通晓国际金融规则和行业经验的高端金融人才。在这一背景下，学院在成立之初便开启了金融 EMBA 项目的教学探索，在充分调研了中国金融家和企业家的学习需求后，量身定制出紧密结合中国金融改革和产业发展实践的培养体系。

五道口金融学院的金融 EMBA 项目有四大特色：

一是“聚焦金融”。区别于传统通用管理方向企业家课程，培养体系中宏观经济与金融市场相关课程占比近 80%。

二是“赋能产业”。整合清华大学与五道口金融学院在金融科技、大数据、人工智能领域多年前沿教育探索，开设科技创新与产业前沿课程模块，赋能产业数智化升级。

三是“驱动革新”。汇聚 2000 余名各行业领军者，来自金融业、传统实体产业、科技创新企业分别占比 1/3，链接资本、技术与场景，驱动全产业革新。

四是“接轨国际”。学生来自全球 22 个国家和地区，课程模块覆盖美国、瑞士、以色列、新加坡、马来西亚等 8 个国家。

在经历一系列以金融助力传统行业转型升级、以金融助力创新型企业腾飞和以金融助力传统金融机构改革突破的探索实践后，学院在金融 EMBA 项目多年教学经验和千余校友积累基础上，分别于 2016 年和 2017 年推出了面向成长型企业，聚焦创新升级的金融 CEO 项目和面向全球企业家，开拓国际布局的金融 EMBA“一带一路”（BRI EMBA）项目，深入创新与国际化两个维度，形成 EMBA 教育培养矩阵。学院党委副书记、副院长王正位在谈及项目发展思路时说到，“EMBA‘一带一路’项目是在‘一带一路’国家倡议的背景下开展的。项目有一半学生来自国内；另一半是来自‘一带一路’沿线国家的企业家。这是一个国内外企业家充分融合的全英文教学项目。我们希望通过这种项目的形式加强企业家之间的交流合作，尤其是加强国内企业家和‘一带一路’沿线国家企业家之间的交流合作，做到民间经济金融的融合。”

表 1　金融 EMBA 教学项目

金融 EMBA	金融 EMBA“一带一路”（BRI EMBA）	金融 CEO（领航）
紧密结合多年中国金融改革和产业发展实践，融合五道口“金融黄埔”优势资源、清华大学顶尖数智化科研力量，开设金融政策、金融市场、金融中介、公司金融、综合管理、科技创新与产业前沿六大模块，致力以金融和科技创新赋能企业发展，链接多元产业，推动产融共进、产业互联	清华大学首个“一带一路”相关学位项目，依托金融 EMBA 多年教学经验基础、千余名校友积累，为中国和海外企业家打造学习和沟通交流平台，加深双方对“一带一路”区域经济及各国国情整体认识，助力民心相通、促进跨国合作，共同探索“一带一路”倡议下新机遇	紧跟数智时代与企业发展现实需求，沿袭金融 EMBA 聚焦金融、专业权威政策解读的经典课程体系，同时整合清华大学顶尖科研力量，立足产业前沿实践，通过金融和创新的双轮驱动，系统培养具备金融知识、宏观思维、战略眼光的全新一代前瞻型金融领袖，共同领航全球变局下的产业新未来

此外，在面对新一轮科技革命和产业变革兴起，数智化转型全面加速的新趋势下，金融 EMBA 项目于 2020 年完成迭代升级，增设科技创新与产业前沿模块，涵盖金融科技、人工智能、5G 与新基建、工业互联网和新消费等热点话题，邀请两院院士、顶级科学家、产业领军者授课，走访科创类领军校友企业，洞悉技术前沿，共话未来图景。致力于以五道口“金融黄埔”优势资源与清华大学数智化前沿研究赋能更多新经济企业，链接多元产业，打造产融共进、产业互联的企业家终身学习平台，助力新时代新经济发展。

对许多金融 EMBA 的学生来说，选择回到校园，是希望通过系统的学习，丰富和完善自己的金融知识体系，提升金融战略管理技能，更好地理解和掌握金融政策。在感受了五道口的学术底蕴后，很多同学发现，EMBA 的学习不仅仅是知识的积累，更重要的是让企业管理者从中领会思想，学习方法，用创新思维，创造企业的美好未来。

学院金融 EMBA 教育中心十年来累计开发 70 余门课程，200 余名师资。金融 EMBA、金融 EMBA“一带一路”（BRI EMBA）、金融 CEO 三个项目已累计培养 2500 余名各行业领军者，来自全球 24 个国家和地区，其中包含 800 余名上市公司实际控制人及高层决策者、500 余名金融机构决策者及一线创投人、300余名新经济企业创始人、200余名全球业务布局者。43位校友在就读期间完成企业上市，迈向新发展阶段。28位校友企业案例入选“全国百篇优秀管理案例”。来自新经济及科创类行业、传统实体产业、金融和金融服务与投资行业各占三分之一，构成新一代金融EMBA校友生态。校友生态日益均衡的同时，校友组织已扩展到14个地方同学会（上海、浙江、江苏、河南、福建、广东、深圳、山东、新疆、四川、天津、安徽、中国香港、新加坡），13个年级同学会以及4个兴趣协会，每年组织各专题讲座、活动近百场。

（三）全球科技与金融发展学者项目全新升级

2020年10月，学院全球金融GFD项目成功升级为全球金融GSFD（全球科技与金融发展学者项目）。项目以金融和科创为支点，携手全球顶级院校及研究机构打造学术交流平台，探索全球科技与金融前沿产业实践，培养肩负全球责任、面向未来的学者型企业家。

新的课程体系以金融赋能科技创新与产业发展为出发点，纵览全球优势产业与科技创新，内容包括经济金融理论与实践、前沿科技产业与发展、企业战略与人类发展、访问学者研究四个模块。通过系统性学习经济金融理论和研究方法，关注国际金融体系演变以及中国金融改革历程，深入剖析国际金融领域热点问题。跟踪世界科技发展趋势，聚焦产业转型热点，与科学家、政策制定者、企业家及投资人共同探讨技术变革、政策发展、产业布局、成果转化以及投资方向，助力产业转型升级。项目结合学术理论与企业管理经验，探讨企业持续成功的核心动力以及战略方法，深度思考社会现象；与国际机构合作，探讨教育、环保、文化等全球议题。项目同时携手全球顶级院校，学生在中外名师的联合指导下，基于严谨的学术训练，从学习进阶到研究，实现从业界实践者到企业家学者的升华。

全球金融GSFD项目学习时限三年，培养方式包括学术训练课程、专项主题课程、访问学者研究、新兴产业调研、全球议题探讨等。项目还启动针对校友的能力提升计划，打造全方位的校友学习与发展平台，促进GSFD校友与学院共同发展。

截至 2021 年底，全球金融 GSFD 项目已汇聚 770 余名校友，其中 90% 为企业或集团的创始人、董事长，包括多位履职的全国人大代表、全国政协委员、中共十九大代表、全国劳动模范等。他们当中既有传统实体行业的引领者，新经济的创新实践者，又有全球化探索的先锋。项目已先后成立江苏、浙江、上海 3 个同学会，组织多场校友分享、同学企业参访、闭门论坛等活动。

（四）打造权威、专业的中国金融案例库

案例教学可以更好地培养学生独立思考能力和解决问题的实践能力，是商学院教育的一大特色。2013 年 6 月，学院成立中国金融案例中心，开展金融案例研究、案例开发和案例库建设。

“10 年前我们还只能写案例，眼巴巴地把它送到哈佛的案例库。现在全球开始关注中国，我觉得应该集中力量开发中国案例。学院案例开发的方向非常明确，第一以中国案例为主；第二要反映时代的特点。”正如学院常务副院长廖理所说，历经八年发展，案例中心已树立起科学的质量观和人才观，建立健全科教融合的协同培养机制，形成案例入库标准和评价等基础性规章制度，立足于总结中国金融实践、提炼全球经验，打造具有学术与业界影响力的中国金融案例库。在与教学部门的紧密合作中，跟踪教学科研方面的案例需求和建议，逐步形成案例使用的反馈评价机制；同时，探索案例研究与教学项目的联动模式，联合 MBA、EMBA 和高管教育等教学项目，针对业内代表性企业，带领研究团队深入企业进行实地调研。通过多种方式，搭建学术界与企业界交流的平台，已陆续完成美国嘉信理财、E*TRADE、招商银行、沃尔沃汽车、美年大健康、华熙生物等多家企业的案例研究。

截至 2021 年底，案例中心累计开发并形成各层次案例 300 余篇，其中入库教学案例 104 篇、素材案例 200 余篇。此外，案例中心协助开发的 5 篇案例被哈佛案例库收录，包括与欧洲工商管理学院新兴市场研究院联合开发的英文教学案例“R3： Bringing the 'Fin' Back to FinTech”“A Tale of Two ‘Orientals’：Lessons from Short Selling Attacks”，与哈佛商学院合著的案例“Junson Capital： Building an Institutionalized Family Office”“China Merchants Bank： Ushering in the Era of”“Bairong and the Promise of Big Data”。

为更好地开展案例研究、提升研究人员业务能力、促进业界关注道口研究，案例中心紧跟金融市场发展和科技动向，于2020年在“未央网”开设了“中国金融案例中心”专栏，传播国际最新金融科技商业模式及研究动态。截至2021年底，共发表各类文章242篇，其中原创商业案例87篇、报告解读及新闻编译155篇，文章多次被国内主流财经媒体和自媒体大号转载，获得业界关注和一致好评。

除案例开发，案例中心还加强与外部机构合作课题的研究，引领金融实践。2015年、2016年，中心先后与鸿儒金融教育基金会、中信银行等机构合作开发案例，迈出了对外课题合作的步伐。2020年，中心承接两项案例开发合作课题，分别为亚洲金融合作协会委托课题《亚金协产业金融优秀案例研究》、上海证券交易所委托课题《中国资本市场改革与发展三十年》，成果均已公开发表。2021年，中心参与国家乡村振兴局委托课题《我国乡村信用体系建设与创新理论研究》的案例开发工作，陆续深入宁夏、浙江、湖南、贵州、福建和江西等地展开实地调研，通过生动的案例，研究金融信贷如何助力乡村振兴，总结中国金融信用体系建设经验。同时，中心还撰写了多篇研究报告，在《清华金融评论》《银行家》等杂志上发表。

为了进一步践行金融知识传播的职能，案例中心在2020年开创“金融案例大讲堂”“案例沙龙”系列讲座，邀请学院教授及业界专家以案例为载体，面向学院教职工、学生及广大校友分享研究成果和专业知识，建立了“案例为载体、专业为助力、互动为延伸”的良好传播机制，获得参会人员的一致好评。

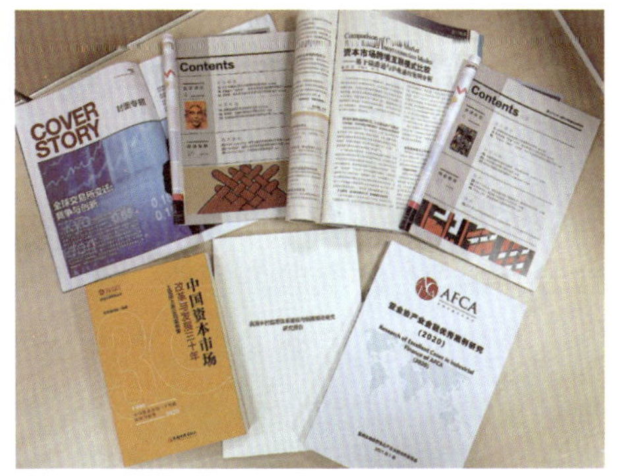

图为案例中心部分对外合作课题成果及研究发布

案例中心的一个重要功能是梳理历史、拨开迷雾、还原历史本来面目。这让案例中心成为讲中国故事的抓手和平台，通过梳理中国金融市场的发展历史，研究典型案例，讲好中国故事，可以让世界更好地了解中国。

二、以一流的学风建设为"舵"

建设一流金融学院离不开一流的学风，什么样的学风决定了学院培养什么样的人，决定了学院的底色。2021 年适逢清华大学 110 周年华诞，习近平总书记对青年学子提出了殷切嘱托，"广大青年要肩负历史使命，坚定前进信心，立大志、明大德、成大才、担大任，努力成为堪当民族复兴重任的时代新人，让青春在为祖国、为民族、为人民、为人类的不懈奋斗中绽放绚丽之花"，"要爱国爱民，要锤炼品德，要勇于创新，要实学实干"。

句句叮咛，言犹在耳，清华大学一直以来倡导的科研学术理念是"顶天、立地、树人"。作为集成央行与清华精神的五道口学子，更是被赋予时代和历史的使命，既要立志明德，胸怀天下，又要行胜于言，脚踏实地。正如张晓慧院长在 2019 年开学典礼上对同学们的教诲："同学们不仅要发扬求真务实的科学精神，更要密切关注社会、国家发展的需求；不仅要树立'顶天'的壮志与豪情，还要具有'立地'的踏实与坚韧，把远大的目标和务实的行动结合起来。……'有根株于下，有叶荣于上'，同学们一定要牢牢扎根于中国金融改革发展的实践，不断汲取实践和知识的养分，茁壮成长，最终根深叶茂，结成累累硕果，成为'顶天''立地'的金融排头兵。"学院党委书记顾良飞也在 2019 年学院就业动员大会上，对即将毕业的道口学子们说了这样一番肺腑之言："同学们，不论时代如何变迁，都不会改变金融服务实体经济、满足经济社会发展和人民群众需要的本质。对于就业方向的选择，我希望大家能够将个人的理想价值信念与国家民族的未来牢牢结合在一起，将远大抱负与脚踏实地牢牢结合在一起，与我们五道口的许多老校友一样，成长为中国经济金融各领域、各层面的领袖骨干人才。"

"院风所拂，潜移默化"，这是学院战略咨询委员会委员、国家外汇管理局副局长陆磊对年轻五道口学子的最深印象。十年来，学院因为尊重人才培养规律，尊重教学规律，使得每一个从学院走出去的个体得以建立起一套对待社会、对待行业、对待学术的哲学基础。"我们可以发现，当今的五道口金融学院学生不再是仅仅为了一份体面工作而来，而是带着对前沿问题的探究精神而来，载着观察并解决经济金融问题的思想方法而去。"陆磊老师深情地说。

一流的学风是一种无形的力量，既能使学生受到潜移默化的熏陶和感染，还能内化为一种向上的精神动力。那么，十年来，五道口金融学院的学风到底怎么样？让我们看一看在五道口金融学院培养的人才身上具有什么样的“精气神”。

（一）扎根厚土，了解国情，投身祖国基层建设

如果要问，五道口学子的初印象是什么？很多人可能会回答：“学霸、录取率低、‘高大上’的金融白领、清华培养的天之骄子……”，这些要素似乎勾勒出五道口学子“镶着金边”的形象。但是当你真正走进道口小院，与这些学子交流、探讨，可以发现他们身上体现出的“家国情怀”“探究真理”“独立思考”“追求卓越”的精神才是五道口学子身上的真品质。

比如，对于未来或长或短的时光里，该如何开启金融专业学习的美妙旅程？道口学子在开学季采访中，给出了许多精彩的回答：有的同学计划在未来几年中完成对自我思想的重塑，希望通过扎实的学术训练来完成从知识的消费者到生产者的华丽冒险；有的同学打算在道口小院完成从其他学科到金融学的飞跃，争做复合型人才；还有的同学，决心通过不止步于书斋，行路千万里的方式，从现实和理论两个维度去促成健康高效的金融环境和具有创新生命力的金融体制形成……

再比如，到清华五道口读书的意义究竟何在？道口学子们也给出了明确答案。“大家不把完成作业、发表论文、拿到学历、获取奖项作为学术研究的目标，也不抱着建立人脉、学会赚钱的本领或是‘学而优则仕’后行使权力、制定政策的打算，而应该不骛虚声，不求虚名，用一生去追求真学问，做淡泊清明的真学者。”

“纸上得来终觉浅，绝知此事要躬行。”十年来，在“不怕苦，敢为先，讲团结，重贡献”的学院传统鼓舞下，一批批学识优秀、敢于创新、活力四射的五道口学子以实际行动体现着学院的学风与正气。

1. 从课本教室走向社会实践

正如分管学生工作的学院党委副书记、副院长王正位老师所说，“学生们学会金融的知识点很容易，难的是未来他如何把金融知识应用到实践中去，怎么用金融的思维解决现实中所面临的难题。”因此，“我们的教育体系一

个突出特点就是注重学生的理想信念教育，实现课程育人、党建育人、集体育人和实践育人，将社会实践纳入整体教育体系之中。”

除了统一要求的博士生社会实践，五道口金融学院每年都会带领硕士生走向基层，去了解基层的经济和金融工作，通过“受教育，长才干，作贡献”三大板块的实践内容，增强同学们的实践能力。十年来，五道口金融学院获得清华大学研究生就业实践优秀支队九次金奖、首都大学生暑期社会实践优秀支队等奖项。

实践故事：产业扶贫“授人以渔”，五道口学子走进甘肃平川

近年来，我国在经济发展、金融改革以及脱贫攻坚等方面实现了重大突破。结合时代背景，五道口金融学院2018年度的实践调研主题为“聚焦金融改革，追寻美好生活”。2018年暑假期间，金融学院组织九支实践支队分赴甘肃平川、甘肃渭源、广西巴马、浙江新昌、青海海晏、福建宁德、陕西西安、广东肇庆等地，深入基层，调研各地金融改革实际，为助力区域经济发展、贡献普惠金融政策设计框架提供智力支持，聚焦基层金融改革带来的美好生活新体验。

“授人以鱼，也授人以渔”，走出深度贫困

2018年8月30日一早，支队来到平川复兴乡。复兴乡是当地的贫困乡，人口6000多人，2014年开始实施精准扶贫的时候，有接近一半人属于贫困人口，扶贫工作开展3年以来，贫困人口下降到只有1200多人，并且已经不再是深度贫困乡。但复兴乡的7个村中，依然有4个是深度贫困村，但是产业扶贫的政策，让当地人对于顺利完成脱贫任务信心十足。

■ 图为实践支队到甘肃平川复兴乡调研

复兴乡雨水充沛、耕地条件尚可，种植业成为当地扶贫的支柱产业。其中，马铃薯和大蒜是当地政府补助种植项目，政府给予农户种田补贴，专款专用，并且为农户免费提供种子，提高农户的劳动积极性，通过政府资金撬

动农户主动脱贫。与此同时，复兴乡成立了农村合作社，以市场化的价格向农户回购各类农产品，收购完成后向市场出售，集中供应提高了合作社的议价能力。

看到产业脱贫取得的成绩，支队成员欣喜之余，也有疑惑，特别是如何避免再度返贫问题。当地政府工作人员耐心地为同学们解答：稳定脱贫成果的核心在于产业支持和发展。

当地通过建立产业园、合作社、土地流转等方式为农民增收。举例来说，马铃薯早种早收以避开收获高峰期，卖出好价钱为农民增收，另外通过马铃薯的深加工，如加工或马铃薯粉的方式，提高马铃薯产业的附加值。

产业扶贫就是要在“授人以鱼”这种直接奖励、补贴等方式之外，通过“授人以渔”的方式，让脱贫工作形成可持续的、自生长的内在动力。

异地搬迁稳步开展，后续产业谋划在即

2018 年 8 月 31 日，支队同学来到神木村的易地搬迁地点进行考察。支队在实践中了解到，当地实行的是整村搬迁，其中建档立卡贫困户 141 户 615 人，其他村贫困户 13 户 62 人，每户只需交 1 万元即可永久入住，但没有产权无法转让。此前拥有的土地可实行土地流转，每年拿分红。每栋房屋成本约为 23 万元，两室四厅，远好于贫困户原先居住的房屋。目前 140 栋 280 户新房屋钥匙已交付到搬迁户手中，正在进行室内装修，完成村级文化广场和村委会建设，安置区幼儿园和敬老院也正在建设中。

从产业上看，按照“一全两社三产业”的模式，未来将组建全体农民共同参与种植专业合作社和养殖专业合作社；依托神木村地理环境优势，着力打造三个富民产业：一是以大蒜、藜麦、中药材、百合为主的种植产业，二是以生态、绿色散养土鸡、生猪、黄牛、黑毛驴为主的养殖产业；三是以保护生态环境、休闲避暑、农事体验、观光农业为主的旅游产业，使搬迁农户获得持续稳定的经济收入。

图为实践支队到甘肃平川神木村的易地搬迁点考察

创业互助孵化基地，为当地发展注入新动力

2018 年 9 月 2 日上午，支队成员前往王家山镇参访。王家山镇依托红星伟业农业科技有限公司肉驴繁育基地和于大川村肉驴养殖小区，建立镇党群创业互助孵化基地，为贫困群众无偿提供养殖棚、启动资金、养殖技术等，全面落实党群互助创业。

■ 图为实践支队参访甘肃平川王家山镇

数据显示，2017 年到 2018 年上半年，创业孵化基地共带动 4 户贫困群众创业，养殖肉驴 40 多头，每户产驴崽 5 头以上，户均收益 2 万元左右。在帮助群众创业增收的同时，基地还从当年创业收益中，每年划出 7% 用于壮大村集体经济，2017 年基地贡献村级集体经济收入 2.5 万元。

为了提升当地肉驴繁育养殖技术水平，镇上积极衔接东阿阿胶集团，派出技术骨干在镇、村开展肉驴繁育养殖技术培训。同时积极协调区畜牧局、区农技中心安排常驻技术专家，提供全程技术服务保障。

据当地镇长介绍，下一步当地将通过建立牲畜交易市场和优质饲料基地，拓宽营销渠道、挖掘驴文化内涵、发展驴肉火锅、打造黑毛驴特色小镇等方式，延伸产业链条。在煤炭产业发展动力不足的背景下，特色产业为平川发展注入了新希望。

实践感悟：金融产业发展不足，转型升级任重道远

通过对平川区的调研，甘肃平川支队的同学们深入复兴乡等多个贫困乡村，实地探访了当地乡村建设情况、产业扶贫现状和异地搬迁安置进程，从产业、教育、社区建设等多个角度全方位地考察平川区的发展现状，探索发展中存在的问题。

从产业结构来看，一方面，平川区部分县乡因地制宜地发展种植业和养殖业，并通过成立农业合作社的方式进行产业扶贫，取得了很好的效果；另一方面，煤炭等支柱产业的萎缩、脱贫任务的严峻、人口老龄化加剧等现实问题，依然困扰着地方发展，让人忧心。

从金融产业角度来看，平川区金融体系较为落后，以地方银行、农村信

用合作社和小贷公司为主。而且受到工业经济衰落影响，当地贷款不良率持续在高位，不利于普惠金融政策的实施，也为平川区的后续产业培育埋下隐患。因此对于平川来说，提高劳动效率，实现经济转型升级，仍然有很长的一段路要走。

2. 投身基层，五道口人的知行合一

“摩顶放踵利天下，为之。”——《孟子》

十年来，清华五道口涌现出众多主动投身祖国基层建设的优秀毕业生：2010 级硕士李润权，毕业后主动选择去广西百色田东县就职；2012 级硕士伏后明，甘愿放弃上海而选择远赴西藏阿里地区工作；2017 级硕士李元奇、刘国猛响应国家地方选调的号召，回到家乡，扎根基层……他们以“知行合一”的道口人品格做出人生选择，不畏艰苦，在祖国最需要金融人才的岗位上谱写青春。

在采访中，顾良飞老师向我们介绍：“从就业方向来看，近年来学院的就业趋势日渐立体化与多元化：有的同学选择站在市场前端，在工作中积极探索金融业的改革和创新；有的同学选择公共服务事业，在宏观管理的大舞台上实现理想抱负；有的同学选择扎根深厚土壤，在基层一线、在老少边穷地区，以及金融欠发达地区充分施展才能、报效国家和人民。虽然就业去向不同，但大家都在为践行学院使命而矢志不渝地奋斗。”在谈到学生的职业发展和就业问题时，顾良飞老师举了一个例子，“之前有一位同学要去条件艰苦的高原地区工作，我当时有一点担心他是一时冲动，所以就专门约他到办公室聊了聊，发现这位同学很有想法，信念很坚定。这才放心支持他的决定，目前这名同学依然扎根在边疆，在基层践行着五道口人的使命。”

图为学院就业工作成效

学院专门为这些有理想、有抱负、愿意前往艰苦地区工作的学生提供了

一个“扎根计划”。以“扶上马、送一程、关爱一生”为工作理念，不仅设立“扎根计划”奖学金，还广泛匹配资源，实时关注学生发展情况，帮助解决困难困惑与实际发展问题。充分发挥典型同学的朋辈激励带动作用，积极动员同学们报名中央选调生、地方选调生和基层工作岗位，把学生输送到国家发展最需要、具有战略性意义的岗位上，实现学生的能力素质与新时代中国特色社会主义建设需要的高度契合。截至 2021 年 7 月，共有 20 名学生获得“扎根计划”的支持。

2017 年学院邀请赴基层工作的毕业生返校，召开了“地方金融发展座谈研讨会”。充分听取参会毕业生在基层工作的收获和困难后，廖理老师说：“座谈会是学生就业选择多元化效果的检验，也是基层交流形式的创新和尝试，学院希望通过类似的形式鼓励校友间的互动，促进校友的共同发展。”顾良飞老师对毕业学子们说：“学院永远是校友的家，希望大家坚定信念、有为有守、坚持学习，更好地为祖国基层发展献策献力”。

我们相信，在学院精神感召下、榜样作用引领下，老师们亲人般的关怀下，会有越来越多的有志青年不畏艰辛、把满腔金融学识奉献给祖国基层建设。

五道口学子在基层的故事：只想踏实做事的 2012 级硕士毕业生伏后明

伏后明是 2015 年度清华大学“启航奖”金奖获得者，该奖项是在“志愿服务西部奖”的基础上扩展设立的奖项，旨在进一步鼓励清华学子扎根基层，到国家重点战略地区、艰苦行业重要岗位建功立业，引导广大毕业生将个人价值与国家民族的需要紧密结合起来。

伏后明本科就读于中国石油大学石油工程与财务管理专业，于 2012 年进入清华大学五道口金融学院读研。在校期间，伏后明刻苦努力，始终渴望将自己的才智贡献给祖国最需要的地方。在广西的社会实践经历，他接触了许多在岗位默默奉献、以造福一方为己任的基层工作者。他们对人民的爱心、对工作的热心、对未来的信心深深震撼着伏后明，促使他坚定了去边疆工作的决心。2015 年毕业季，伏后明签约西藏阿里地区组织部，怀抱着对祖国的一腔热忱，在这片被称为“生命禁区”的土地上，演绎五道口人“不怕苦，敢为先，讲团结，重贡献”的学院传统。

那年夏天，这位年轻的清华大学五道口金融学院硕士毕业生从拿到手里的一堆 offer 中，精挑细选后做出选择。“也许在别人眼里，高薪、体面的金融行业足够吸引人。可在我看来，青年人最重要的正是这份心怀天下的视野和情怀。”在伏后明的眼里，人生道路的“宽与窄”并不能简单地用薪水、房子、车子来衡量，在空白处栽种才是青春最美的意蕴，“这个梦，如果我不去做，可能真的会后悔一辈子。”伏后明如是说。

图为 2012 级硕士毕业生伏后明

毕业七年来，阿里地区独特的文化背景及其特殊的地理环境让目前在西藏自治区人大常委会办公厅工作的伏后明对于基层工作有着更为深刻的体会，他认为基层工作的有效开展离不开理论与实践的结合，要做到真正的知行合一，把群众的利益放在第一位；同时，还要常怀敬畏之心，保持谦逊和不断进取的态度才能更好地服务群众。

（二）慎思之，明辨之，全院开展学风大讨论

梅贻琦校长曾说，“清华向来有一种俭朴好学的风气”。清华大学的学风素来严明，在 20 世纪二三十年代，睡懒觉的学生会受处罚，违反校规的学生需挂牌思过。优良学风的形成不是一朝一夕的，它是一所学校在长期办学过程中日积月累形成的。从 20 世纪 80 年代中期提出“严谨、勤奋、求实、创新”的八字学风，到 21 世纪初进一步明确“严谨为学、诚信为人”“为学须笃行、为人重诚信、为学如为人”的学风建设要求，清华大学的学风一直秉承着“严字当头”。这个“严”字，强调的是为学与为人的结合、做学问和教书育人的结合。

《大学》有言，“物有本末，事有终始”，意为对事物的认识要分清楚本与末，做事情要有始有终。时任清华大学校长邱勇（现任清华大学党委书记）在学风建设大会上说到，大学务本，要牢牢抓住学风这一办学之本。优良学

风是学校传统底蕴和办学理念的集中体现，是师生精神面貌的全面反映。

“沐清华之风，做笃学之人。”长期以来，五道口学子传承着务实严谨的学风，将实事求是的精神和科学严谨的态度融入学术研究中。为深入落实“三全育人”理念，坚持立德树人根本任务，不断提高人才培养质量，学院将学风建设作为工作的重点之一，坚持弘扬清华优良学风，完善学风建设长效机制，努力开创新时代学风建设新局面。

1. 以党支部为单位开展学风大讨论

2019 年是清华大学的“学风建设年”。在更高的学风建设目标下，学校提出要以党风促学风，以党建带动学风建设的行动方案。学院积极响应号召，充分发挥党组织的带头作用，以党支部为单位开展了一系列学风大讨论活动，深入探讨“清华的学风是什么”以及“如何养成优良学风”。

学风问题关乎学生，也关乎老师，人人都是学风建设的主体。在学风大讨论过程中，学院教授对学风建设发表了自己的看法。“博士阶段所积累的‘内功’将影响一生的发展，而只有端正态度研究学问，恪守严谨学风传统，才能提升获取知识的效率，无愧于清华的培养。”“研究的意义在于探求新知，要树立良好的学风，最为重要的就是要秉持‘敬畏之心’”。要把学术放在非常高的层次，踏踏实实、避免急功近利。从 0 到 1 的积累很痛苦，但这是以学术研究为终身事业的人应当做到的。对于各类学生来说，学风要求应该保持一致，对非全日制研究生同样重要。对所有刚入学的新生而言，学院的学风教育贯穿整个迎新活动，各个教学项目的新生教育都会包括学术道德、学术纪律宣讲。这对强化新生对清华、金融学院的认同感，提高学风认知度有着良好的效果。

学风大讨论在学院各党支部中深入开展。金融专业硕士、金融学博士，以及非学位项目的学生都参与其中。以此为切入点，同学们的学术诚信意识更加强化，对学风建设的必要性有了更深入的理解，也对如何更好地进行学风建设有了更深刻的认识。他们表示将在学风建设中发挥党员的先锋模范作用，强学风纪律、重学术规范，把学风建设的具体措施落到实处。

学风大讨论的故事：硕士生党支部

2019 年 4 月 18 日，五道口金融学院金硕 181、182 和 184 三个硕士生党支部于主楼 511 开展了学风大讨论。党委副书记王正位，院长助理、硕士项目负责人刘碧波，教学办主任李静芳与研工组副组长隗玮出席，并与支部成员深入交流了清华学风的内涵、如何开展学风建设、对同学们的具体要求等话题。支部成员也就学风建设应该如何落到实处展开热烈讨论。

王正位介绍了学风大讨论的背景以及重要意义。他强调学校和学院都十分重视学风建设，同学们应该以学风大讨论为契机，认真思考学习的意义是什么。同时鼓励同学们就清华的优良学风、应该倡导的学术道德、科研精神、学术诚信、学术规范、学术底线和为人为学之道等主题展开研讨。他提出了学风大讨论的四个要求，即以党带班深入讨论、立行立改、加强宣传和总结经验。

刘碧波从硕士项目具体情况出发，为同学们介绍了学风建设的背景。他强调，学校带给同学们的是眼界和思维方式，而不是简单的工作技能。开展学风建设必须发挥党员同志的中坚力量，党员必须以身作则，带头严格要求自己。

李静芳则从学籍管理、在学期间的课程学习、考试纪律、遵守作业和论文的学术诚信四个方面向同学们进行了讲解，尤其强调学院将制定并实施更为严格的考勤制度，以完善学风建设机制。隗玮则站在一名在读博士生的角度，从培养学习能力和习惯方面阐述了为什么要加强学风建设。

图为学院硕士生同学积极开展讨论

各支部对学风大讨论活动进行了总结。金硕 181 党支部从“严谨”的角度讨论了开展学风建设的具体措施。金硕 182 党支部重点总结了学习与实习的关系。金硕 184 党支部将讨论重点放在了“清华大学的学生为什么学习”上。

2. 打造学术学风建设的精品活动

恪守学术诚信是培养良好学术氛围的前提，但是学风建设一定不是只停留在这个层面。学风建设应该有更高的目标，要努力培养学生的志趣，使学生树立理想和信仰。新时代的学风建设要坚持学术诚信教育，坚持对学术不端的“零容忍”态度，坚持对学习状态提出更高要求。学风建设最根本的是要充分激发师生的主动性、积极性，激发师生追求知识、追求学术的热情，强化师生在治学、教学、求学过程中的自律和自觉。

学风，既是求知之风，是授业之风，同时也是为人之风。立德树人是教育之根本，学术学风建设是研究生生活的重要组成部分，由学风建设、导学关系、朋辈交流等多方面构成。学院致力于打造提高学术道德，增强研究能力，增长知识技能，增进导学关系的活动，推出“经世学者”博士生论坛、“道口之声”分享会、“道口圆桌”微沙龙等品牌活动，搭建师生沟通桥梁，提供高质量、有价值、差异化的学术活动。

精品活动的故事：“道口之声”分享会

“道口之声”分享会是道口研会打造的品牌活动，致力于邀请院内师生学子，就学术等话题进行分享，搭建院内沟通平台，对内促进师生、朋辈交流，对外展现学院风采。

2020 年 7 月 18 日，五道口金融学院研究生会联合金博 19 班举办了“道口之声”学术进阶系列第一期讲座。本期活动邀请了学院 2020 届博士隗玮、2015 级博士生张欣然两位嘉宾进行分享。精彩的讲座吸引了近百名同学参与，各年级硕博同学相聚云端，共话学术进阶、明确前进方向。

讲座开始，主持人王宇桐首先对嘉宾和同学们的到来表示欢迎，并介绍本次分享会的流程与嘉宾。第一位分享的嘉宾是张欣然。张欣然首先从宏观、中观、微观三个角度出发，为博士生提供了详细的规划指导；并指出同学们

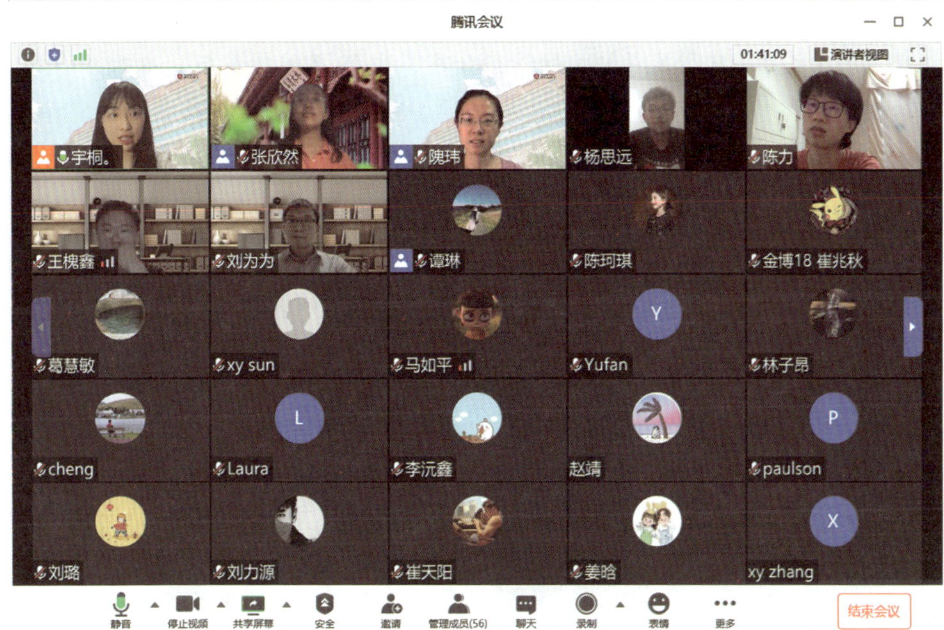

■ 图为“道口之声”学术进阶系列第一期讲座

应该勇敢建立对自己未来发展的预期，抓住来之不易的机会，保持从容平和的心态及规律的作息，学习做事的方法与态度。接着，张欣然就如何选择研究领域与展开研究、如何与导师沟通获得指导、如何写作与参加会议等多方面进行了具体而生动的分享。

隗玮分享了她对于博士生能力培养的建议，指出要懂得将任务由大化小，不畏困难。随后，隗玮就学术方向求职进行了全面系统的介绍。例如，求职过程中的材料准备、时间安排、信息获取渠道等。隗玮也强调了面向国外与国内求职时应注意不同的侧重点。

两位嘉宾分享完毕后，便进入了问答环节。多位参会的同学打开麦克风向嘉宾提问，嘉宾们进行了认真而详尽的答复。

精品活动的故事：“道口圆桌”微沙龙之“研传身教”师友沙龙

为响应学校“研传身教”的号召，树立研究生教育的大局观和使命感，2020 年 9 月 24 日，道口圆桌第一期“研传身教”主题微沙龙在学院 1-301

成功举办。本次微沙龙邀请了学院副教授胡杏老师，就“如何与导师高效沟通，促进‘导学关系’良性发展”主题进行分享，近20名同学参与了本次微沙龙。

在分享环节，胡杏老师首先指出了博士阶段与导师关系的重要性。与硕士不同，博士最重要的是科研，需要老师带领入门，师生关系直接决定了博士生涯的幸福指数。接着，胡杏老师结合自己的亲身经历，与大家分享了与导师沟通相处的经验与教训。从 Microsoft Research Asia 到西北大学，再到普林斯顿大学，在本科至博士的求学期间，胡杏老师曾与多位不同风格的导师接触，有和蔼可亲的老师，有十分严格的导师，有放养型的导师，也有依靠自己努力争取而意外收获的良师益友。在与多位导师的沟通交流中，胡杏老师积累了许多经验，简单凝练成以下三大点：

■ 图为“道口圆桌”微沙龙之“研传身教”师友沙龙

与老师坦诚相待。告诉老师自己内心真实的想法，比如未来是想去业界还是学术界、研究方向是偏好资产定价还是公司金融、对项目是否感兴趣等。

保持与导师定期交流。一方面，导师是学术上的指路人，与导师交流并获得反馈是必要的。另一方面，与导师保持沟通频率，认真准备每一次汇报，有利于督促自己制订阶段性计划，取得进步。

机会靠自己争取。当面临困难时，遵从自己的内心，为自己争取机会，也许生活就会给你惊喜。

在胡杏老师生动亲切的分享之后，同学们受益匪浅，也纷纷向老师表达了自己心中的疑惑，胡杏老师对同学们的提问进行了细致回答。

（三）政治引领、价值塑造，实现临时党支部全覆盖

党的十九大报告强调，要以提升组织力为重点，突出政治功能，把基层党组织建设成为坚强战斗堡垒。这是党中央从战略和全局高度对党的基层组织建设提出的新定位和新要求，为新时代基层党建工作指明了方向。

在此背景下，学院把非全日制项目的临时党组织建设作为党建工作的突破口。“近年来，学院 MBA 项目、EMBA 项目和各培训项目的在校生规模越来越大，非全日制学生数量越来越多，但是传统的高校学生思政工作只覆盖了全日制学生。怎样加强党的领导，加强对非全日制学生的政治引领，我们开启了非全日制临时党支部的试点”，学院党委副书记、副院长王正位如是说。2017 年开始，学院决定将非全日制的学生纳入政治思想工作体系中。从数据来看，当时学院非全日制研究生占全院学生比例达到近 65%，数量已超过全日制研究生数量，成为学院思想政治教育和人才培养工作的重要对象。但是，非全日制研究生党组织关系一般保留在工作单位，没有编入高校基层党组织，不利于在校期间进行党员教育和管理，同时也不利于党员同志在研究生群体中发挥先锋模范作用。出于种种因素的考虑，在非全日制研究生中建立临时党支部显得十分必要且迫切。

在非全日制研究生中建立临时党支部既是扩大基层党组织覆盖面，加强非全日制研究生党建工作，开展非全日制研究生思想政治教育的重要尝试，也是深入贯彻落实党的十九大精神和全国高校思想政治工作会议精神的创新举措。同时，学院的非全日制研究生大多来自金融业界或监管机构，具有丰富的工作经验，能够为全日制研究生的职业发展和人生规划起到指导作用，因此临时党支部的建立也能够助力学院人才培养目标的实现。学院党委结合非全日制研究生的项目类型、在校时间、党员规模等实际情况，经研究讨论后，探索出了一套可操作的非全日制研究生临时党支部建设流程。

由于非全日制研究生的党组织关系保留在工作单位，未转入高校党组织管理，因此在身份确认上较全日制研究生更为困难。学院党委为了保证临时党支部组建工作的严谨性，首先要求非全日制党员同学开具党员身份证明，以亮明自己的党员身份。随后，临时党支部筹建小组向学院党委提交组建申请，介绍临时党支部的筹备情况，包括支部成员、党支部委员会委员候选人、筹建时间等。学院党委研究后决定是否同意组建，并对组建申请、支部命名等作出批复。学院党委批复同意组建临时党支部后，临时党支部召开建设大会。

在学院党委的推动与支持下，2018 年 1 月 20 日，学院在非全日制教学项目中以班级为单位成立了清华大学的第一个临时党支部——金融 EMBA

17 党支部，党员人数 17 人。同年，学院又成立清华大学首个非全日制博士生组成的临时党支部——金博临 16 党支部，和清华大学首个中外联合培养项目的非全日制学生组成的临时党支部——金融 MBA 18 党支部，实现了非全日制研究生项目临时党支部的全覆盖。“清华大学党组织具有光辉发展历程和光荣革命传统，始终坚持将党的领导贯穿办学治校、教书育人的全过程，始终把党建作为学生思想政治工作的‘龙头’”，顾良飞老师说道。临时党支部的建设，使同学们从思想上统一起来，在各项活动中凝心聚力，步调更加一致。临时党支部结合各项目班级实际情况，定期组织召开特色支部生活会，深入学习党的重要思想并加深非全日制学生对清华精神和五道口传统的理解。同时，非全日制研究生临时党支部和全日制研究生党支部积极开展支部共建活动，发挥了基层党组织的思想引领作用，也促进了学生之间的交流和融合。

各临时党支部成立以来，以组织生活为载体积极开展党员教育和思想政治教育工作，以沙龙研讨会、社会实践、志愿服务等形式，组织支部内党员认真学习理论知识、中央精神和上级党组织各项决策部署。如金融 EMBA 17

■ 图为非全日制研究生临时党支部开展思政教育活动

党支部组织前往雄安新区参观市民服务中心，考察调研雄安新区的建设进展和未来发展计划，支部成员们深切感受到了雄安新区所承载的重要历史使命，也深入思考了自身应承担的社会责任。

与全日制研究生相比，非全日制研究生在学校的时间有限，彼此之间的沟通交流相对欠缺。非全日制项目通过党班联动，党建带班建，班建促党建，加强集体建设，提高集体意识。近几年，金融 MBA 项目都将延安作为新生入学的第一课堂，在革命根据地成立临时党支部并开展班级集体活动，让不同文化背景、不同国籍的同学们切身感受到延安的文化精髓。新冠肺炎疫情期间，学院所有临时党支部全部参与捐款，参与率达 100%；金融 EMBA 2019 春季 A、B 班成立“爱心志愿群”，组建志愿者小组记录并公开捐赠款项、对接联络各个医院的需求和物资分配；金融 MBA 19 临时党支部召开疫情防控专题组织生活会，第一时间了解同学们疫情期间的困难需求、思想状况和线上教学等情况。

2019 年，学院在金融媒体培训项目中建立金媒 6 临时党支部，试点临时党支部由学历学位教育的全覆盖向非学历学位教育的高端培训项目延伸，实现了非全日制教学项目临时党支部建设纵深发展。

同时，学院积极推动非全日制学生临时党支部与全日制研究生党支部、教师党支部、校外党支部开展共建活动，携手走出学院，感受不同领域的前沿动态。例如，金媒 6 临时党支部与金博 18 党支部共赴人民日报社，与人民网党委开展红色“1+1”共建，参观人民日报“中央厨房”，了解媒体行业面向受众、面向国际、面向未来的新一代内容生产、传播和运营体系；抗击新冠肺炎疫情期间，金博 19 全日制党支部和非全日制党支部开展共建，线上联合河北省灵寿县马家庄村党支部合作开展系列活动，聆听村庄疫情防控工作成果、疫情后复工复产情况以及吸引青年人才返乡的相关政策，鼓励同学们深入乡村、了解基层、学有所用；金融 MBA 20 临时党支部联合经管 MBA 20P5 党支部赴浙江开展党史学习教育实践活动，不仅强化知行合一、以党建力促进学习力的提升，而且聚合资源、融合发展，以党的组织力凝聚更多共识，提高思想站位，践行跨支部、跨学院支部共建活动理念。

学院的非全日制党支部建设工作在全校范围内得到了推广，充分体现了五道口“敢为先”的精神。截至目前，学院共成立 25 个临时党支部，在非全日制学历学位项目中实现各个年级的全覆盖。

学院探索组建首个非全日制学生临时党支部

2018 年 1 月 20 日，清华大学五道口金融学院召开了金融 EMBA 17 党支部成立大会。这个临时党支部由金融学院 17 名 2017 级金融 EMBA 非全日制在校生组成，也是清华大学首个非全日制学生组成的临时党支部。校党委研工部副部长徐鹏，学院党委书记顾良飞，时任学院党委副书记、副院长赵岑，时任学院党委委员、研工组组长王正位，金融 EMBA 与高管教育中心的党员老师们，共同见证了首个临时党支部的成立。

顾良飞对临时党支部的组织和筹建工作给予了充分的肯定，并就党支部的工作方向与目标提出了要求。他指出，清华大学五道口金融学院的使命是培养政治可靠、具有国际视野、家国情怀的人才。成立临时党支部是高校非全日制学生党建的探索与尝试，要发挥党支部战斗堡垒和政治核心作用，促

图为 2019 年部分临时党支部的支部共建活动

进学院人才培养目标的实现。在今后工作中要加强党支部的规范建设与规范管理，做好工作计划；坚持实事求是，结合支部党员的构成背景、教学安排、人员特点开展活动，为学院非全日制党建工作总结经验，起到示范作用。

徐鹏指出，金融 EMBA 17 党支部成立的大背景是响应习近平总书记提出的建立非公有制企业党建工作的要求，并贯彻落实党的十九大精神。学校党委对非全日制学生党建工作充分支持，希望党支部的各位党员要以严格的标准要求自己，发挥共产党员的先锋模范带头作用。

金融 EMBA 2017 春季班学生李强作为临时党支部召集人汇报了党支部的筹备情况。学院金融 EMBA 中心的部分党员老师和党员学生，于 2017 年 12 月中旬启动金融 EMBA 17 临时党支部的组织和筹建工作。学院党委经过研究于 2018 年 1 月 11 日正式批复，同意组建金融 EMBA 17 党支部作为试点，探索非全日制学生党建工作的新方式。截至目前，共有 17 位党员同学开具了党员身份证明，并表示坚决支持和投身于临时党支部的建设工作，通过“党班联动”，更好地为全体同学服务。

金融 EMBA 2017 级春季班学生党员代表宣读了 4 位支部委员候选人的情况，出席会议的全体党员鼓掌通过。

会议就临时党支部的工作开展进行了讨论。参加会议的党员同学纷纷表示，能加入金融 EMBA 17 党支部感到非常光荣，今后将积极参加支部活动，为党支部的建设贡献力量。

赵岑表示，金融 EMBA 17 党支部的成立符合五道口金融学院“敢为先”的精神，对促进全体同学长远发展，为国家和社会贡献力量具有重大意义。同时，赵岑也表达了对党支部今后发展的期望，希望能够联合其他党支部开展活动，为全日制学生带来职业发展、学术发展等方面的帮助，也希望通过金融 EMBA 17 党支部，为今后在职学生组织党建活动提供示范。

（四）道口家庭，让优良学风传承流转

习近平总书记在全国高校思想政治工作会议上指出，要坚持把立德树人作为中心环节，把思想政治工作贯穿教育教学全过程，实现全程育人、全方位育人。在从“教”走向“育”的过程中，学院也在探索着学生工作中的新

思路，努力构建学院特色文化。

“随着学院规模不断扩大，教学项目也逐渐增多，项目与项目之间在一定程度上缺少沟通。在这样的背景下，我们成立了‘道口家庭’”，学院党委副书记、副院长王正位说道。

顾名思义，“道口家庭”是一个虚拟家庭的形式。它将在读硕博、MBA、EMBA、各类校友以及学院教职工融合起来，使这些“家庭成员”更紧密地联系在一起。“一方面增进各项目间的相互了解和沟通，例如在全日制项目的同学需要工作机会时，校友、其他项目的同学可以提供相应的帮助。另一方面，从教职工的视角来看，也通过这种方式更深入地了解了学生的需求”，王正位老师这样说道。“道口家庭”的建立促进了教育主体项目间的互通融合，标志着从“单”转向“全”的新模式落地。它在增进学院师生情感交流的同时融入思想政治教育，实现育人新生态的构建。

学院直接开展指导的家庭运行周期为两年，以在校生的在校时间为存续区间。每年 9 月新生入学后的招新季成立新家庭，在学院指导下开展线上线下活动，每一年的招新结束后，不再进行新成员的纳新工作，直至第二年新生入学时再成立新一批家庭。该批新生两年后毕业时，家庭转为自主运行，家庭成员自愿开展活动，成为校友活动的一部分。招新结束后，由学院领导与校友、EMBA 等“家长”群体通过座谈会等形式，深入沟通“道口家庭”的建设目标和计划，做好动员工作，明确“道口家庭”的目的，让“家长”们树立“以老带新”的责任感。两年的家庭周期结束后，“家长”们可自愿决定是否继续担任新一轮家庭的核心成员。同时，学院还建立了鼓励“家长”们加入学院内部建设的激励机制。

学院自 2013 年秋季学期首次启动“道口家庭”项目，至今已走过 9 个年头。特别是在 2019 年，道口家庭由原有的 12 个家庭扩充至 22 个，覆盖总人数提升至 800 余人。9 年来，道口家庭共计开展线下活动逾 200 次，活动内容涵盖读书会、观影会、生活心得交流、业界专家分享会、职业生涯探讨，以及户外踏青、登山、跑步、射击等体育活动，不仅加强了家庭内部的交流和建设，同时也为学院发展建言献策，传递正面思想、传播积极能量，家庭成员共进步、共成长，凝聚成为道口精神传承的重要力量。同时，各个道口家庭举办的丰富多彩活动为校友们营造了更多重返校园的机会。校友们在与其他家庭成员分享生活和工作经验的同时，建立起了和在校生之间的信息纽带。

上学只是人生的一个阶段，学习却是每个人的终身使命。搭建终身学习的平台一直是学院校友工作的重要内容。除了学院成立初期专门针对校友组织的两期“金融资本与科技创新的对话”培训项目以外，学院的一些公开课会对校友免费开放。这些活动和举措都为老校友提供了回母校再学习的机会。

在此基础之上，校友办、校友发展研究中心、清华校友总会五道口金融学院分会正式推出了“五道口校友终身学习支持计划”，促进校友与学院的共同发展。同时，学院根据校友们共同关注的热点议题策划“校友学习日”活动，邀请主题相关领域的业界专家、金融监管部门负责人、知名学者，免费面向学院各教学项目的校友开放，目前每年举办 4 次。学院搭建的平台为校友们的终身学习奠定了基础，也使代代学子将“不怕苦，敢为先，讲团结，重贡献”的传统传承下去、发扬光大。

星火家庭——聚是一团火，散是满天星

星火家庭是五道口金融学院成立最早的家庭之一，目前已经涵盖家长及学生五十余人。“聚是一团火，散是满天星”是星火家庭成立时的期许，也是现在最准确的描述。星火家庭的家庭成员横跨年龄、专业和地域，家长中既包含在业界工作的金融市场从业者，也涵盖多位学院的教职工。星火家庭成立至今，保持着至少每学期举办一次活动的频率，曾举办过游玉渊潭、登蟒山、观鸟巢、文化创业踏青游等共同出游的活动，这些活动增加了家庭中已经工作的家长以及还在读书的学生之间的交流机会。同时，家庭活动也包括畅谈金融局势，分享人工智能在金融领域的应用等学术专题活动。每一次活动的举办带来的是不同背景、不同年龄阶段的思想碰撞，给家庭中的每一个人都能够带来启迪。学生的朝气蓬勃与家长的思想闪烁汇聚在一起，迸发出不一样的火花。

从学生的角度，成为星火家庭的一员不但使他们在与家庭成员们互动的过程中感受温馨，也因为和年长者的交流而收获了更加清晰的职业规划，以及对学习生活更深刻的认识。2018 级硕士生魏嘉颐是星火家庭的成员之一，她认为无论是家长们在做人做事上的品行教导，或对市场、行业的精准洞察

分析，还是师兄师姐在生活学习上的无私分享与帮助都让她受益匪浅。差异的碰撞让家庭成员们有机会对实操乃至学术专业知识的理解进行深入修正和补充，培养能够尊重和感受每一种人生选择的心智。2018 级硕士苏泽渊认为家庭成员日常在事业以及学业中都十分繁忙，而且可能正在遭遇瓶颈期，星火家庭能够利用短暂的交流时间提供情感联通、思想碰撞以及观点交流，是一个有高度、有广度、也有温度的家。2018 级硕士王子铭认为，与家庭中的家长进行交流不像是学习中与师长的交谈，或者在实习过程中与上司的沟通，而是真正像在家一样放松，在忘记压力和烦恼的过程中成长。

除了学生之外，家长在参与道口家庭的活动中也能有所启迪和收获。星火家庭的家长是五道口金融学院 EMBA、MBA 以及金媒班等项目的学生，其中还有不少是本科阶段就在清华读书的老校友。与年轻群体的交流可以让他们感受到青春活力，甚至能找到工作中的灵感。

■ 图为星火家庭参与学院第八届“吾道清春·一廿久期”学生节合唱

第六章

攻关科研，引领金融实践

“科研不仅仅是为了学术兴趣，做研究一方面要有严谨科学的方法，另一方面也应该‘接地气’，研究应该面向解决中国的重大问题。”这是学院理事长吴晓灵对科研队伍的寄语，也是学院在科研工作中一直贯彻的理念，体现着五道口人的家国情怀和时代担当。

与中国金融实践的紧密联系造就了五道口独特的科研特质。学院原副院长、金融学讲席教授周皓在采访中指出，五道口是最早在国内讲市场经济的院校，那一代人的使命就是为社会主义市场经济建设提供建议、输送人才。2012 年以来的十年，中国从中等收入国家逐渐走向世界前列，全面建成小康社会，迈向中华民族的伟大复兴，这定义了我们这一代人的使命。新一代五道口人要以宏观金融、公司金融、资产定价三个学科方向为核心，立足中国金融研究实际，关注跨学科交叉融合，推动行为金融、国际经济、金融科技、中国金融问题四个重点方向的发展，实现传统优势学科方向和新兴学科相辅相成，形成一系列具有影响力的高质量研究成果，引领中国金融实践。这要求科研人员具备国际一流的学术水准，有能力在世界舞台阐述中国金融故事。“这与当年的使命一脉相承，”周皓老师说道，“就是对中国的金融实践、社会经济实践的深切关怀，只有真正关心实际发生的事，才能写出好的政策建议，才能讲出好的学术故事。这是连接五道口人的纽带。”

站在百年未有之大变局的历史关口，面对复杂多变的世界经济形势，学院以理论为实践领航，切实地将研究成果转化为实践中的生产力，主动建立起扎根中国大地，立足于国情的研究导向，直面中国改革开放和经济社会发展的前沿问题和重大关键问题。

目前，清华大学五道口金融学院已形成由清华大学国家金融研究院、清华大学金融科技研究院两个校级研究院和 33 个院级研究中心组成的科研机构体系，学术研究与政策研究两翼齐飞，学术水平和智库影响力不断提升。

一、以一流的学术能力为“帆”

近年来，随着成功引进多位享有国际声誉的全职师资，学院的学术水平和科研总体实力跃升到了新的高度。学院的学术研究布局日益清晰，科研平台日臻完善，产学研合作的模式日趋多样、规模日益扩大，在科研创新能力飞速提升的同时扩大了社会影响力。

（一）学术课题攻关

在访谈中，学院金融学讲席教授鞠建东这样理解学院的科研特色，“五道口是学术、政策和市场三方面交汇的地方，这是我们重要的特色，我们不仅做学术研究，而且还和市场和政策有紧密联系。学院搭建起一个个学科平台，吸引最优秀的学者和金融实践者，就其感兴趣的研究领域成立专门的研究团队，为研究工作提供了有力的支撑。”

1. 学术论文：聚焦中国市场，探索学术前沿

“在追踪国际顶级金融期刊的论文时，我发现很多有影响力的学者都来自同一个研究单位——PBC School of Finance, Tsinghua University，让我获得学术灵感的启发之余，非常渴望有一天可以与这些学术著作的作者面对面地请教问题、交流思想”，学院一位博士研究生这样说道。

如何衡量科研团队的学术能力？学院常务副院长廖理提到了这样一个指标：教授在国际三大金融学顶刊上的平均发文数量。学院不“唯论文”，但国际一流的论文发表是学术水平的一个重要体现。截至 2021 年底，学院全

职正教授在顶级期刊上平均每人发表的 A+ 类论文超过 7 篇，领先于亚洲其他金融院系。依靠多年在学术领域的深耕，学院大力延揽世界顶级的金融学者，不断探索金融前沿理论与实践问题，在国际经济金融顶级期刊上发表了大量研究成果，成为金融业内公认的学术殿堂。

学院自成立以来，在国内外一流学术期刊上发表或被接受高水平学术论文共 311 篇。其中，在《美国经济评论》（*American Economic Review*）、《金融杂志》（*Journal of Finance*）、《金融经济学杂志》（*Journal of Financial Economics*）和《金融研究评论》（*Review of Financial Studies*）等 A+、A 类国际顶级经济金融学期刊发表或被接受论文 101 篇，在中文核心期刊发表或被接受论文 69 篇，共占论文总数的 55%，国内外发表的数量和质量均处于较高水平。4 篇论文被列为 ESI 高影响力论文，包括 3 篇高被引论文（最近 10~11 年发表论文中被引次数进入世界前 1% 的论文）和 1 篇热点论文（最近两年发表、在最近两个月里被引用次数进入世界前 0.1% 的论文）。多篇代表性成果获得教育部高等教育优秀成果奖、孙冶方金融创新奖，以及国际国内顶尖学术期刊最佳论文奖，产生广泛的学术影响力。田轩等撰写的论文“How does Hedge Fund Activism Reshape Corporate Innovation”发表在 *Journal of Financial Economics* 上，通过探索对冲基金干预对于企业创新的影响，回答了长期以来业界、学界关于对冲基金积极主义动机的质疑，并荣获由该金融学顶级期刊颁发的 2018 年度詹森奖（Jensen Prizes）一等奖，这也是田轩继 2012 年以独立作者身份获奖之后第二次获得该奖项；学院青年教师安砾独立完成的论文“Asset Pricing When Traders Sell Extreme Winners and Losers”在 *Review of Financial Studies* 上发表，被全球会员推介为新晋重要学术研究成果的期刊 CFA Digest 所报道转载，获得国际投资业界的高度评价和广泛认可，并获得第八届教育部高等教育优秀成果奖（青年成果奖）。

“扎根中国大地，研究中国问题，讲好中国故事”是学院教授们提到的共同课题。廖理老师指出，“学术研究要关注中国金融实践，既要‘站起来’思考顶层设计背后的考量，也要‘俯下身’了解普通老百姓的关切。”在副院长张晓燕看来，“中国金融领域内很多研究课题还处于起步阶段，如中国债券市场的发展、人工智能在财富管理中的应用、中国散户行为的研究等，这些问题不仅具有学术价值，而且具有很大的实际意义，对社会也会有很大的贡献。”聚焦中国金融在改革和发展中所面临的核心问题，学院研究团队在国际顶级经济金融期刊上发表了多篇高水平论文，引起国内外学术界对中国金融问题的深入研究，对推进相关金融实践产生了深远影响。

国内网贷行业一度爆发式增长，廖理、王正位研究团队合作论文“Venture Capital Certification and Customer Response: Evidence from P2P Lending Platforms”在 *Journal of Corporate Finance* 上发表，是首篇被国际重要金融学术期刊接收的研究中国网贷行业的学术论文，在网贷平台质量良莠不齐的背景之下，该问题的研究尤其具有价值；廖理、王正位研究团队合作论文“User Interface and First-hand Experience in Retail Investing”被国际顶尖金融学术期刊 *Review of Financial Studies* 接收，是第一篇被国际顶级金融刊物接收的国内学者的金融科技论文，为理解金融科技时代投资者投资行为方面提供了新的角度；张晓燕与合作者撰写的论文“Potential Pilot Problems: Treatment Spillovers in Financial Regulatory Experiments”在 *Journal of Financial Economics* 上发表，文章研究了 2005 年到 2007 年美国证监会做空制度改革的经济影响，对中国股票市场建立科学、成熟的融券制度有重要指导意义；周皓、施展与合作者撰写的论文“Specification Analysis of Structural Credit Risk Models”在 *Review of Finance* 上发表，通过对美国数据的考察，为如何建立适用于中国市场的结构化模型提供了思路；陈卓及其合作者撰写的论文“The Financing of Local Government in China: Stimulus Loan Wanes and Shadow Banking Waxes”在 *Journal of Financial Economics* 发表，探究全球金融危机、中国 2008 年“四万亿”财政刺激计划，以及中国 2012 年之后影子银行高速扩张三者的内在关联和相互作用机制，强调市场力量在其中扮演的重要角色。

学院立足国内领先、国际一流的金融学术、政策研究平台，努力推动中国金融改革和发展的政策研究，为将前沿学术研究运用于政策分析提供开放式平台。2015 年，在社会科学科研计算机网（SSRN）上建立的“清华大学五道口金融学院—清华大学国家金融研究院”论文序列 [PBC School of Finance & National Institute of Financial Research （PBCSF-NIFR） Research Paper Series]，促进了学者、从业者和政策制定者间的交流。作为首家加入 SSRN 论文序列的中国高校和科研机构，进一步提升了学院国际学术影响力。

目前，论文序列收录学院教师工作论文 98 篇，下载量达 41783 次，其中 8 篇工作论文下载量超千次。学院教师工作论文被 American Finance Association （AFA）、Society for Financial Studies （SFS） Cavalcade、Asian Finance Association （AsianFA） Annual Meeting 等国际顶尖学术会议接受并在年会中宣读，并获得多个学术会议最佳论文奖，还有部分工作论文位列 SSRN 前十位。

2. 学术著作：硕果累累，社会影响显著

一本著作的出版往往是作者“十年磨一剑”的结果，是其多年学术研究成果的集中展示。截至 2021 年底，学院已出版著作 40 部、著作章节 12 篇，内容涉及互联网金融、家族企业、行为金融、企业创新、金融危机等金融热点问题，在社会上产生了广泛影响。

曹泉伟、陈卓等自 2016 年起每年出版《中国公募基金研究报告》和《中国私募基金研究报告》，通过定性的归纳总结和大量的数据分析，力求以客观、独立、深入、科学的方法，对我国公募基金行业和私募基金行业的基础性、规律性问题做出深入分析，加深对公募基金和私募基金发展现状的理解；廖理主编《全球互联网金融商业模式——格局与发展》，全面介绍了互联网金融的发展类别以及典型的商业模式案例，推动我国互联网金融的创新发展，并基于本书成果开发了新型商业信用融资服务工具；马骏牵头编撰的《构建中国绿色金融体系》，系统阐述了构建我国绿色金融体系的必要性和可行性，提出了 14 条政策建议和具体实施路径，该书的主要建议被中共中央、国务院《生态文明体制改革总体方案》、七部委《关于构建绿色金融体系的指导意见》等政策文件所采纳，并获得 2019 年度中国软科学奖；田轩所著的《创新的资本逻辑》，围绕如何运用金融手段激励企业技术创新、如何更有效地为企业进行融资两大主题展开，是国内第一本基于原创成果、系统介绍金融与创新前沿理论与实践的学术参考书，被人民日报、金融时报等权威媒体争相报道。

《全球互联网金融商业模式——格局与发展》出版

图为《全球互联网金融商业模式——格局与发展》一书

从 20 世纪 80 年代开始，以互联网为代表的信息技术快速发展，也带来了人类生产和生活方式的巨大改变。在金融领域，互联网技术和金融业的不断融合产生出我们称之为“互联网金融”的产品和商业模式。纵观互联网金融在世界各国的发展，我们把其商业模式分为四类：传统金融的互联网化、基于互联网开展金融业务、全新的互联网金融商业模式以及互联网金融信息服务。

在《全球互联网金融商业模式报告（2015）》的基础上，本书全面丰富了四大类各个子类的互联网金融创业企业和商业模式。为此，研究团队还专门奔赴美国，访问了波士顿和纽约的近 40 家互联网金融创业企业，联合欧洲的学者调研了部分欧洲的互联网金融创业企业，极大地丰富了可供考察和研究的互联网金融商业模式数据库。除此之外，本书还涉及有关中国的内容：一是蓬勃发展的互联网消费金融；二是大型的互联网金融集团。

3. 科研项目：关注我国金融现实问题

学院自成立以来，共承担科研项目 207 项，其中包括国家自然科学基金 17 项、全国哲学社会科学基金 4 项、北京高校卓越青年科学家计划 1 项、北京市及其他部委委托项目 40 项、中国博士后基金项目 21 项、清华大学自主科研计划 3 项、国际合作项目 16 项、企事业单位委托项目 101 项、其他项目 4 项。科研项目涉及我国经济发展的各个层面，聚焦金融领域中的难点核心，致力于服务国家方针战略规划，充分发挥政策咨询的功能。

2020 年，新型冠状病毒肺炎疫情暴发以来，如何应对以新冠肺炎疫情为代表的重大突发公共卫生事件对中国经济高质量发展的结构性冲击、如何倒逼经济结构转型升级并将不利的外部条件转化为内生发展动力，成为亟待研究解决的现实问题。学院获批的国家自然科学基金应急项目“重大突发公共卫生事件对我国经济高质量发展的影响及对策”，基于公开数据和疫情期间学院与证监会上市部联合开展的问卷调查信息，从宏观、中观、微观三个维度解构重大突发公共卫生事件对我国经济高质量发展的影响，提出在疫情等重大不确定性因素下应对突发事件的柔性和韧性战略建议。

学院主持的各类重大科研项目，结合前沿金融理论与实践，聚焦国家金融领域的难点、核心问题。全国哲学社会科学基金重大项目“妥善处置中美经贸摩擦风险研究”，分四个层次对中美经贸摩擦的成因进行分析，采用经济学前沿的结构模型量化评估摩擦风险，并提出了有针对性的政策建议。国家自然科学基金重大项目“互联网背景下金融机构创新规律与业绩表现研究”，从互联网背景下的金融机构创新出发，利用交叉学科知识，研究传统金融机构和新兴互联网金融机构的创新激励机制、创新演化规律、创新风险防范及绩效表现等问题，以更好地服务于互联网大数据时代的金融实践和金融监管。国家自然科学基金重大项目“中国资本市场的行为特征研究”，结合我国社会特征、制度变革和金融市场面临的问题，从多层次资本市场的角度，探究我国股票市场、传统信贷市场、新型信贷市场、“影子银行”、“沪港通”等金融市场和产品的影响因素和作用机制，科学解释资本市场的诸多“异象”，为加强金融市场监管、保护投资者利益、提高资本市场效率、服务实体经济提供了科学依据。

2013 年，习近平总书记提出建设“一带一路”倡议后，学院主动服务国家战略，主持了“绿色金融全球领导力项目和‘一带一路’绿色投资研究”“促进 BRI 绿色发展的绿色金融政策研究”等 10 个国际合作项目，就发展绿色金融开展经验交流和学术研究，推动“一带一路”投资绿色化，开发相关绿色投资方法论和工具，促进国内外相关机构更好更快发展绿色金融市场，从而推动实体经济向绿色与可持续发展转型。同时，总结金融支持“一带一路”的经验教训，为“一带一路”绿色发展战略提出相关政策建议。

我院“重大突发公共卫生事件对我国经济高质量发展的影响及对策”课题获得国家自科委专项资助

2020 年 4 月，经过国家自然科学基金委员会组织专家评审，由我院教授田轩主持申报的“重大突发公共卫生事件对我国经济高质量发展的影响及对策”课题，入选“新冠肺炎疫情等公共卫生事件的应对、治理及影响”专项项目资助名单，获批立项。

2020 年 2 月 24 日，国家自然科学基金委员会“新冠肺炎疫情等公共卫生事件的应对、治理及影响”专项项目指南一经发布，便得到了学界的热烈关注和广泛好评。在前期形式审查、学部初筛初选、主任（扩大）办公会议、专家初评会等程序基础上，会议评审专家组经过认真评阅选介和充分讨论，从受理的 1869 份申请中，最终投票遴选出 20 项拟资助项目，项目资助期限为 1 年。

2020 年 1 月开始，研究团队就开始密切关注新冠肺炎疫情对我国经济高质量发展的影响。针对疫情之下的经济影响、复工复产、“两会”推迟召开、宏观政策制定等问题，研究团队共撰写政策建议 13 篇。同时，为了拓展专题研究的广度和深度，研究团队还向学术界及业界发起了广泛征集专家学者意见建议的呼吁，并已形成社情民意报告上报上级主管部门，为政府决策提供参考。研究团队的工作也得到了多家中央媒体和主流媒体的关注，其中题为《使疫情防控与企业复工良性互动》的政策建议文章被“学习强国”APP 收录和推荐。

新冠肺炎疫情是一次重大突发公共卫生事件，对我国医疗卫生体系提出重大挑战，也对我国经济社会造成较大冲击。国家自然科学基金委管理科学部此次围绕重大突发公共卫生事件的疫情防控应对与管理、治理机制、经济影响及对策、社会管理四方面内容凝练科学问题，形成 18 个具有很强针对性和实效性的研究题目，旨在遴选支持具有相关领域数据、研究基础并与疫情实际参与部门密切合作的科研人员，通过开展前瞻性、基础性、回顾性和实证性的联合研究，揭示实际问题背后的科学内涵和机理规律，提出科学可靠、指导实践、落地生效的针对性理论与方法支撑和政策建议。

《疫情下的中小微经济恢复状况——基于百万量级中小微企业经营数据的分析》研究报告正式发布

2020 年 4 月 13 日，《疫情下的中小微经济恢复状况——基于百万量级中小微企业经营数据的分析》研究报告发布，该报告由清华大学五道口金融学院互联网金融实验室、清华大学五道口金融学院产业金融研究中心、清华大学五道口金融学院智慧金融研究中心、北京道口金科科技有限公司联合课题组完成。报告利用脱敏后的百万量级中小微企业的税务、发票、支付、工商等多个数据源整理的企业经营类数据，构建全国、各行业、各地区以及小微企业的“道口中小微经济恢复指数”，研究我国中小微企业在此次疫情冲击下的经济恢复状况。课题组将对报告中的道口中小微经济恢复指数进行定期更新。

为了从企业营业收入角度研究中小微企业经济活动恢复状况，本报告将通过企业经营类数据整理后的“营业金额”这一指标来构建经济恢复指数，其中“营业金额”指标涵盖了企业所有商品交易、提供服务以及其他经营活动的营业收入记录。具体而言，道口中小微经济恢复指数定义为每月营业总额相对于去年同期营业总额的比值。本报告基于大数据对我国经济活动恢复状况进行分析，数据具有大体量、高频率、实时性以及覆盖面广等特征。目前数据包含脱敏后的全国中小微企业用户总量为百万量级，数据涵盖了企业用户从 2019 年 1 月至 2020 年 3 月的日度频率营业金额信息，并且实时更新。其中，总共包含 1.73 亿条企业 / 日营业记录，7.84 亿条交易记录，交易记录总额为 14.53 万亿元。

在疫情影响及经济恢复问题的研究中，最大难点在于准确观测真实经济活动恢复情况。目前的研究主要利用调查问卷对企业进行调研或者通过另类数测算员工返岗率等。基于企业经营大数据的道口中小微经济恢复指数有以下优势：首先，企业经营类数据直接反映了中小微企业的交易活动，从而可以利用该数据来衡量企业的经营活动和营业收入，因此以道口中小微经济恢复指数来衡量中小微企业的经济活动恢复程度更具有经济意义；其次，通过对本文全量样本企业经营类数据的分析，可以较为完整地反映我国中小微企业经济活动的恢复形势；第三，本报告数据更新速度快，可以对企业经济活动恢复水平进行更实时、迅速的分析；最后，本报告数据具有大数据优势，可以对企业经济活动恢复状况进行细颗粒度、多角度和交叉维度的分析。

为了研究中小微企业在全国层面的经济活动恢复程度，本报告利用 2020 年所有企业样本的经营活动营业额月度同比数据作为全国道口中小微经济恢复指数。在国内疫情较为严重、各地防控疫情措施严厉的2月份，全国道口中小微经济恢复指数为33.3%。随着全国各地疫情控制获得显著效果以及复工率的逐步上升，全国中小微企业在3月份的营业额相比于2月份有大幅增长（增加了约3000亿元），环比增长了141.4%，道口中小微经济恢复指数上升至41.1%。

本报告利用丰富的企业经营类大数据来量化测算疫情冲击对中小微企业收入的影响。回归模型结果显示，截至2020年3月31日，新冠肺炎疫情冲击在整体水平上会使得中小微企业收入降低69.5%。从地区来看，疫情冲击对湖北、湖南等地的中小微企业收入的影响最为严重；从行业来看，住宿和餐饮行业、建筑业、教育业、房地产业、制造业、租赁和商业服务业的中小微企业收入受疫情的负面影响最大。

整体而言，研究疫情下的企业经济活动恢复状况以及疫情对经济的具体影响既具有学术价值，也具有现实意义。基于百万量级中小微企业经营大数据的分析，道口中小微经济恢复指数可以反映中小微企业经济活动恢复的实时状况，为政策制定机构提供最新情况从而有利于制定更具有针对性的企业扶持政策。

（二）搭建国内外金融学术交流的平台

长期以来，学院努力为国内外金融学者搭建沟通交流的平台，从多方面推动学术观点的碰撞，吸引国际学术界关注中国金融问题，促进国际化的学术交流。海内外名家云集的清华五道口全球金融论坛，迄今已成功举办7届，在国内外引发强烈反响和广泛关注，成为金融领域高度认可的高品质论坛。中国金融学术年会、中国宏观经济国际年会、中国金融科技学术年会等一系列高端国际学术会议，为国内外金融学界、业界的学术交流提供了高水平的开放平台，已成为立足中国、面向世界的国内顶尖高端学术会议，有效推动对中国金融问题的深度研究和探讨。年会直面当下中国金融发展中最迫切的问题，为中国及世界经济金融发展贡献了不朽的智慧和力量。同时，学院与美联储、金融研究协会、加拿大央行等国际顶尖金融机构积极合作，承办国际顶尖学术会议，打造与国内外金融学界业界的高水平交流平台，推动全球对中国金融问题的关注和研究，极大提升了学院学术水平和国际影响力。为进一步促进学术交流，学院每周还举办高质量、专业化的学术研讨会，鼓励院内外教师、专家和学生的思想碰撞和深入交流。

1. 独具影响力的品牌学术盛会

清华五道口全球金融论坛由清华大学主办，清华大学五道口金融学院承办，清华大学国家金融研究院、清华大学金融科技研究院协办，旨在关注全球金融发展的新思想、新趋势、新实践、新动力，聚焦世界与中国、改革与政策、学术与实践三大层面问题。自 2014 年首届论坛成功举办至今，清华五道口全球金融论坛已发展成为学院独具影响力的品牌学术盛会，成为监管机构、业界、学界定期沟通交流的重要平台。截至 2021 年，论坛已成功举办 7 届活动，分别聚焦“改革—发展新征程”“新常态，新金融”“经济全球化与金融业规范发展”“新时代金融改革开放与稳定发展”“金融供给侧改革与开放”“金融战疫，共克时艰”“新格局，新发展，新金融”等主题，在国内外引发强烈反响和广泛关注。论坛同时移师广州、上海、杭州、香港等地举办峰会和系列论坛活动，从当地视角出发设置主题方向，促进跨地域、跨行业的深度沟通，多维度支持地方经济发展，寻求中国经济金融改革与发展的路径。

张晓慧院长表示，每届论坛都力求紧扣时代主题，把握时代旋律，聚焦全球金融发展和中国金融改革的热点和难点问题。2020 年，面对突如其来的新冠肺炎疫情，论坛首次从线下转至线上，以演播室在线直播形式举办。参与论坛直播的平台达 35 个、参与报道的媒体 46 家，官方直播平台“清华五道口云课堂”和 13 个学院自媒体平台形成矩阵式论坛直播报道，在线观看量达到 1886 万人次。学院首次在英文官网、学院官方推特（Twitter）上同步进行英文直播，得到国际社会的广泛关注。尽管不能面对面交谈，论坛搭建的云平台依然为中外金融学者提供了沟通桥梁。

7 届论坛共邀请到 500 余位演讲嘉宾，“一行两会”等监管部门领导给予大力支持，多位金融机构及地方政府领导、行业协会负责人等重量级嘉宾出席论坛并讲话；海内外政界、金融界重量级人物出席论坛并发表演讲，包括外国前政要、金融监管部门负责人、诺贝尔经济学奖获得者、著名经济学家等。此外，国际一流商学院学者倾情参与，浓厚的学术氛围成为大会一大亮点，来自哈佛大学、康奈尔大学、欧洲工商管理学院以及清华大学等学术界人士进行交流与碰撞，成为中国与世界金融界对话交流的重要平台。

2021 清华五道口全球金融论坛在京成功召开

2021 年 5 月 22—23 日，2021 清华五道口全球金融论坛“新格局，新发展，新金融”在北京隆重召开。来自政、商、学界的全球嘉宾线下参会、线上相聚，围绕世界与中国、市场与监管、学术与实践三大层面问题，探讨疫情影响之下世界及中国经济金融的当下和未来。通过两天的深入交流对话，本届论坛取得了一系列重要成果，吸引 70 余家中外媒体及平台参与直播、报道，引起社会各界广泛关注和热烈反响。

在论坛开幕式上，时任清华大学校长邱勇（现任清华大学党委书记）代表主办方致辞。邱勇表示，在当前形势下，金融作为国家重要的核心竞争力和国之重器，大有可为，也应大有作为。加快构建以国内大循环为主体、国内国际双循环相互促进的新发展格局，既呼唤金融支撑，也需要金融提供更好的服务。邱勇指出，清华大学一直高度重视金融学科建设，始终支持五道口金融学院打造国内领先、国际一流的金融高等教育平台，开展高质量、有影响力的学术研究和政策研究。面向未来，希望论坛充分发挥沟通金融行业学界业界的窗口功能，充分发挥促进国际交流合作、参与全球经济治理的平台作用。希望五道口金融学院基于我国改革发展实践提出新观点、发展新理论，努力构建中国特色、中国风格、中国气派的学科体系、学术体系、话语体系，推动清华金融学科建设和国家金融事业发展不断迈上新台阶、取得新成就。

图为邱勇致辞

2. 立足中国、面向世界的高端国际学术会议

金融领域的国际学术会议，即便是在中国召开的，接收的文章中往往也

有很大比例是研究海外问题的。要研究中国金融问题，用国际通行的话语讲述中国金融实践，首先就需要吸引全球学者更多地关注中国。在这样的背景下，学院发起主办了中国金融学术年会、中国宏观经济研究论坛、中国金融科技学术年会等多个立足中国、面向世界的高端国际学术会议，在世界范围内积极推动对中国金融问题的深入研究和探讨。

中国金融学术年会由清华大学五道口金融学院和清华大学国家金融研究院联合发起举办，自 2016 年以来，已成功举办 5 届。中国金融学术年会为国内外金融学界、业界提供了一个国际化高水平的学术交流平台，不仅鼓励对中国金融问题的研究，而且致力于推动最新研究成果尽快应用于中国金融改革和发展实践，促进中国现代金融体系建设和金融创新。学院科研办主任戎蕾说道，“我们从最初就明确了一个理念，接收的文章要和中国相关。刚开始的时候几乎都是中文论文，英文论文特别少。这几年英文论文数量一直在增加，到现在已经和中文论文逐渐持平，而且水准越来越高。”这表明全球金融学者对中国经济发展的关注日益提升，也使更多的学者愿意从国际视角来研究中国经济金融问题。经过 5 年的发展，年会已累计收到投稿 2034 篇，入选宣读论文 208 篇，参会人数超过 3000 人次。

2021 中国金融学术年会在京召开

2021 年 7 月 3 日至 4 日，由清华大学五道口金融学院、清华大学国家金融研究院联合主办的 2021 中国金融学术年会在京召开，共有来自海内外的 1300 余位金融学者注册参会。嘉宾们围绕中国金融经济问题的最新学术研究，进行了广泛交流与深入研讨。

图为张晓燕教授为获奖论文作者颁奖

本届年会共收到来自世界各地的学术论文投稿 534 篇，投稿范围涉及有关中国金融问题的各个重要学术与政策领域，包括资本市场、公司金融与公司治理、行为金融学、宏观经济学、中国金融热点问题等。论文评审委员会经过审慎评选，最终确定 36 篇论文在年会中进行专题报告与讨论，录取率约 7%。论文评审委员会由 88 位海内外知名学者组成，时任清华大学五道口金融学院副院长、金融学讲席教授周皓，以及清华大学五道口金融学院副院长、鑫苑金融学讲席教授张晓燕任论文评审委员会主席。

2018 年，为将新结构经济学理论与中国宏观经济现实进一步结合，促进中国宏观问题的学术研究和国际交流，学院发起举办了中国宏观经济国际年会，旨在为全球学者搭建聚焦中国和全球宏观经济问题的交流平台，为中国经济改革、发展、创新提供智力支持与政策建议。至今，年会已举办 3 届，累计宣读论文 138 篇。

近年来，移动支付、众筹、网络借贷等互联网金融领域迎来爆发式发展，而金融科技在赋能金融机构、为其带来效益的同时，也面临系统性金融风险和监管缺失等严峻挑战。对金融科技的研究日益成为金融领域新热点，2019 年，学院主办的中国金融科技学术年会应运而生。会议由学院设立的“金融科技教育与研究五十人论坛”发起，旨在推动对金融科技领域重要问题的深入研究，交流最新成果，致力于成为金融科技领域跨学科研究平台、政策建言平台、交流合作平台和创新孵化平台，为促进全球金融科技行业创新发展贡献力量，目前已成功举办两届。

3. 让学术交流成为日常生活

学院的学术活动并不限于那些“高大上”的论坛、年会等，对学术发展而言，更重要的是常规的、高频次的学术交流。它如涓涓细流，注入学院的日常研究之中。高水平、高质量、专业化的学术研讨会，成为促进师生日常交流、提升学术研究氛围、推动学院科研发展的重要方式。

自 2013 年起，学院定期举办清华五道口系列学术研讨会，已累计举办 244 场，吸引众多海内外一流金融学者来访。自 2016 年起，学院进一步设立针对细分研究领域的清华五道口学术讨论会系列，包括鑫苑宏观金融与资产定价学术讨论会、国际与宏观经济学术讨论会、凤凰学术讨论会，已举办 237 场。

“我们借鉴海外商学院一个很好的模式，即学术研讨会制度，学院层面每周会举办一次学术研讨会，各研究中心每周会就不同领域举办 2~4 场讲座，要求博士生和研究人员参加。把学术研讨会用制度固定下来的做法，在国内高校比较少见，是营造学术氛围、夯实学术基础、构建学术共同体文化的重要举措，大大提升了学院在国内外学术界的地位和影响力”，张晓燕老师介绍道。学术研讨会上，教师们会介绍尚未发表的论文。在大型会议接收论文之前，通过这样的演讲，不仅传递新知，还可以吸纳专业人士的意见建议，教师之间、师生之间由此碰撞出很多火花，有的老师由此找到新的研究方向与合作者。

4.《清华金融评论》架起沟通的桥梁

《清华金融评论》自 2013 年创刊以来，经过 9 年的积累和打磨，已成为专注经济金融政策解读和政策建言的一流智库交流平台，是学院密切联系监管、学界和金融业界的重要桥梁。

正如2019年时任学院名誉理事长刘鸿儒对《清华金融评论》提出的希望：“中国金融改革已经进入到艰难的深化推进阶段，以前我们是从计划经济向市场经济改，那么现在则是中国的市场经济和中国金融要融入国际，向国际化进行进一步改革，这就很复杂，因为制约因素太多，受国际影响大，阻力重重，推进艰难。因此很多实际问题更需要理论指导，这些问题没搞清楚不行，必须下力气从各个方面推进研究工作。《清华金融评论》既有教学力量、科研力量，又有实践部门的支持，一定要在关键点上下功夫，在改革的新征程上发挥理论指导作用。”

在老领导的殷切嘱托下，《清华金融评论》向更高、更深层次的理论知识转化目标迈进，提出了“平台智库化、内容观点化、功能立体化、视野国际化”四化发展战略。

——平台智库化，着重打造专注于经济金融政策解读与建言的智库型全媒体平台。文章是专家思想的凝练，但《清华金融评论》希望呈现的不仅仅是一篇篇文章和一本纸质刊物，而是希望通过举办活动、业务咨询以及课题研究等方式充分发挥专家资源的作用，使专家的声音更加立体化；

——内容观点化，重点在文章内容上下功夫，力求全方位、多角度，更加强调文章的前瞻性、思想性和实践性，使文章的观点更加鲜明，评论的属性更加突出，传递的声音更加精准，要敢于“亮剑”；

——视野国际化，以选题策划为切入点，加快国际化步伐，汇聚更多高质量国际资源，实现向世界传递中国的声音、向中国传递世界的声音；

——功能立体化，以媒介形态多元化为目标，除传统纸质刊之外，不断完善电子刊、会议活动、金融家理事会、研究咨询、榜单评选等产品体系，并通过微信公众号、官网等新媒体平台，实现音频、视频等整合传播，使《清华金融评论》政策解读和建言的功能更加立体化。

2020 年，新型冠状病毒肺炎疫情暴发，给办刊和线下论坛活动的举办带来了巨大影响。与此同时，智能手机的普及逐步改变了人们的生活方式和阅读习惯，数字技术也日臻成熟地运用于期刊内容和管理之中。顺应时代趋势，《清华金融评论》在“四化”发展战略的基础上又增加了“一化”——经营数字化。

突如其来的疫情加速了学院线上学习平台“清华五道口云课堂”的问世。云课堂上线后，《清华金融评论》将品牌活动“金融大家评”搬到线上，作为云课堂的重要特色栏目之一。截至 2021 年 6 月，云课堂先后推出关注金融行业发展的“战疫情”专题、直击华尔街解读全球投资格局变化的“华尔街热线”专题、讨论大数据技术在投资领域中应用的“大数据”专题等，共 22 期，全网在线累计超过 520 万人次。同时，《清华金融评论》也推出了专门为读者打造“从零到一、举一反三、融会贯通”的完整、体系化的金融学习平台——“金融微课堂”，在微课堂上推出基金经理视角的股票量化投资、基金经理视角的基本面分析与价值投资、基金经理视角的股票投资与估值、金融思想课——帮你打开金融之门主题共 4 期。《清华金融评论》副主编张伟认为，“很多针对疫情的研究，最终让政策制定者找到了短期和长期解决问题的‘药方’。《清华金融评论》发挥了智库平台功能，通过收集、整理专家观点、定向约稿、举办线上活动等多种方式，汇聚了大量的政策建议，供决策者参考。”

《清华金融评论》将“引领金融实践”作为发展使命，充分发挥学校和学院教学和科研优势，联合研究中心共同发布行业报告和榜单，承担学校和外部机构多项横向和纵向研究课题等。截至 2021 年 6 月，《清华金融评论》联合清华大学国家金融研究院民生财富管理研究中心、清华大学国家金融研究院资产管理研究中心、清华大学金融科技研究院鑫苑房地产金融科技研究中心，连续 5 届发布“中国基金风云榜”和“全球证券投资基金行业年度回顾”；联合行业机构，就资产配置、普惠金融、保险机构竞争比较、民营银行、国有资本运营公司研究等领域展开深度研究，研究成果对促进行业和机构发展起到重要作用；自 2019 年起，连续三年承担学校“双高计划”课题，通过调研走访、专家咨询、会议研讨等形式，分别就“提升《清华金融评论》办刊的政策影响力”“如何利用数字化技术提升期刊影响力”“智库化建设助力期刊影响力提升”等进行研究。

截至 2021 年 6 月，《清华金融评论》共出版 96 期，其中包括 5 期增刊；积聚了 2000 余位监管机构、学校、研究机构、商业机构等领域的国内外专家；微信公众号、新浪微博、今日头条号等新媒体平台关注的读者累计达 47.88 万人；举办线上线下特色品牌活动 190 余期，其中金融大家评 39 期、道口形势分析会 17 期、读者见面 12 期、基金行业论坛——全球基金投资与量化峰会 6 届 10 期；在深圳、广州、杭州、香港、西安等地，承办清华五道口全球金融论坛区域峰会 7 期。

清晰的战略规划和科学的经营体系让《清华金融评论》在纸媒江河日下的大趋势中实现逆袭。2014 年《清华金融评论》被国家新闻出版署认定为第一批学术期刊，2019、2020 年均获得国家哲学社会科学文献中心学术期刊数据库年度经济学最受欢迎期刊。2021 年更是《清华金融评论》荣誉的丰收年，不仅连续第三年获得国家哲学社会科学文献中心学术期刊数据库年度经济学最受欢迎期刊，还入选了中国科学院科技战略咨询研究院、爱思唯尔出版集团、中国知网联合发布的首批《智库期刊群（1.0 版）》。2021 年 10 月，在由中宣部出版局主办、中国期刊协会承办的第五届“期刊主题宣传好文章”推荐活动中，《清华金融评论》推荐的“金融扶贫助力脱贫攻坚”组文成功入选。该活动是全国优秀出版物宣传重点推介活动之一，此次《清华金融评论》是唯一一本入选的金融期刊。

据《清华金融评论》副主编张伟介绍，未来《清华金融评论》将充分利用专家资源的优势，继续发挥和加强智库组织的作用，力争通过“平台智库化、内容观点化、功能立体化、视野国际化、经营数字化”的发展战略，最终“引领金融实践”。

■ 图为《清华金融评论》获得的部分荣誉

（三）产学研转化

学院常务副院长廖理曾指出，建设创新型国家、转变经济发展方式、实现科学发展，需要高校勇于担当。如何以高水平的创新成果和高素质的创新人才服务国家经济社会发展？除了学术与政策研究以及人才培养之外，最重要的就是促进产学研合作。近年来，学院在产学研合作的道路上取得了长足进步，产学研合作的模式日趋多样，规模日益扩大，机制进一步健全。

1. 清控三联：专注于金融科技领域的产学研孵化与投资平台

清控三联创业投资（北京）有限公司成立于 2013 年，由清华大学五道口金融学院发起建立，是清华控股有限公司的全资子公司。公司基于在金融科技领域的研究积累，致力于该领域的产学研孵化和投资。已成功孵化和投资 10 余家创业企业，包括华道征信、紫荆教育、至道教育、道口咨询、清控未央、华控清交等。

2. 未央网：金融科技与金融创新全媒体

2014 年，依托互联网金融实验室的研究成果，未央网正式上线。初期，未央网作为互联网金融实验室的一个传播平台，在传播学院金融科技领域研究成果的同时，致力于为金融科技领域的学者及从业人员提供知识与资讯。通过几年时间的发展，未央网在金融科技领域已形成了良好口碑，产生广泛影响。2017 年，作为未央网的运营主体，清华大学金融科技研究院孵化成立清控未央（北京）科技有限公司。截至2021年6月，网站已有近600名专栏作者入驻，发表14 000余篇专栏文章，并持续输出有态度、有深度的行业前沿内容。未央网与清华大学金融科技研究院持续开展密切合作，建立多元化学术研究团队“未央研究”，以企业案例、研究报告、论文等形式呈现研究成果。

近年来，随着科学技术和金融业的不断融合，金融科技创新产品和商业模式层出不穷。如何寻找到金融科技领域富有潜力的创业项目和商业模式？“全球金融科技创业大赛”应运而生。大赛由清华大学金融科技研究院作为学术指导单位发起，未央网主办。自2018年在第五届世界互联网大会上启动首届赛事以来，大赛已吸引数百家金融科技初创企业参赛，参赛企业覆盖银行科技、保险科技、证券科技、资管科技等金融科技行业众多细分领域。

2020年上半年，面对新冠肺炎疫情带来的不利局面，未央网迅速开展线上活动的探索。由北京市地方金融监督管理局指导，清华大学五道口金融学院、清华大学金融科技研究院主办，未央网承办的“首都金融创新与发展”公开课于2020年5月至7月上线，邀请来自金融机构、金融市场组织、金融基础设施平台及金融科技创新企业的代表进行分享，共举办18期讲座。公开课在清华五道口云课堂全程直播，多家媒体平台向社会同步直播，累计吸引1000万人次观看。

3. 华控清交：跨学科的成果转化

华控清交信息科技（北京）有限公司是清华大学2018年通过转化姚期智院士和徐葳教授的科研成果而发起成立的企业，专注于研究开发和建设运营基于多方安全计算理论（MPC）的隐私计算和数据流通技术、标准和基础设施。华控清交以基于密码学的多方安全计算为核心，结合数据脱敏、差分隐私、联邦学习和可信计算等基于明文计算的数据隐私保护技术和区块链，通过对底层基础运算的创新性改造，实现了“数据可用不可见，用途可控可计量”，并创建了一套具有强横向扩展性、高并行计算性能、便于监管的数据融合与流通平台，可以同时支持隐匿查询、联合统计、联合建模和数据跨境等数据应用需求。

前沿技术的落地会经历从理论到实验室科研原型再到产品落地的过程，

每个阶段都会遇到不同的挑战。公司从清华大学科研成果转化出来的是一个科研原型，第一步就是在科研原型的基础上，进一步加强和完善成可以产业化应用的技术架构体系，这对整个系统的稳定性、可靠性、通用性和综合计算性能都提出了非常高的要求；第二步就是要把技术变成产品，发展出切实解决客户难点和痛点的，符合客户使用要求和使用习惯的产品。这两步都是技术型创业公司需要克服的最难、最关键的挑战。华控清交负责人在采访中说，“我们的办法就是大胆试错，不断地寻找机会做 POC（概念验证）并从中找寻研发方向。”公司在最初创立的两年时间里为潜在客户做了一百多个 POC。在这个过程中，清华大学金融科技研究院作为交叉类科研机构，依托其领先的科研水平以及多年来对于国家经济和金融行业的研究探索，为华控清交提供了前瞻性理论研究和实践指导，帮助公司明确技术和产品的研发方向。

4. 道口金科：服务中小微企业和实体经济

2018 年 7 月 20 日，北京道口金科科技有限公司正式由清华大学金融科技研究院孵化成立。公司基于研究院在金融科技领域，特别是小微企业大数据风控领域的研究基础，创新性地研发出小微企业普惠金融数字信贷大数据风控算法，通过深度挖掘小微企业数据价值和构建全方位数字化评估模型，解决中小微企业融资难、融资贵、融资周期长、发展不均衡的核心问题，致力于服务区域性中小银行发展普惠数字信贷，切实服务中小微企业和实体经济。

研究成果怎么转化成有价值的商业模式和产品？如何对商业模式进行实践和复制？这是道口金科在产学研转化中遇到的两个难点，也是驱动企业持续发展的关键点。针对第一个难点，道口金科通过与清华大学金融科技研究院建立产学研合作模式，带着实际客户的实际问题做回归研究，再通过专业、深入的分析，来指导解决存在的问题。公司负责人表示，这种产学研合作机制的建立和应用，是解决这一难点的关键。第二个难点是人才的挑战。道口金科的人员结构呈现高学历、年轻化的特点，对于 To B 的商业模式来说，存在人才不匹配的问题。道口金科三年多的实践中，通过不断吸收发展团队，使其更加多元化，并且通过培养已有团队，将其打造成一个“能打仗”“打胜仗”的新团队，从而完成商业模式的实际落地和规模化复制。

二、以一流的智库建设为“桨”

学院如何更好为国家政策建言献策？吴晓灵老师说，要胸怀大局，发现真问题，研究真问题，提出解决问题的可行对策。学院战略咨询委员会委员、国家外汇管理局副局长陆磊说，金融理论和政策研究的吸引力，在于我们每时每刻都可以观察到新的现象，因而要对市场保持理解与敬畏。“金融是常为常新的”，金融学科建设也因此日新月异。简而言之，一方面，要抓住有趣的现象做本质与规律性探究，这是学科建设的根本任务；另一方面，要在补齐金融科技、直接融资发展等短板方面建言献策，这是应用型学科服务社会的应有之义。

学院自成立以来，依托布局清晰、立足前沿的学术研究和日臻完善、资源齐备的科研平台，紧跟中国金融改革步伐、紧贴中国金融实践，全力打造一流金融智库，形成由清华大学国家金融研究院、清华大学金融科技研究院 2 个校级研究院和 33 个院级研究中心组成的科研机构体系。

（一）清华大学国家金融研究院——打造国家级金融智库

2014 年 5 月，以打造一流金融智库为目标，清华大学国家金融研究院由清华大学与中国人民银行研究局、中国银监会研究局（原）、中国证监会研究中心、中国保监会政策研究室（原）共同发起成立，由清华大学五道口金融学院负责管理和运行。“国家级金融智库”是国家金融研究院的定位，它在为监管机构提供政策研究支持的同时，集中力量在深化中国金融体制改革、健全现代金融体系、完善金融监管、推进金融创新、维护金融稳定等重要金融领域，完成了一系列有广泛社会影响力的高质量成果和报告。

2017 年 1 月，经中国人民银行和清华大学同意，中国人民银行原副行长、国际货币基金组织原副总裁朱民担任清华大学国家金融研究院院长。在谈及清华大学国家金融研究院的定位时，朱民认为“研究院要从国家定位和全球视野的角度看问题、分析问题，以高端的学术标准发出独立声音”。作为一家依托高校的智库，研究院还要注重教学相长和人才培养，同时积极发挥金融与科技的联动作用，“在当今第四次工业革命浪潮中，要发挥清华大学厚重的科研底蕴优势，使金融与科技创新相结合，帮助科技创新走向实际应用。”

作为首位来自中国的国际货币基金组织管理层成员，朱民的加入为研究院带来了广阔的国际视角。“研究院要敢于研究探讨国内外的重大前沿问题，同时把中国的声音带到世界舞台上去，参与世界讨论”。在谈及研究院的研究方向时，朱民老师认为，中国的货币政策改革、中国金融体系及风险监管、非常规的货币政策、全球资本流动、建立全球金融安全网、全球货币体系建立等国内国际金融改革发展问题都可纳入视野当中。朱民老师说：“研究院应当阐述中国的立场和经验。”他强调，在此过程中，要整合集中现有研究资源、形成拳头产品。为了更好地体现研究成果，研究院借助论坛、杂志、研讨会等形式发出“主场声音”。研究院未来将建立“请进来、走出去”的双向机制，通过与国际金融机构建立互访机制、联合举办重大高端学术会议等方式扩大研究院的国际影响力。

朱民履新清华大学国家金融研究院院长

从国际货币基金组织（IMF）副总裁一职卸任之后，朱民选择将清华大学国家金融研究院作为自己重新出发的起点。

2016 年，朱民在国际货币基金组织的五年任期结束。五年的时间，世界经济已逐渐走出经济危机的阴影，中国在世界经济中的地位和话语权有所增强。然而，全球经济结构正悄然变化，地缘政治局势趋于紧张，科技创新给传统金融带来巨大冲击，种种因素使中国经济金融环境依然面临着严峻考验。尽管国际货币基金组织总裁拉加德极力挽留朱民续任，但他毅然选择回到祖国，并谢绝了众多金融机构和学术机构发出的邀请，来到清华大学国家金融研究院，投身他热爱的学术研究生活。

谈及这一选择，朱民在接受采访时说，“我自己一直喜欢做研究，也对教学育人很有兴趣。我喜欢和年轻人接触，也希望能把自己过去四五十年工作中的经验和大家分享。能够进一步做好国家金融研究和国际金融研究工作，是很有意义的，所以很高兴来到了国家金融研究院。”

面对国际金融市场巨大的结构变化，朱民认为，做前沿的金融研究，并把研究和教学相结合更显得尤为重要，只有这样才能确保培养出未来一流的金融领导者，也只有这样才能使得我国的改革开放和整个世界金融结构发生的变化相一致，并且走在世界前列。

国家金融研究院目前下设 17 个研究中心，分别从国家宏观金融（货币与汇率政策、金融监管制度、中央银行管理、金融稳定、系统风险监测与控制等）与微观金融（银行、保险、企业财务、证券、资产管理、风险投资等）领域积极提供学术研究、政策分析与案例研究，为金融决策与监管部门建言献策。

研究成果是衡量一个智库最关键的指标。时任学院名誉理事长刘鸿儒在国家金融研究院成立仪式上指出，我国金融改革与发展已经进入全面推进市场化、国际化的新阶段，面临的形势复杂多变，因此急需加强金融研究，大力提高金融研究水平。理论工作者和实际工作者应共同联手，跟上时代变化，扎根中国大地，踏踏实实做学问，拿出实实在在的、有分量的研究成果。

国家金融研究院自成立以来完成近 300 份高质量、有影响力的政策研究报告，并为中国人民银行与其他监管部门、金融机构提供了一系列政策分析与咨询。比如，2015 年发布的《完善制度设计，提升市场信心——建设长期健康稳定发展的资本市场》和 2016 年发布的《规范杠杆收购，促进经济结构调整——基于“宝万之争”视角的杠杆收购研究》，两份重磅报告一经发布，立刻引起了社会强烈反响。2015 年 6 月至 8 月，中国股市经历了一轮异常波动，资本市场的不成熟充分暴露，对此，清华大学国家金融研究院于同年 11 月首次向社会公开了其针对本轮股市异常波动的 18 万字研究报告《完善制度设计，提升市场信心——建设长期健康稳定发展的资本市场》。报告由时任清华大学国家金融研究院联席院长吴晓灵、李剑阁，全国社会保障基金理事会副理事长王忠民担任课题组牵头人，汇集 20 余位行业专家全程参与研究写作。2016 年 11 月 26 日，国家金融研究院与中国财富管理 50 人论坛正式推出合作撰写完成的《规范杠杆收购，促进经济结构调整——基于“宝万之争”视角的杠杆收购研究》课题报告。这份 22 万字的报告对“宝万之争”事件进行了详细梳理，并在此事件的基础上系统分析研究了彼时中国杠杆并购市场环境、存在的问题及其在微观公司治理领域和宏观经济结构调整上的作用与影响，并在公司治理、收购行为、收购资金的组织方式等方面给出了相应的政策建议。

除了持续发布重要研究成果，国家金融研究院还积极开展各类学术交流活动，包括中国金融学术年会、中国文化金融峰会、全球保险科技论坛、“未来已来——全球领袖论天下”系列讲座等，就当下最前沿的学术观点做出集中探讨，为海内外的金融学者、研究人员及学院师生搭建了沟通交流的平台。

中国经济正在不断做强，金融市场规模也日益发展壮大。但是我国依然面临着世界经济结构、政策环境的深刻变化，资本市场发展、国际化等方面面临着诸多挑战。正如朱民老师所说，我国的金融发展还有很多关要闯，有很多理论问题需要分析，这恰恰是国家金融研究院需要承担的责任和需要努力的方向。

“未来已来——全球领袖论天下”系列讲座展望全球经济与金融

2018 年 4 月 28 日，首场“未来已来——全球领袖论天下”系列讲座（以下简称“未来已来”系列讲座）在清华大学五道口金融学院开讲，应清华大学国家金融研究院院长、IMF 前副总裁朱民的邀请，国际货币基金组织（IMF）首席经济学家莫里斯·奥伯斯费尔德（Maurice Obstfeld）、IMF 金融顾问兼货币和资本市场部主任托拜厄斯·艾德里安（Tobias Adrian）分别对全球经济与金融作出展望。

莫瑞斯自 2015 年 9 月以来担任国际货币基金组织首席经济学家。2014 年 7 月到 2015 年 8 月，他还曾是奥巴马总统的经济顾问委员会的成员，也曾在国际货币基金组织、世界银行、欧洲委员会和其他多家银行担任顾问。

莫瑞斯表示，尽管从 2017 开始全球经济增长强劲，但他依旧担忧长期的增长趋势：贸易摩擦、地缘政治、美国财政政策及全球发展不平衡等因素都会影响长期趋势。

托拜厄斯在 IMF 主要负责金融行业监管、货币和宏观审慎政策、金融管制、债务管理和资本市场等。除此之外，他还负责 IMF 成员国在金融体系、中央银行、货币和汇率制度以及资产和负债管理监管等方面的能力建设活动。

托拜厄斯预测全球金融前路崎岖，一年期金融风险有所上升、三年期风险下降。其中风险资产估值、信贷质量下降、低收入国家债务、银行掉期、房地产市场价格五个因素会影响金融稳定。

■ 图为讲座现场嘉宾交流

在交流环节，两位嘉宾解答了现场听众提出的中美贸易、债券收益率等问题。在嘉宾交流环节，朱民总结说，事情总在变化，各国应关注未来，以充分准备迎接变化的未来。中国也在不断去杠杆来维持金融的稳定，确保增长的可持续性。

“未来已来”系列讲座是由清华大学五道口金融学院、清华大学国家金融研究院主办，清华大学研究生会联合主办的公益讲座。广邀全球经济、政治、企业和文化等方面的领袖人物，从不同角度、不同层面展望世界发展的前沿趋势，目前已举办21讲，主讲嘉宾包括美国前财长劳伦斯·萨默斯（Lawrence Summers）、国际红十字委员会主席彼得·莫雷尔（Peter Maurer）、摩根大通国际主席雅各布·弗兰克尔（Jacob Frenkel）、桥水基金创始人瑞·达利欧（Ray Dalio）、小米集团创始人雷军、故宫博物院原院长单霁翔等。

（二）清华大学金融科技研究院——建设交叉型科研智库

金融的数字存在形式天然与信息技术发展息息相关，金融产生于人类经济交往的属性，也天然影响着人类的财富创造与分配。金融是国家的核心竞争力，它体现了市场要素的配置效率，也体现了社会财富配置的效益。在金融与科技日趋融合的大背景下，2017年12月7日，清华大学五道口金融学院联合清华大学交叉信息研究院、清华大学软件学院和清华大学法学院，共同成立了清华大学金融科技研究院。金融科技研究院依托四个学院在各自领域领先的科研水平，在金融科技的前沿发展，数字技术与金融领域的融合实践，金融科技的监管研究，金融科技的创业企业孵化四方面开展工作，致力于发展成为跨学科研究平台、政策建言平台、交流合作平台和创新孵化平台。

随着互联网、物联网、人工智能等技术的蓬勃发展，人的生物性与科技的结合使人类社会步入了新时代，也使金融领域受到了深刻的影响。在金融科技发展进入新阶段的今天，跨行业之间的融合趋深，金融的创新与监管面临着新的时代要求。金融科技研究院正是在此大背景下筹建成立的。作为一个交叉类科研机构，金融科技研究院可以更好地为金融科技行业提供前瞻性研究和实践指导。

图灵奖得主、中国科学院院士、清华大学交叉信息研究院院长姚期智认为，信息科学上的突破给整个金融产业带来了颠覆性的变化，区块链、人工智能等信息科学上的突破对金融科技产生了非常深远的影响。金融科技研究院的成立，将使清华大学在这一轮金融科技革命中发挥重要的领导作用。

清华大学金融科技研究院正式成立

2017 年 12 月 7 日，清华大学金融科技研究院正式挂牌成立。

挂牌仪式上，十二届全国人大常委、人大财经委副主任委员吴晓灵，图灵奖得主、中国科学院院士、清华大学交叉信息研究院院长姚期智，中国互联网金融协会秘书长陆书春发表了致辞。清华大学五道口金融学院常务副院

■ 图为清华大学金融科技研究院挂牌仪式

长廖理对金融科技研究院的建设基础和未来规划进行了介绍，清华大学软件学院院长王建民、清华大学法学院院长申卫星、清华大学交叉信息研究院助理院长徐葳，也作为发起院系代表对金融科技研究院作出了展望。

跨学科的交叉研究是创新成果落地的重要推动力，也是清华大学一直以来鼓励的发展方向。金融行业的未来发展与技术创新、法律监管密不可分。信息技术是金融科技快速发展的驱动力，金融科技的稳健发展同时也需要法律监管提供必要保障。这也是学院联合交叉信息研究院、软件学院和法学院共同建设金融科技研究院的初衷。吴晓灵在金融科技研究院成立大会上说道："清华大学五道口金融学院一直紧贴中国金融实践，强调研究为实践服务，致力于在金融教育和金融学术、政策研究等方面达到国际一流水平。金融科技研究院秉承用科技实践金融创新与金融普惠的初衷，下设9个研究中心，涵盖了创新技术在金融领域的理论研究和创新创业，包括互联网金融理论研究，互联网消费金融、保险科技，区块链应用、区块科技发展和监管，数字货币研究，人工智能应用研究，大数据与金融融合以及基于大数据的金融安全理论与实践等方向。"

互联网金融实验室：国内第一家专注互联网金融领域的科研机构

2012年4月，互联网金融实验室在学院建院初期随即成立，是中国第一家专注于互联网金融领域研究的科研机构，它致力于构建国际领先的创新创业实践教育平台、基于互联网和学科交叉的协同创新研究平台、产学研有机互动的高技术项目孵化平台。

互联网金融实验室隶属于清华大学金融科技研究院。自成立至今，互联网金融实验室致力于互联网金融的研究与项目孵化，成效显著。在学术研究方面，实验室跟踪全球互联网金融的发展趋势，发掘互联网金融领域的优秀商业模式；基于互联网金融的数据，积极开展理论探索和实证研究，进行互联网金融的政策研究和案例开发，为监管层和业界提供咨询建议。在项目培训方面，契合学院对科创金融人才培养体系的构建，互联网金融实验室推出了"全球创业者""清华大学中国创业者训练营""清华大学中国投资者训练营”“清华大学金融普及教育训练营”等针对不同目标群体的培训课程和公益活动。

金融科技研究院在学术、政策及市场研究等方面协同发展，智库影响力稳步提升。截至 2021 年底，金融科技研究院共发布研究报告 104 篇，并在国内外一流学术期刊上发表多篇关于金融科技数据理论探索和实证研究的论文。金融科技研究院各中心与政府、金融科技领军企业进行专项合作，已承担政策课题 38 项，涉及金融行为、金融市场、金融工具、金融政策、区域经济等多个领域。同时，金融科技研究院追踪业界最新动态，对金融科技进行行业前沿和深度案例分析。各中心走访调研 500 余家国内外金融科技企业，并将相关研究结集出版为金融科技类书籍。截至 2021 年底，金融科技研究院共出版图书 14 本，包括《金融科技研究前沿与探索》《数字货币时代——libra 系列问答》等。

近年来，金融科技研究院发布的多篇重磅研究报告，获得社会广泛关注，标志着学院在金融科技领域发出有力的清华声音，也进一步夯实了研究院作

研究成果

■ 图为金融科技研究院研究成果

为一流金融智库的基础，坚定了研究院未来敢于发声、善于发声，更加积极地参与国际国内金融领域话语体系建设的决心。互联网金融实验室、阳光互联网金融创新研究中心共同编写的《全球互联网金融商业模式报告》，对全球近 50 个国家的超过 1000 家互联网金融领域代表性创业成长企业进行深入研究，并在 2015 年于乌镇举行的世界互联网大会上发布。阳光互联网金融创新中心发布的研究报告《新冠肺炎疫情下中国创业市场分析报告》，基于道口金科提供的数据，对新冠肺炎疫情期间中国不同行业、不同地区、不同规模的创业市场进行了分析，刻画了疫情冲击下中国市场创业水平的动态变化。润博数字金融研究中心的研究报告《三年来商业银行贯彻落实“资管新规”情况的回顾和展望》，通过实践反观“资管新规”的必要性和重要性，分析了对理财业务强化外部监管的导向作用，对商业银行理财业务和理财子公司发展面临的问题提出了建议性意见。

学术研究不能只停留在书本上，要推动理论与实践的结合，就要走出“象牙塔”，倾听真实的问题与需求。金融科技研究院与国内外知名专家学者、领军金融和科技企业、监管部门等始终保持着深度合作，致力于推动金融科技学术与业界深度交流。金融科技研究院举办了“中国金融科技大会”“全

图为金融科技研究院举办 / 协办的高端峰会

球金融科技创业大赛”“金融科技教育与研究五十人论坛”等一系列金融科技相关论坛、峰会和赛事。其中，“金融科技教育与研究五十人论坛”是由清华大学五道口金融学院、清华大学金融科技研究院发起，国内外各重点高校的金融科技学术带头人、人才培养负责人等共同参与的金融科技领域教育与研究交流平台。五十人论坛每年举办金融科技领域的学术年会、教学交流会、高校学生赛事和会员大会等活动，旨在促进金融科技领域的学术研究与教学经验分享，推动金融科技人才培养建设，为金融科技事业发展贡献力量。由五十人论坛发起设立的“中国高校金融科技案例大赛”面向各高校在校学生举办，通过选取目标金融科技领域成长型和创新型企业，深度剖析金融科技行业案例，洞悉金融科技行业的发展，促进交叉学科融合，增进学生们对于各行业的理解，提升研究能力和分析能力。

作为交叉类科研机构，金融科技研究院致力于服务中国创新与创业实践，致力于培养具有强烈创新意识与创业精神、宽广全球视野与敏锐行业洞察力的交叉复合型金融领军人才。金融科技研究院开展了金融科技人才国际交流与合作培训、金融科技博士后科研站建设工作，以及各类金融科技高端培训项目。

实践证明，金融科技研究院的建立，带动了共建学院在这一领域的长足发展，也推动了金融科技这一新兴领域的学科建设，为学院教学与研究奠定了坚实的基础。基于跨学科研究平台、政策建言平台、交流合作平台和创新孵化平台的定位，金融科技研究院将为推进中国金融科技的健康、稳定、可持续发展贡献力量。

“金融科技教育与研究五十人论坛”第一届会员大会

2019 年 5 月 26 日，“金融科技教育与研究五十人论坛”第一届会员大会在北京成功召开，国内外各重点高校的金融科技学科带头人、人才培养负责人齐聚一堂，围绕金融科技人才培养和研究主题交流分享经验，共同商讨“金融科技教育与研究五十人论坛”的工作规划。

在大会上，廖理教授汇报了“金融科技教育与研究五十人论坛”目前的工作规划以及前期筹备情况。

■ 图为金融科技教育与研究五十人论坛启动仪式

经过前期筹备，第一届会员已有8位名誉理事、61位会员、13位青年会员、7位海外会员，共有35所国内高校、6所国外高校。

“金融科技教育与研究五十人论坛”开展每年一度的学术年会、高校案例赛事、教学研讨会和会员大会等交流会议。其中，学术年会、高校案例赛事、教学研讨会等会议邀请会员所在院校联合主办或协办，交流金融科技领域教育与研究问题，面向国内外高校学者公开举办。另外，会员大会由“金融科技教育与研究五十人论坛”主办，汇报并讨论年度工作规划，仅面向会员、海外会员、青年会员。

第七章

服务社会，贡献民族复兴

金融要回归服务实体经济的初衷。采访中，吴晓灵理事长说："我们要努力破除金融是宝塔尖儿的理念，金融本来是社会资本循环的一个环节，属于服务业，而利润的创造来自生产环节。金融作为流通环节获取过多利润，对整个社会生产是不利的。金融要摆正位置，作为服务行业，内嵌于经济需求，根据实体经济的融资需求创造匹配其风险的金融产品，这是金融的定位，它的职能是为实体经济服务。清华五道口的金融教育也要秉承这样的理念。"本质上，教育是影响人身心发展的社会实践活动。对于学院来说，金融教育要做好两件事：一是正本清源，明确金融的本质是什么；二是明确金融工具能做哪些事，要做好金融与产业的结合。

一直以来，清华五道口都格外强调金融教育与时俱进的重要性，不仅要夯实理论研究，更要急时代所急，应时代召唤。张晓慧院长曾说，"小院有围墙，却也无藩篱。"金融学院如何服务社会实践？如何普及金融思维、为金融服务实体经济提供智力支持？如何站在最贴近市场的前沿？如何倾听最真实的行业之声？如何将研究成果转化为实践中的生产力？五道口金融学院正在用自主研发的一系列高端务实的培训课程和成功落地的众多产学研转化项目回答这些问题。

十年来，五道口金融学院依托清华大学丰富的教育资源和中国人民银行研究生部与业界紧密联系的传统优势，研发响应经济发展需求和国家发展战略的核心培训课程，聚焦金融发展与产业创新，紧密围绕金融前沿和热点问题、金融支持创新、金融服务实体经济三条主线，面向科技创新型企业家、企业管理人员、财经从业者、政府部门相关负责人及社会各界开展金融教学活动，逐步形成系列高端精品项目。同时，充分发挥高校优势，通过校地合作、校企合作，促进产学研转化，为国家经济发展、地方建设提供智力支持。可以说，以研发驱动的高端培训课程、全周期的科创人才培养体系、高质量的公益项目和线上课程，以及通过校地合作支持地方经济发展，是清华五道口践行社会责任、贡献民族复兴的重要方式。

一、响应行业需求的高端培训

高管教育是学院教学体系的重要一环。金融学是一门实践学科，而高管教育的要务正是面向市场需求，解决企业实战中的问题，帮助企业高层管理者科学把握政策趋势、谋划企业可持续发展。与学位项目相比，高管教育的课程更加灵活，也更加贴近市场。据分管高管教育的院长助理刘碧波介绍：学院高管教育中心有“三贴近”，即贴近服务实体经济、贴近服务科技创新、贴近服务美好社会。对此，美国康奈尔大学约翰逊管理学院中国事务院长、教授陈雅如评价说，清华五道口办学结合了体制内严谨办学的底蕴和市场化商学院的灵活性，对人才需求具有非常高的敏感度。

（一）研发驱动教育创新

面对社会上参差不齐的高管培训市场，明确定位、自主研发、保证品质、做出五道口特色品牌是清华五道口始终坚持的方向。“在 2018—2019 年，学院一直在讨论高管教育应该做什么、不该做什么？”刘碧波老师介绍说，“学院明确要求：第一，我们办学坚决不以收入为目标，所有课程都是响应服务社会、培养人才的初心，必须经过严格的研发过程，不做拼盘式培训；第二，我们坚决不办以社交为主导的项目，也不希望形成这样的风气，这是我们的底线；第三，在战略层面上，高管教育项目对行业需求的敏感性，不仅可以培养社会急需的人才，还让我们可以成为学位项目创新课程的研发基地和实验田，推动学院人才培养体系不断与时俱进。”

经过多年的积累，五道口金融学院的高管培训已形成体系化、专业化的特色，项目品类多且社会认可度高。对于为什么清华五道口的高管教育能够取得良好口碑和较好的社会效益和经济效益，采访中，常务副院长廖理给出了明确的答案，那就是研发驱动。研发驱动，可以说是清华五道口高管教育的一大特色，也是取得较高社会认可度的根本原因。高管教育项目设有专门课程开发部门，建立学术主任制度，确保课程研发质量。多年来，清华五道口坚持以课程研发为驱动，以课程质量为核心竞争力，根据市场需求推出新课程，并不断对原有课程进行更新迭代。与学位教育相比，高管教育更新迭代快，比如早期互联网金融项目当年讲完后，次年内容就有一大半需要更新。刘碧波老师介绍说：高管培训必须以需求为导向，我们会认真研究社会经济政策，细化需求，分解成技术动作，再去匹配相应的师资、研发课程。

表 2 学院高管教育项目获奖情况

<table>
<tr><th>奖项</th><th>项目名称</th></tr>
<tr><td>2017 年度清华大学继续教育先进集体奖</td><td>科学企业家项目</td></tr>
<tr><td rowspan="2">2017 年度清华大学继续教育优秀项目二等奖</td><td>清华大学金融创新与经济发展专题研讨班</td></tr>
<tr><td>清华大学 - 人民日报社 2017 年“一带一路”沿线国家核心媒体培训项目</td></tr>
<tr><td>2018 年度清华大学继续教育优秀项目一等奖</td><td>科学企业家项目</td></tr>
<tr><td rowspan="2">2018 年度清华大学继续教育优秀项目二等奖</td><td>全球创业领袖项目</td></tr>
<tr><td>北京市委组织部金融风险防控专题培训班</td></tr>
<tr><td>2019 年清华大学教学成果二等奖</td><td>科学企业家项目</td></tr>
<tr><td rowspan="2">2019 年度清华大学继续教育优秀项目二等奖</td><td>文创金融领袖项目</td></tr>
<tr><td>企业价值管理与投资实践高级研修班</td></tr>
<tr><td>2019 年第三届“改变世界创新大奖”</td><td>“创领中国”项目</td></tr>
<tr><td rowspan="3">2020 年度清华大学继续教育优秀项目二等奖</td><td>全球资产管理高级研修课程</td></tr>
<tr><td>银行家高级研修班</td></tr>
<tr><td>健康中国 - 产业领袖高级培训班</td></tr>
<tr><td>2021 年清华大学教学成果一等奖</td><td>科创金融人才培养体系</td></tr>
</table>

在课程研发过程中，高管教育始终坚持以市场需求为导向，了解行业动态及潜在学员学习需求，建立符合市场需要的课程体系。课程实践中注重学员体验，通过丰富多样的教学活动和形式设计，满足学员不同的学习需求，提升学习效果。同时通过跨学科合作，实现垂直领域的课程突破，比如与清华大学医学院合作推出健康中国课程、与麻省理工学院（MIT）合作推出科学企业家课程等。初探在线教育，与“得到 APP”合作，推出线上金融基础课程。在新冠肺炎疫情期间，推出清华五道口云课堂，探索普惠金融教育。目前在线项目金融管理专业课已经实现体系化、规模化。

“高管教育中心的一项重要工作是对外合作，”刘碧波老师说：“我们把人力、技术等生产要素聚合在高管培训这个平台上，保证了所有项目的顺利推进。”一是基于学院内部各研究中心的研究成果设计培训项目，研发驱动教育。二是与学校其他院系的对接，如“健康中国”这个医疗健康项目是与清华医学院合作。目前智慧出行、能源等领域的课程，也是与清华理工科院系合作，发挥学科交叉的优势。三是与各级政府机构、企事业单位广泛合作，通过系统性和针对性的金融课程，助力政府干部及企事业管理人员深入理解金融发展的规律，掌握金融创新工具。例如，学院受中共中央组织部委托，2017—2019 年连续举办三届“中央企业金融创新与经济发展专题研讨班”，清华大学给予了高度重视和支持，百余名中管金融企业和中央企业领导班子成员参加了培训。从战略的高度和全局的广度，提升领导干部金融素养，助力领导干部更好地做好金融工作，防范金融风险，维护金融稳定。

清华大学中央企业金融创新与经济发展专题研讨班正式开学

2019 年 6 月 17 日上午，第三期清华大学中央企业金融创新与经济发展专题研讨班开班仪式在清华大学五道口金融学院举行。中共中央组织部干部教育局局长张福根、清华大学副校长郑力、清华大学五道口金融学院院长张晓慧出席开班仪式并分别致辞。开班仪式由五道口金融学院常务副院长廖理主持。开班仪式结束后，清华大学五道口金融学院名誉院长周小川围绕绿色金融话题为学员们带来了首堂课程。

张福根表示，为了贯彻习近平新时代中国特色主义思想，学习贯彻习近

■ 图为周小川给同学们上课

平总书记对金融工作和金融干部队伍建设的指示要求，中央组织部干部教育局委托清华大学五道口金融学院举办中央企业金融创新与经济发展专题研讨班，这也是连续第三年与五道口金融学院围绕“中央企业金融创新与经济发展”这一主题举办主题班，希望通过深入学习研讨，帮助中央企业利用金融资本助推发展，鼓励金融机构利用金融改革更好地服务中央企业。

郑力向学员们介绍了清华大学在重点科研与学术领域的获奖情况、理念与制度变革以及对外学术交流的最新成果。郑力指出，中央组织部干部教育局与清华大学五道口金融学院共同举办中央企业金融创新与经济发展专题研讨班具有重大意义，清华大学给予了高度重视和支持。他还提到，在当前国际国内政治、经济等因素的综合影响下，中央企业如何利用金融资本助推其发展、金融机构如何利用金融创新更好地服务中央企业，精准有效地处置重点领域风险、深化金融改革开放、增强金融服务实体经济能力是中央企业领导班子成员和中管金融机构高管人员的工作重点。郑力希望学院借助清华大学百年来深厚的学术底蕴，继续发挥五道口与金融业界紧密联系的传统优势，把金融创新与经济发展专题研讨班办好、办扎实、办出特色。

（二）构建完整课程体系

高管教育致力于培养高层管理人员金融素养，提升专业能力，为企业和金融机构的发展和关键人才培养提供极具价值的学习规划和解决方案。经过多年来对资本市场和企业发展的深入洞察，高管教育潜心研发，构建起一套聚焦“引领金融实践、赋能创新发展”的完整课程体系，既有服务金融机构和投资人的专业课程，也有助力实体经济企业创新转型的系列项目。

针对市场需求，高管教育的课程分为五大类：公开课程、定制课程、国际项目、公益项目、在线课程。

公开课程以金融业与产业界高层管理者的实践需求为导向，课程内容突出实战性及前瞻性，结合宏观环境、领域前沿及市场热点，目前已经形成产业融合、金融细分领域、金融前沿等几大系列的课程网络。其中包含很多国际合作课程，学院携手联合国所属南南亚太金融中心、人民日报社、国际顶尖教育机构等，力求为跨国企业高层管理人员提供极具价值的学习体验，助力中国企业顺利地“走出去”，帮助国外企业顺利地“走进来”，并力促不同国别企业在“一带一路”倡议下“走到一起来”。

定制课程则主要根据政府机构、金融机构、企事业单位的发展战略，结合阶段性的工作目标，针对机构的中高层管理人员及核心金融专业人才量身定制。定制课程融合了学院以及清华大学相关院系的资源优势，紧扣培训主体要解决的问题，在课程设计、教学方式、授课地点和时间上均可根据培训需求灵活设置。

■ 图为清华五道口高管教育课程体系

学院高管教育另一大培养亮点则是对接产业。从助力中国产业龙头企业向数字化智能化转型升级的“清华 × 华为数字中国”，医疗健康领域的“健康中国”，到汇集全产业链领军者的“不动产金融”（原不动产金融领袖）等，高管教育开发了多个垂直产业领域的深度课程。这些课程立足金融，深入结合本土实践，帮助企业家们把握产业趋势、驾驭金融工具、实现技术创新，在市场中收获了很高的评价。

2021 年，高管教育全年共运行 62 个项目（包括 GSFD 项目、公开项目、定制项目、公益项目与在线项目），其中新开设项目 19 个。线下课程招生 1025 人（其中，GSFD 项目 77 人、高管教育项目 948 人），在线课程招生近 1000 人；完成结业项目 28 个，结业学员 2491 人，运行课程天数共计 383 天。截至 2022 年 3 月，清华五道口云课堂共推出 200 余场在线讲座，全网观看人次超过 1.55 亿。

经过多年的发展，定位于“培养具有国际视野、金融思维、卓越才能和创新能力的商界领袖”的五道口金融学院高管教育也得到了全球高管教育同行的认可。2017 年 3 月 30 日，清华大学五道口金融学院顺利通过审核，正式成为国际高级管理教育培训大学联盟（UNICON）初级会员（Associate Member）。

清华五道口正式加入全球高管教育联盟（UNICON）

2017 年 3 月 30 日，在印度孟买国际高管教育联盟（UNICON）的评审会上，清华大学五道口金融学院顺利通过审核，正式被接纳为 UNICON 初级会员（Associate Member）。

UNICON 的全称是国际高级管理教育培训大学联盟（The International University Consortium for Executive Education），是由全球领先的知名商学院组成的致力于高级管理教育培训和发展的合作组织。UNICON 创建于 1972 年，涵盖近百所世界顶级商学院，目前会员遍布北美、南美、欧洲、亚洲、大洋洲和非洲，包括哈佛商学院、麻省理工斯隆管理学院、沃顿商学院、斯坦福商学院、芝加哥布斯商学院、INSEAD、伦敦商学院、IMD 等知名商学院，是全球高级管理教育培训（Executive Education）领域中最具影响力的组织。UNICON对会员资格要求非常严格，申请院校只能以初级会员的资格加入UNICON，经过两年的深入观察和全面考核，我院已于2019年4月成为正式会员。

UNICON会员资格委员会对我院的高管教育工作进行了全方位的调查和评估，包括学术优势、发展潜力、客户评价等各个方面，委员会委员们也就各自关注的问题进行了详细了解，最终决定正式吸纳清华大学五道口金融学院为联盟正式会员，标志着全球高管教育同行对清华五道口高管教育工作的积极认可和高度肯定。

清华五道口高管教育课程体系

金融发展系列课程

全球金融科技课程：紧跟全球金融科技前沿，聚焦金融业数字化转型。探索金融领域数字化变革，构建金融机构与科技企业合作生态，提升金融服务效率与普惠金融实践。

全球资产管理课程：深度研讨各类投资与配置，共同探索中国资管新格局。“大资管”结构性变革下，资产管理行业高管人员必修课。聆听金融监管者解读政策逻辑，汇集业界领袖分享投资方法论，构建资管领域良性发展生态圈。

银行家课程：直击中小银行发展痛点，共商未来合作共赢之路。培养中国商业银行业界领袖，准确理解宏观经济政策导向，利用金融科技为己赋能，防范化解银行业经营风险。

“领投中国”课程：洞悉国际新格局，展望未来新发展，投资中国新十年。项目集清华顶尖科技及大师，汇五道口金融学术之深度，聚焦大格局下的投资之路，深度探讨中国私募股权投资行业发展趋势与展望，精心打造最具价值的投资创新课程。旨在提升投资行业高层管理人员眼界与格局，塑造创新发展的思维及理念，培养投资行业领袖。

科创与企业成长系列课程

科学企业家课程：洞见未来才能运筹帷幄。以清华大学和麻省理工学院最强科研力量为基础，整合中国科学院、中国工程院等顶尖科研机构的资源，聚焦中国经济结构转型的热点行业，全方位融入和布局全球科技创新网络，是清华五道口为学员打造的重要的终身学习项目。包括生命科学、新材料、新能源、清洁技术与节能环保、智能制造与高端装备、信息技术、现代农业、金融赋能科技等多个模块。

上市公司资本战略课程：以资本的视角思考企业未来。整合五道口最强势的金融黄埔优势和金融圈资源，向产业界做系统化精品输出。课程设置紧跟资本市场最前沿政策与实践变化，聚焦企业在上市前后阶段的资本需求。课程主题包括：并购重组、资本运作、投资与融资实践、注册制改革、企业估值、海外投资、产业转型与资本结合等。

“科创中国”领军企业家课程：依托清华大学科研优势，整合清华大学科技转化、科技投资、科技服务，为科创企业发展提供全方位的闭环链条，助力新一轮科技革命和产业革命。项目聚集成长，根据科创企业成长规律，课程内外发挥传帮带作用；聚焦资本，对接资本市场服务科创的重点工作；聚焦科创，联结清华科研成果转化与地方产业集群。

全球创业者（原全球创业领袖）课程：汇聚优秀青年创业精英，聚焦创新创业与金融实践。致力于寻找优秀青年创业者和商界精英，整合全球优质经济与管理资源，培养具备全球化视野和创新型思维的未来商业领袖。项目特点包括全面系统的“创业 + 金融”课程，贴近实践的“创业 + 导师”机制，互链互融的“创业 + 校友”生态。

WIN • 未来中国青年企业家课程：赋能中国新生代企业家成长。当今时代变革空前，科技发展与商业模式日新月异，世界处于百年未有之变局，中国新生代企业领袖备受瞩目，既要承袭基业与传统，又要创新突破，拓土开疆。该项目延揽国内外学术领航人物、金融巨擘与企业领袖，紧扣中国新生代企业领袖的需求与特点，打造“势”“融”“企”“家”为主题的课程矩阵，助力新生代企业家在时代的严峻挑战下洞悉趋势，引领创新，在环境的瞬息万变中抓住机遇，开创未来。

产业深度垂直系列课程

清华 × 华为数字中国课程：首次系统输出华为的案例、实践、管理方法论。在清华 - 华为的产学研平台之上，提供场景、资本、技术、人才、管理、合作等一系列生态支持，帮助中国领军企业家抢占数字化变革的制高点，构筑实体产业新生态，定义中国数字化商业的未来。

健康中国课程：未来已来，为人类的健康而学习。该项目是清华大学首个在健康领域的跨院系和跨学科交叉的创新探索。清华五道口与清华大学医学院强强联合，依托百年清华的平台，汇聚全球一流学者、行业领袖、企业家、投资人，共同构建大健康的产业生态圈。通过模块教学、研讨会、工作坊、案例分析、全球连线等多种形式，迸发创新思维，开拓国际视野，塑造更具前瞻性、更了解产业前沿技术、更通晓政策趋势、能够真正推动中国大健康产业未来的领军者。

文创金融（原文创金融领袖）课程：寻真文创金融路，问计清华五道口。该项目是清华五道口在产业金融领域的强势布局。该课程联合全球顶级师资，结合最新文创政策及产业发展动态，将文创与金融、科技创新相融合，培养文创行业领军人才，以金融推动中国文化创意生态体系发展，提升中华文化在世界舞台的影响力。

不动产金融（原不动产金融领袖）课程：引领创新，助力升级，重铸基石。新形势下，全球政治经济及国内宏观政策、市场和人口结构等发生了巨大变化，快速的技术进步、激烈的市场竞争和严格的政策调控使得不动产行业发展进入“下半场”。该项目汇集全产业链领军者共同学习分享深入探讨，在认清大势、理清思路的基础上，充分运用新的金融和科技手段助力中国不动产行业转型升级，推动经济增长。

社会责任公益课程

金融媒体奖学金培训课程：为中国财经媒体培养高素质人才。面向主流财经媒体中高级管理人员和财经领域一线资深采编人员、自媒体创始人和高管以及传媒领域的优秀骨干招生，通过系统学习经济管理、金融等方面课程以及丰富的教学安排，提高我国财经媒体从业人员的专业水平，培养具备经济金融分析能力和适应竞争需求的国际化金融媒体管理人才，并增进与各界媒体朋友的合作交流，推动我国财经媒体的蓬勃发展。

慈善金融奖学金培训课程：金融向善，科技赋能。该项目是清华五道口面向中国公益慈善领域领军者创办的高管教育公益课程。项目将公益慈善与金融前沿、科技创新相融合，赋能公益领袖，开拓国际视野，探索金融推动公益慈善变革升级路径，引领公益慈善行业创新与发展，为中国培养面向未来、面向世界、具有引领性和创新力的公益慈善领袖。

科创管理与服务公益课程：金融助力科技创新。本项目是面向支持中国科技创新创业事业发展的双创载体负责人开设的高管教育公益课程。项目致力于为中国培养面向未来、面向世界、具有创新引领能力的科技创新管理与服务人才。通过多种教学形式有机结合，加深学员对于金融服务实体经济、金融服务科技创新的理解，拓展视野，深入交流，加强合作，以期助力完善我国科创管理与服务行业生态，提升双创载体的运营和管理水平。

二、全周期的科创金融人才培养体系

（一）提前布局“金融 + 科创”

科技创新是引领高质量发展的第一动力。提高国家科技创新能力，推动经济高质量增长，尤其需要金融资本的赋能和支持，推动科技成果有效转化为生产力。这个过程中，人才培养是至关重要的环节。正如张晓慧院长所言：“科技创新有两大要素必不可少：金融和人才。如果把科技看成生产力的推手，金融就是助燃器。”

学院常务副院长廖理说：“学院在教学方向的探索中，一方面，我们意识到创新创业对金融与科创复合背景人才的强烈需求；另一方面，学院通过整合清华大学的科创和金融资源，可以在这个领域做一些贡献。”为此，五道口金融学院将金融服务科技创新明确为重点办学方向，将学院定位为清华大学科创金融人才培养的纽带和平台，致力于整合清华大学的科创、金融和管理资源，为社会培养复合型、国际化的高质量人才。这是五道口金融学院服务实体经济，特别是服务科技创新的最强抓手。

多年来，学院以敏锐的战略眼光把握经济发展方向，提前布局“金融 + 科创”领域，依托于清华大学的科技优势，主动服务国家战略需求，积极探索科创金融人才的培养方式，构建了覆盖科技成果转化全流程、服务企业成长全周期的课程体系，并将这些前沿课程融入学院各个教学项目之中，大力培育通晓科技前沿、产业发展，以及宏观经济和金融市场的复合型人才。办学规模、质量稳步提升，品牌和影响力不断提高。

骐骥千里，非一日之功。“我们从 2020 年开始在培训方面主推科创，我们的培训项目里已经有一系列课程都与科创相关。有的人问我，为什么这么有前瞻性？其实是因为我们很早就在做准备工作了。”采访中廖理老师介绍道。在谈到如何做到提前布局时，廖理老师进一步说：“以前我们安排 EMBA 学生去海外访学时，一般会去麻省理工斯隆管理学院。后来我发现企业家们对斯隆的课程并不是很感兴趣，这是因为随着国际交流日益频繁，国内外商学院的课程体系差别不大，大家在斯隆上的课在国内商学院也都能学到，反而是麻省理工工学教授讲的那些课特别受欢迎，因为企业在发展和转型过程中，迫切地需要了解科技发展的前沿以及对产业的影响。”

（二）开创性成果亮点频现

科创金融人才培养体系，是五道口金融学院近年来全力建设的、覆盖科技创新与企业成长全生命周期、全类型人才需求的人才培养体系，体系共包含 6 个教学项目和教学活动：1 个学位项目、3 个非学位项目、1 个公益项目、1 个公益活动。

在这里，无论是企业初创者还是成熟企业家，都能学到需要的金融知识。从最早期种子轮、天使轮投资开始的公益项目“清华大学中国创业者训练营”，到进入创业阶段，面向优秀青年创业者的“全球创业者课程”（原全球创业领袖课程），再进入上市前（Pre-IPO）阶段，面向科创企业核心团队及大型企业创新板块负责人的“科创中国领军企业家课程”，再到已是成熟企业或传统企业寻求转型升级和新战略方向，面向大型企业及投资机构核心决策人的“科学企业家课程”，在清华大学五道口金融学院，不同项目将企业对创新创业的需求全部串联起来。再加之面向园区及孵化器负责人的“科创管理与服务”公益项目、面向科技成果转化骨干人员的非全日制技术转移硕士学位项目，一同组成了学院的科创金融人才培养体系。

科创金融人才培养体系并无前例可循，学院践行“研究驱动教育创新”的理念，在教学内容、教学组织、实践就业等方面开展了探索和实践工作。学院建立统一协调管理机制，以学术与政策研究为出发点，投入充分资源进

■ 图为科创金融人才培养体系

行融合科创与金融的教学内容与生态开发。以资本市场与公司金融研究中心为依托，设立专门团队进行科创金融研究，并进行相关课程开发；设立项目建设协调小组，统筹学院和各教学项目办学资源，并进行跨项目的优化配置；充分发挥各项目积极性，有针对性地开发特色教学与实践内容，各项目课程各有侧重，课堂讲授与实践教学各有特色，以实现多元化的人才培养目标。在研究驱动教育创新的思想和方法指引下，科创金融人才培养体系在多个领域取得了开创性的成果。

1. 创新体系设计：国内首创、国际领先

学院统筹建立的覆盖科技创新与企业成长全生命周期、全类型人才需求的人才培养体系，为国内首创、国际领先。其中，技术转移硕士项目是国

内首个注重培养科技创新与金融综合能力的学位项目；科创管理与服务课程是国内首个面向提升政府服务能力的公益项目；科学企业家项目打造国内首个针对企业家人群的科技前沿教学体系。项目一方面实现了金融服务实体经济与国家发展的目标；另一方面为社会输送了大量人才，取得了良好的办学效果。

2. 创新办学方式：公益服务社会

为保证学院的优质教育资源能够惠及科创金融生态所有参与者，学院在体系中建设了一个公益项目和一个公益活动。科创管理与服务公益课程以完善科创管理与服务行业生态，提升双创载体的运营和管理水平为愿景；创业者训练营以提升创业者的创业能力为目标，是国内规模最大、专家层次最高、覆盖区域最广的创业教育公益活动平台。目前，已经累计培训学生 5000 余人，取得了非常好的口碑与社会效益。

图为中国创业者训练营授课现场

3. 创新教学内容：科创金融有机融合

在学院创办科创金融人才培养体系之前，国内尚无系统性、融合性的相关教学内容体系。通过依托研究中心设立科创金融科研团队、学院层面统筹规划、各教学项目探索实践，融合科创与金融的教学内容体系建设已经取得一定成果，涵盖科技成果转化、科技项目评估、创业创新管理、科创企业融资、

图为科创中国首期班合影

科技投资、科创管理服务等内容，开发了一批核心课程、案例、师资与实践基地，取得了良好的教学效果。

4. 创新教学设计：提升人才培养效果

在科创金融人才培养体系中，各教学项目广泛征集学生和各界意见，持续优化教学设计、提升教学效果。例如，科学企业家项目聘请院士作为课程顾问，组织博士生成立博士团参与教学活动，搭建科学前沿学习体系；全球创业者（原全球创业领袖）项目通过调研、回访、反馈、调整等方式，深入了解共性需求，打造出贴合科技创业者的教学内容；技术转移硕士项目将实际科技成果转化项目引入课堂，设计技术转移方案，提高学生的实践操作能力。

学院科创金融人才培养体系，在体系上实现了从割裂到贯通，从分散到融合；在结构上实现了不同阶段、不同功能教育体系的衔接；在教学上实现了复合能力塑造与跨学科拓展；在实践上将课堂教学与项目实践的互动对接，提高社会力量参与程度，让人才培养满足实际应用的需要。

科创金融人才培养体系至今已经培养学生6000余人，对社会形成显著人才贡献。学员来自科创企业、金融机构、政府服务机构、传统企业、科创服务机构等，代表了科技创新和金融投资生态链条上的全面需求，覆盖的学员在同类项目中人数最多、层次最高、范围最广。

依托科创金融人才培养体系，学院与多地政府建立合作关系，多维度支

■ 图为科学企业家第八期、第九期合影

持地方经济社会发展。各教学项目促进跨地域、跨行业、跨领域的深度沟通，有效完善和丰富地方科创金融生态。技术转移硕士项目对接北京市人才战略，吸引技术转移人才服务北京；创业者训练营项目激活地区创业氛围；全球创业领袖项目与北京、上海联合举办“薪火共燃”等培训计划，形成当地特色创新生态。

可以说，清华五道口已经成为科创金融教育的引领者。在2021年清华大学教学成果奖评选中，五道口金融学院的教学项目“科创金融人才培养体系：为金融赋能科技创新贡献清华力量”荣获一等奖。学院对科创金融人才培养体系的探索，得到了政府、市场和用人单位的广泛认可。在教育领域，金融赋能科创也成为行业发展的重要方向。学院各项目的培养定位、教学设计、内容组织等，对推动相关领域教学水平的提升、形成行业标准发挥了重要作用。

披荆斩棘，八期来袭丨清华五道口全球创业者8期正式开班

2021年10月22日，清华五道口全球创业者项目8期开班仪式在北京举行。来自全国各地的70位优秀青年创业者与资深投资人成为全球创业者项目大家庭的一员。

为了帮助同学深入解读创业难点，获得创业实践方面的指导与帮助，全球创业者项目特邀100多位业界权威的企业家和投资人作为创业导师，为创业者提供“创业＋导师”的线下闭门交流机制。TalkingData CEO 崔晓波，华文创投创始人、董事长姜山，高榕资本合伙人辛伟作为创业导师代表出席本次开班仪式并致辞。

全球创业者项目一直致力于链接校友资源，打造立体的创业生态社区，旨在通过跨行业创业者的集体智慧，助力创业者解决复杂的现实难题，通过互联互融的“创业＋校友”模式，学员不仅可以收获金融知识，也能结识志同道合的创业者伙伴，共同探索与成长。多位创业企业家作为本次校友代表分享了自己的创业感悟。

全球创业者项目8期集结了70位来自各行各业创新领域的优秀创始人及资深投资人，同学们对未来的课程也充满了期待。

新生代表表示，来清华五道口学习，是一个打开自己全方位认知边界的

■ 图为全球创业者项目 8 期班合影

机会，并且能够收获一群优秀的创业者同学，希望在创业道路上走得更有力量，不再孤单。

另一位新生代表感言，希望能与同学们一起并肩共进，为更多行业创造更大的社会价值，为清华五道口创造更多的辉煌。

最后，各位领导、嘉宾与全体同学起立佩戴清华大学校徽，共唱清华大学校歌。相信在未来的一年时间里，各位创业者将收获更多宝贵的知识财富，收获创业路上的关爱与友谊，在五道口收获属于自己的成长。

三、以高质量公益课程回报社会

学院的根本任务是立德树人，通过高质量的公益课程让更多人学到最专业的金融知识，提升公众金融素养，是学院回报社会最直接的体现。清华五道口有着庞大的公益项目体系，多为非学历学位教育，由高管教育中心一个专门的部门负责运营，这也体现了学院对公益课程的高度重视。

公益课程的办学思路紧密围绕学院的使命，在学院的统一部署和指导下开展工作。一方面，以金融服务社会公益为核心设计开发公益课程，从提升金融素养、服务国家战略、支持地方建设以及服务科技创新等不同维度，开设人才培养公益课程，办学目标与教学项目的设立集中体现了学院的社会责任，丰富了学院的品牌内涵，树立了良好的社会形象；另一方面，兴办公益课程能够为原先无法进入商学院的人群创造进入顶尖商学院学习的机会，进一步丰富了学院在“产、学、研、用、媒”等多领域的生态系统，对于在更广泛的领域和维度传播金融思想、传授金融知识、传递正确的金融理念与价值观、服务社会发展，具有重要意义。

（一）多元公益项目体系逐步形成

2019 年是学院公益课程整合、突破的一年。在学院的统一指挥和部署下，学院在原有公开课和定制与合作课程两大类业务基础上，新设公益课程条线，整合原来分散在各部门和业务线内具有公益属性的课程、项目，设计开发了新的公益课程、项目。经过两年多的探索尝试，公益课程稳步开局，积极发挥学科优势，开拓了丰富多彩的线上线下活动，以高质量公益课程提升从业人员和民众的金融素养，也提升了学院的品牌价值和社会影响力。

表 3　清华五道口公益项目

定位	主线	目标/合作对象	开设项目
体现学院社会责任，以高质量的公益课程提升学院品牌价值和社会影响力	金融	面向特定人群，提升职业素养，实现更大社会价值	— 清华五道口金融媒体奖学金培训项目 — 清华五道口慈善金融奖学金培训项目 — 清华大学金融普及教育训练营
		面向中央国家机关、各部委，服务国家战略	— 中央企业金融创新与经济发展专题研讨班
		面向地方各级党政机关，服务地方经济建设	— 北京市金融风险防控专题培训班 — 浙江省金融人才高级培训班 基层金融与发展系列专题课程
	科创	科创管理与服务	— 清华五道口科创管理与服务公益课程
		科创企业	— 清华大学中国创业者训练营 — 清华大学投资者训练营

学院以国家战略需要为导向，推出金融媒体、慈善金融、科创等公益课程；依托创新技术，尝试在线教育，探索金融普惠教育的模式与路径。在公益项目体系中有面向地方各级党委机关，服务地方经济建设的定制培训项目，也有面向特定人群，提升职业素养，实现更大社会价值的奖学金项目，更有持续开展的“清华大学中国创业者训练营”“清华大学投资者训练营”和“清华大学金融普及教育训练营”三大品牌训练营活动。“创业者训练营”以培养社会优秀企业家为己任，依托广泛的企业家和投资人校友资源，向年轻的创业者分享经验，提供交流平台。在延续举办传统封闭式短训模式的“创业

者训练营”基础上开拓“文创星计划”和“体坛家计划”，将创业服务向细分领域精细化渗透。“投资者训练营”在知识和经验基础上进一步拓展了资源对接平台，将沉淀的创业资源有效融合。“金融普及教育训练营”旨在通过对服务机构和人员的金融普及教育，提高从业人员金融素养，切实保障金融消费者合法权益。

各项目在新学员招募过程中严把进人关，除了要严格评估申请人及其所在机构的公益属性和代表性，也看重申请人在本职工作领域的“情怀”“坚守”等“软性素质”。课程注重实践交流，通过大量学员机构的参访与交流，促进学员与学院、学员之间的相互了解，从助力人才培养、赋能机构发展与促进区域经济发展等多角度，促进班级融合、院地合作和人才水平的提升。

截至 2021 年 10 月，学院举办了九期“金融媒体奖学金项目”，学员累计 738 人；举办“慈善金融奖学金项目”一期，学员 63 人；举办“科创管理与服务公益课程”一期，学员 87 人；承接“中组部调训项目”共四期，学员累计 126 人；举办“基层金融与发展系列专题课程”一期，学员 40 人；举办“南南国家金融领袖培养计划项目”两期，学员共计 43 人；举办“发展中国家金融领袖研讨项目”两期，学员共计 47 人；承接北京市委组织部举办“金融风险防控专题培训班”共四期，学员共计 244 人。举办金融科技在线大讲堂等系列线上公益沙龙讲座，累计参与人次超过千万人次，获得社会广泛认可与好评。

广受欢迎的“金融媒体奖学金项目”被学员们亲切地称为“金媒班”，说起开设“金媒班”的初衷，常务副院长廖理从两方面介绍了当初的想法：一是提升国内财经媒体的金融素养；二是传播金融研究成果，加强金融政策解读。据廖理老师介绍，“在美国上学时，有两三门课的老师都会把读权威财经媒体文章作为作业，上课的时候也会先引用当天报纸的文章，因为财经媒体上写的文章深度和商学院学习课程的深度是相匹配的。而当时国内媒体上基本以事实描述为主，专业性分析很少。所以当时我们就有一个想法，希望能够提升国内财经媒体的专业知识和金融素养。我们一直强调在‘金媒班’里要保证一线采编人员为主，这是与我们的初心密切相关的。”另一个更深刻的想法在于推动金融研究成果的传播和金融政策的解读。媒体往往会影响公众的判断，如果出现对金融政策的误读，将会带来非常严重的后果。为了将最新的金融研究成果和金融政策的正确解读传播给大众，金融学院要加强与专业媒体的交流和互动。

金媒班参照学院金融硕士的培养要求设置相关课程，邀请学院教授、金融监管部门专家以及相关金融机构的实践者授课，为学员分析经济金融形势，解读经济金融政策，加深学员对经济金融理论与实务的领会与把握；项目同时邀请金融传媒领域的学界及业界专家，分享金融媒体运作经验，提升学员对金融传媒产业的认识。通过系统的课堂学习以及多种教学活动，提高我国财经媒体从业人员的金融专业水平，推动我国财经媒体健康发展。

清华五道口－中国银行金融媒体奖学金项目八期班开学

2020 年 9 月 25 日，清华五道口－中国银行金融媒体奖学金项目八期（以下简称“金媒八期”）开学典礼举行，来自国内主流财经媒体及传媒相关领域的 76 位学员，通过层层选拔，进入金媒八期学习。

学院院长助理刘碧波介绍了学院历史以及未来的发展蓝图，并对学员们提出了殷切希望。他说，金媒班项目是学院最具影响力的公益项目之一，希望同学们珍惜难得的学习机会，端正学习态度，在清华五道口获得真知灼见，

图为金融媒体奖学金培训项目八期班合影

伴随学院一起成长。

金媒七期学员代表表示，这一代金融媒体人是中国经济转型升级、进入新常态、中国金融改革逐渐走入深水区的见证者、记录者、参与者。特别是疫情，更加注定了大家的人生经历和事业生涯是不平凡的。希望新一届的金媒同学可以把握好这次静心读书、学习交流的机会，共同为金融媒体的发展、为学院的建设贡献力量。

金媒八期学员代表表示，非常荣幸可以加入到金媒这个大家庭，并代表新生进行了表态，一定会珍惜这次机会，好好学习，希望同学们都能够心怀“空杯”心态、年轻心态，从零开始，一起探索、一起学习，减少“好奇心逆差”，加速进化，一起厚植自己的无形资产、知识资产。

（二）通过线上课程推动金融教育普及

近年来，学院拥抱互联网教育的时代潮流，探索新型教学方式，积极研发金融普及课程。2019 年 11 月 19 日，学院和“得到 APP”联合举行发布会，双方就“金融在线教育科研合作”正式签约。通过与“得到 APP”进行金融在线教育科研合作，以线上音视频的形式，让更多人可以学习清华五道口的金融课程。这是学院坚守教育强国初心、推动金融教育普惠的积极探索。“得到 APP”上特别开设的“清华五道口科研成果合作专区”正式上线，展示双方共同打造的教育产品。张晓燕老师的“风险管理课”、鞠建东老师的“国际贸易争端 21 讲”、田轩老师的“公司金融课”和余剑峰老师的“行为经济学”……多位资深教授的精品课程以深入浅出、通俗易懂的形式走向更广泛的群众之中，受到公众的热烈欢迎和广泛好评。

随着在线教育的普及，线上线下融合已成为高等教育发展的新趋势。2020 年，面对突如其来的新冠肺炎疫情，清华大学做出“延期开学，如期开课”的重要决定，号召全校用创新的技术、创新的手段应对挑战，全面推进线上授课和线上学习。学院迅速响应这一号召，以极高效率完成了技术方案和平台选择、内容策划和组织、系统调试等一系列关键工作，在 2 月 19 日成功上线“在线学习计划”。经过 3 个月的持续迭代，在线学习计划于 2020 年 5 月全面升级为“清华五道口云课堂”。随着新冠肺炎疫情在中国得到有效控制，云课堂的讲座主题从疫情背景下的分析与解读逐渐转移到探讨“双循环”新发展模式下的发展机遇、数字化转型等企业核心管理者最关心的问题。经过不断完善，云课堂已成长为学院推进金融教育普惠的综合学习平台，“在线大讲堂”“科学大家谈”“金融大家评”“未来已来——全球领袖论天下”等一系列品牌讲座陆续在云课堂开课。截至 2022 年 3 月，清华五道口云课堂共推出了 200 余场在线讲座，吸引了全网超过 1.55 亿人次收看。此外，依托金融专业硕士和金融 MBA 课程体系设计的在线教学项目“金融管理专业课”招收学员 1029 人，各项教学活动顺利开展。

学院之所以能够在疫情中做到快速响应，源于在线上教育领域的提早布局。学院曾孵化的在线教育平台——紫荆教育早已成为独立运营的公司。可以说，学院在线上教育的浪潮来临之前就已经准确把握在线教育的趋势，也用实际案例印证了采访中常务副院长廖理的一句话——提早布局，日拱一卒。

线上教学项目是学院金融教育体系向社会全面开放的变革，也是学院在线教育探索和创新的最新成果。发生新冠肺炎疫情后，在线讲座、在线公益课程方兴未艾。学院作为起步最早的院校之一，第一期课程上线后，社会认可度超出预期。这也使大家认识到，这种定价不高的在线普惠金融教育未来发展空间很大，对普及百姓金融知识也能发挥重要作用。廖理老师说到，“我们参照学院线下课程的要求，设计了包括在线学习、答疑、作业、小组课题汇报和考试等环节在内的整套学习方案。线上课堂是‘硬核’的，‘摸鱼’肯定不行，希望同学们通过在线的学习，搭建起专业的金融知识体系，实现严谨的金融研习和思维训练。”

要把线上教育项目做出品牌、做出特色、做出口碑绝非易事。线上教育是形式上的创新，教育的本质并没有改变。但在内容上，不能将线下的内容直接搬到线上，必须进行再开发。比如学员在线下上课时，可以在一起学习 6 个小时，因为有互动和交流，注意力容易集中。但在线上，如果在家里的电脑前学习 6 个小时，是一件很难做到的事情。所以线上内容需要更加精简、高效。为此，清华五道口的线上教育一是以公益讲座的形式，请著名的专家学者在 1 个半小时内与大家进行分享；二是在系统课程中把内容进行精选，将知识点提炼成一段一段的内容，适应线上学习的特点。

除了内容上的再开发，线上教育带来的挑战还体现在课堂管理、后台支撑、师资库建设等诸多方面。在课堂管理方面，线上项目的学习氛围如何调动，如何让大家积极主动、兴趣盎然地学习，如何进行作业、考试、思政教育等，还需要探索和讨论。在线过程中，因为师生无法通过面对面的交流建立信任，易发生信息外泄、过度解读的问题，更需要加强风险管理。在后台支撑方面，每个线上教育项目必须嵌入现有的教育管理体系中去，从招生选拔、后台管理，到教师授课管理、学籍管理、教学管理、成绩录入、课堂反馈，到最后的结业证书发放，每一个环节都需要实现线上化，整体闭环运行。线上教育项目的招生规模比线下课程大很多，对于运营部门的后台支撑能力有着不小的挑战。在师资库建设方面，学院比照五道口金融专业硕士或者 MBA 的教学体系和师资水准，对线上课程进行配置。采访中，高管教育中心负责线上教育项目的老师说：我们对课程内容是非常有信心的，但仅有课程内容好还不够，管理必须也要好。比如，线上课程的用户对于临时变换老师的情况，容忍度会更低。因此，学院现在专门建设了一个专属于线上课程的师资库，高管教育中心会提前半年就与老师确定好时间，避免临时变化，这与线下项目提前一个月相比，沟通量要大得多。另外，对很多身经百战的老师来说，直播这种上课形式也是一种不小的挑战，在镜头下很多小动作会被放大，语言输出要求更加精准，更加吸引人的注意力。这些问题都需要一套品控的方法论，帮助老师们找到线上教育的规律。

献礼清华 110 年华诞，清华五道口云课堂全网观看人次突破 1.1 亿

冬日已去，暖春即来，2021 年 4 月 10 日，在清华大学即将迎来建校 110 周年华诞之际，清华五道口云课堂达成了全网观看人次超过 1.1 亿这一重要里程碑。作为清华大学五道口金融学院推进在线教育创新、金融服务经济发展的重要举措之一，“云课堂”发轫于2020 年春季新冠肺炎疫情下的因变制宜，成长于在线学习常态化的社会需求，服务于学院“培养金融领袖，引领金融实践，贡献民族复兴，促进世界和谐”的历史使命，经过持续的建设，现已成为清华五道口推进金融教育普惠，开展在线活动和教学的统一平台。

伴随着信息技术的进步和网络的普及，学院早在 2013 年就成立在线办公室，探索线上教学新模式。“云课堂”的前身是学院于 2020 年 2 月面向

社会公众推出的在线公益学习计划。

新生的“在线学习计划”尽管略显稚嫩，但是凭借精准的选题、优质的授课、流畅的组织、便利的系统，赢得了授课老师以及线上社群的高度认可。经过三个月的持续迭代，在线学习计划于2020年5月全面升级为清华五道口云课堂。

持续的优化，对高标准的坚持，令“云课堂”逐渐形成了一套别具一格的精品系列讲座组合。“在线大讲堂”坚持以清华五道口的独有视角，聚焦于经济、金融、产业、科技、管理等领域的趋势性话题，邀请清华五道口最顶级的师资分享真知灼见；“科学大家谈”系列讲座专注于邀请诺奖、图灵奖获得者以及两院院士等国内外知名科学家，分享他们对前沿科技趋势的判断与展望；“金融大家评”邀请经济、金融界的大师级人物和知名专家，对重要政策和热点问题进行解读、评论。

2021新年伊始，云课堂又迎来一位重量级的新成员：“未来已来——全球领袖论天下”系列讲座。“未来已来”作为清华五道口的旗舰级论坛，邀请国际著名经济金融学界、业界、政商界、文化界的领军人物，从不同角度、不同层面阐述和展望世界发展前沿趋势，为学生和校友搭建终身学习、把握时代脉搏的顶级交流平台，旨在扩展清华五道口学生和校友的全球视野、掌握全球宏观经济金融最新动态、知晓科学技术最新前沿，多元跨界学习，培养具有国际视野的前瞻性金融领袖。

随着“云课堂”的影响力日益提升，众多互联网平台慕名而来，有新浪、腾讯、百度等老牌“大厂”，有抖音、哔哩哔哩等新秀“后浪”，有得到、知乎等知识社区，还有财经网、财新、彭博商业周刊等专业财经媒体，与清华五道口一同携手倾力推进金融教育普惠事业。

经历了空前的发展后，在线教育在“后疫情时代”将如何演进，这会给基于线下的传统教育模式带来哪些深刻影响？带着这些问题，“云课堂”将在实践中进行更深入的探索和研究，将知识与价值持续注入这个亟须答案的世界。

清华五道口首个在线课程“金融管理专业课”

2021 年 3 月 14 日，清华大学五道口金融学院首个在线课程“金融管理专业课”正式开课，318 位同学成为首期班学员，他们将开启为期 4 个月的线上学习。首期班学员中，51% 来自金融行业，49% 来自交通、贸易、制造、投资、文旅等其他行业，有 87% 的学员是企业的中高层管理者。

来自管理咨询领域的课程学员表示：“课程知识量很足，都是干货。我对之前学习的内容更加内化，加深了理解。老师带给大家的洞察非常重要。”“一直希望可以深入地学习金融，特别是投资方面的知识，恰好这个项目是在线学习的方式，很好地解决了自己身处异地的问题。”

“金融管理专业课”是学院金融教育体系向社会全面开放的变革，也是学院在线教育的探索和创新。课程依托金融专业硕士和金融 MBA 体系，设置了 3 大模块，16 门课程，将理论知识和业界实践有效结合，每周邀请一位清华老师做直播授课、答疑。

来自基金管理领域的课程学员说：“作为金融领域的从业人员，希望可以系统地学习一下金融。而金融学作为实践性学科，在不断迭代发展，需要持续更新自己的知识地图。一直以来对清华的课程质量都很有信心，亟须把专业性的内容再夯实一下，所以选择了清华五道口这个线上课程。”

金融管理专业课选择在每周日晚上 7—10 点进行授课，便于同学们平衡工作、学习和生活。对忙碌的管理者来说，在线学习的方式也提供了一个很好的解决方案。

为了充分体现金融管理专业课的交互优势，项目在教学管理模式和方法上做出创新。课程一方面参照学院线下课程的要求，设计了包括在线学习、答疑、作业、小组课题汇报和考试等环节在内的整套学习方案；另一方面，综合考虑在线工具的适用性和易用性，将清华五道口云课堂升级为一站式的学习平台，确保教学质量和班级管理标准。

四、发挥高校优势支持经济发展

构建新发展格局是一项战略性系统性长期性重大举措，既要全国一盘棋谋篇布局，也要发挥各地区比较优势，这对各省市地区发展提出了更高要求。为加快各地区经济发展，优化区域金融生态环境，五道口金融学院立足自身在行业研究和人才培养的专业优势，在加强政策研究、学术交流、高端培训、政产学协同等重点领域，构建新型院地合作关系。多年来，学院与多家政府机构、企事业单位签订合作备忘录，建立广泛、长期的合作，以高水平的科研成果、课题研究和高质量的人才培养，助力金融创新，服务地方经济社会发展。

（一）定制培训赋能区域经济

基于对国际金融发展脉络、中国经济金融现状及人才需求的深刻洞察，凭借雄厚的业界、学界资源整合能力，五道口金融学院以需求为导向，为北京市、浙江省等多地政府机构、企事业单位定制培训项目。定制课程以实战和价值为特色，紧贴金融实务，关注探讨业界前沿问题和实践创新，既接地气有深度、又有前瞻性和学术高度，有效帮助学员把握政策趋势、提升金融素养和专业管理能力，同时切实助力组织内部快速达成共识、加强战略制定与执行力，建立学习型组织文化，最终实现组织发展、业务促进与个人成长的多重受益。

党的十九大把防范化解重大风险作为决胜全面建成小康社会三大攻坚战的首要战役。2018—2021 年，学院受北京市委组织部、北京市地方金融监督管理局委托，为支持北京市打好“防范化解重大风险攻坚战”的任务、支持北京市“国家服务业扩大开放综合示范区和中国（北京）自由贸易试验区”建设工作，承办“金融风险防范和金融监管专题培训班”和“赋能北京金融发展，支持‘两区’建设推动金融开放发展专题培训班”。每期项目参训人数约 60 人，进行集中封闭培训。参训学员包括辖内各区主管副区长、金融办主任，市属委办局分管领导，市属企业和金融机构负责人等。

2015 年浙江省政府发布《浙江省金融产业发展规划》，计划打造万亿级金融产业，加快金融机构、金融市场、金融业务创新，建设“大金融”产业格局。为深入推进规划实施，推动地方金融改革创新，提升金融服务实体经济能力，经浙江省委组织部、省地方金融监管局委托，学院于 2016—2017 年承办“浙江金融人才高级研究班”，2018 年承办推进实施“凤凰行动”计划高级研修班。每期项目共 5 个阶段，每两个月安排一次，根据不同阶段课程特点，研修班分别在杭州、北京、上海、深圳等地举行。项目学员由浙江省地方金融监管局等单位推荐产生，其中包括各类金融机构负责人、相关服务机构、省内上市企业及拟上市企业主要负责人等。院地合作为浙江省进一步推进金融产业实力强和金融服务实体经济能力强的“金融强省”建设提供了助力。

薪火共燃 • 扬帆起航，海淀“薪火共燃”计划首期班正式开班

为加快建设全国科技创新中心核心区和中关村科学城，优化区域金融生态环境，清华大学五道口金融学院立足自身在行业研究和人才培养的专业优势，助力海淀加快金融创新，推动建设金融科技创新中心。双方着力加强金融创新、政策研究、学术交流、政产学协同等重点领域的合作，共同构建新型院地合作关系。

2019 年 10 月 31 日，清华五道口全球创业领袖项目特别计划暨海淀区“薪火共燃”计划（以下简称“薪火共燃”计划）第一期在清华大学五道口金融学院正式开班。“薪火共燃”计划是清华大学五道口金融学院与海淀区人民政府联合打造的针对海淀区优秀创新型企业的高端培训项目，旨在培养一批具有全球战略眼光、市场开拓精神、管理创新能力和社会责任感的优秀企业家。

清华大学五道口金融学院常务副院长、金融学讲席教授廖理，海淀区政府有关领导出席开学典礼并发表致辞。作为本次课程的责任教授，廖理提到，学院在金融服务实体经济与科创方面逐渐形成自己的一套体系，本次“薪火共燃”计划课程是一次重要的尝试，它嵌到学院原有的全球创业领袖项目里，希望学员们在学习过程中密切与老师互动，加强同学研讨，积极提出问题，互相学习，共促成长。海淀区政府领导在致辞中表示，“薪火共燃”计划基于合作、源于创新，承载着学院与政府共同的希望和期待，本次课程尝试也是进一步优化区域营商环境，深化实施创新合伙人计划的具体举措。

■ 图为海淀区“薪火共燃”计划首期班合影

（二）为地方经济发展提供智力支持

地方经济的可持续发展，离不开高端智库为地方政府建言献策。多年来，五道口金融学院发挥在金融领域的学术积淀和在交叉学科领域的优势，积极发挥智库功能，深化校地、校企合作，先后与北京、广州、苏州、成都等地相关部门签署合作备忘录，提供政策研究、人员培训等智力支持。以智力成果和实际行动，服务国家金融创新战略，助力地区经济发展。

习近平总书记就做好北京发展和管理工作强调，“北京要明确城市战略定位，坚持和强化首都全国政治中心、文化中心、国际交往中心、科技创新中心的核心功能。”为了支持北京市落实科技创新中心的战略定位，五道口金融学院与北京市政府开展了多角度多层次的合作，先后承担了两届首都金融创新奖的评选工作，参与起草北京市金融科技示范区、北京市金融科技研究院筹备方案等，助力国际金融科技中心建设。

2019 年，为了激励在服务首都重大战略和经济社会发展、引领首都金融改革开放、维护首都金融安全稳定中贡献突出的技术创新、制度创新、产品创新、组织模式创新和业务流程创新等优秀金融创新项目，北京市政府推出“首都金融创新激励项目”。该项目由北京市地方金融监督管理局主办，清华大学金融科技研究院承办，至今已成功举办两届。清华大学金融科技研究院作为评审活动的执行单位，充分发挥学术优势，精心设计评审方案，组建

■ 图为 2019 年金融创新实践研讨暨“首都金融创新奖”申报推进会

专家库，组织开展初审、复审、终审等工作，评选出一系列对首都金融业有突出贡献的科技成果和体制机制设计。该项目对发现、激励和推广优秀金融项目发挥了重要作用，产生了良好的社会影响，得到北京市政府以及业界的高度认可。

北京市西城区作为首都功能核心区，如何创新思维，将金融和科技方面的资源优势有机结合起来，是真正把资源优势转化为区域高质量发展的战略优势的关键。清华大学金融科技研究院作为交叉类科研机构，在金融科技的前沿发展，数字技术与金融领域的融合实践，金融科技的监管研究，金融科技的创业企业孵化等方面，有着丰硕的研究成果和行业领先的水平，与西城区战略规划需求高度融合，作为与西城区政府深度合作的智库机构，研究院参与了西城区战略发展规划中的多项课题，为西城区政府《关于支持北京金融科技与专业服务创新示范区（西城区域）建设若干措施》（简称“金科十条”）政策建言献策，并且围绕金科新区建设进行了多次项目合作，提供了上万字政策报告，协助西城区政府组织了“金融科技应用场景大赛”。“金融科技应用场景大赛”为金融科技底层技术提供了更多科技成果转移转化的机会，为通用技术创建应用场景提供了更好的供需结合渠道。通过院地合作，学院协助政府整合资源优势，推动西城区围绕首都战略定位，打造金融政策顶层设计高地、全球金融中心与金融科技中心。

（三）关注新经济、新业态、新模式

习近平总书记多次指出要加快发展数字经济，推进产业数字化和数字产业化。随着人工智能、5G、互联网、大数据、区块链等智能交互技术与现代生产制造、文化消费、教育健康、流通出行、商务金融等深度融合，以数字经济为代表的新经济发展势头迅猛。

以数据为要素、以信息网络为载体、以信息技术为手段的数字经济，催生了大量非传统的另类数据。另类数据与传统数据融合，推动智慧农业、智能智造、智能交通、智慧物流、数字金融、数字商贸、数字社会、数字政府、数字采矿等数字化转变。可以说，另类数据正在以其“新”促进实体经济增长，促进全社会生产效率的临界提升。五道口金融学院敏锐地捕捉到另类数据在数字经济中的重要地位，2018 年成立了智慧金融研究中心，投入大量科研力量，对于另类数据展开深入研究，逐步摸索另类数据的研究方向与研究方法，取得了前沿而丰硕的研究成果，成为国内另类数据研究的前沿阵地之一。

谈到如何依靠金融的思维和科技的手段，服务新经济、新业态、新模式，建设美好社会，廖理老师以众筹为例向我们介绍：“我们通过研究发现，众筹的方式同时满足了新产品开发和投资者的慈善心理。五六年前，学院就与贵州省金融办沟通，怎么用众筹的方式解决中国民俗产品逐渐消失的问题。比如贵州的苗绣、蜡染，安塞的腰鼓、剪纸。这些民俗产品代表了中国传统文化，但是由于没有稳定的市场需求，它会一代比一代衰落。我们就可以运用众筹的思维，打造一个平台把这些民俗产品更广泛地展现给公众。现在我们学院产业金融研究中心正着手建立全国民俗产品的数据库，自己打标签，自己去做文字、视频、照片。与此类似，运用金融科技的手段可以很好地推动我们建设美好生活。”

支持新经济、新业态，就要发现并培养新经济领域具有非凡领导力的商业领袖。多年来，学院与多家知名股权投资机构合作，共同发起顶级企业家培训项目，帮助这些在行业内已显著领先、在模式或技术上有革命性创新的新经济巨头，拓宽视野，更深刻地认知中国改革历程、国际环境、宏观政策

和未来趋势，补充本行业以外的知识素养，更好地成为推动中国创新创业的重要力量。例如，2018—2019 年清华五道口与泰合资本共同发起了两期“崇岭计划”，共 125 位来自新经济领域的顶尖创业者齐聚五道口，开启他们的学习之旅。从行业上，他们分别来自消费、教育、医疗、文娱、金融、出行、物流、人工智能、大数据、地产等领域，融合了新经济各行业企业。从企业发展阶段上来看，涵盖从 B 轮到 IPO 阶段的创业公司，部分学员的公司已经上市。再比如，为了提升新经济企业家对财经领域的理解与认知，加强与国家战略的配合与同步，学院与 GGV 纪源资本共同打造定制化课程，面向 GGV 生态里优秀的新经济企业家进行“金融学术前沿 + 中国金融实践”的系统化培训。邀请 55 位知名创业者，所代表企业分别来自 SaaS 及企业服务、前沿科技、汽车交通、数据服务、新消费、医疗健康等多个行业。在这里，创业者们回归学员的身份，在一年的学习中共同探索，协作共进。

“时代 • 变局 • 突破”崇岭计划二期正式起航

2019 年 9 月 6 日，以“时代 • 变局 • 突破”为主题的崇岭计划第二期开学典礼在清华大学五道口金融学院举行。65 名定向邀请的新经济头部企业领导者作为崇岭计划的学员正式开启了学习之旅。

崇岭计划第二期学员公司平均估值超过 10 亿美元，平均员工数超过 2200 人，涵盖了从 B 轮到 IPO 阶段的创业公司，辐射新经济各大行业，其中多家公司已经上市。领域分布在企业服务、人工智能、消费电商、文娱、教育、医疗、金融科技、出行物流等行业。

在开学典礼上，学院常务副院长廖理作了以“整合收购与创业公司成长”为主题的演讲。一期学员代表、二期学员代表分别围绕各自所在行业发展和创业心路作了分享。

开学模块的课程围绕当前宏观经济格局展开。清华大学国家金融研究院院长朱民围绕“后危机时代的金融风险、结构裂变”进行了精彩授课；清华大学五道口金融学院紫光金融学讲席教授鞠建东讲授了中美贸易争端和全球化重构；孙冶方经济科学基金会理事长、广东以色列理工学院校长李剑阁梳理了中国改革开放四十年的发展轨迹。

纪源创投研修班起航

2021 年 9 月 17 日，GGV OMEGA 计划（纪源创投研修班）正式开班。清华大学五道口金融学院常务副院长廖理、院长助理刘碧波，GGV 纪源资本管理合伙人符绩勋、GGV 纪源资本中台负责人曹琪携 GGV 团队成员和 55 位同学一同见证了 GGV OMEGA 的启动仪式。

GGV 纪源资本管理合伙人符绩勋介绍了 GGV 纪源资本的概况，他表示，“对于 GGV 来说，GGV OMEGA 不仅仅是一个计划，它是具有战略意义的，我们希望 OMEGA 计划就像“Ω”符号一样，作为一座桥梁能够连接创业者和清华五道口最权威的师资力量。”

小红书创始人瞿芳以及小鹏汽车联合创始人兼总裁夏珩也应邀出席开学典礼并致辞。在谈及创业者培训的必要性时，小红书创始人瞿芳表示：“创始人最重要的一个工作是认知迭代。要不断地认知自己，认知世界，才能找到自己和公司在世界的位置。”夏珩发言表示，尽管创业者在自己的企业管理千军万马，自己做大量的决策。但是，当创业者回到课堂可以重新保持空杯心态，重新做一次学生，安静地汲取很多新的理念，对所有“百战归来”的创业者来说是一次非常好的补给。

第八章

开放自信，促进世界和谐

学院常务副院长廖理曾说：“国际化能力提升，不单单是某项工作的国际化。在国际化的视野下，在清华建设世界一流大学的背景下，国际化要渗透到学院教学、科研和管理的方方面面。国际视野将成为五道口金融学院国际化能力提升的重中之重。”十年来，五道口金融学院始终坚守“培养金融领袖，引领金融实践，贡献民族复兴，促进世界和谐”的使命，也始终践行着“与世界同行”的承诺，立足中国，走向世界，努力成为具有中国特色的世界顶尖金融学院。

一、与世界同行——国际化的人才培养

（一）拓展学生国际视野

“中国如何从金融大国走向金融强国？除了苦练内功，还需要不断提高金融业全球竞争能力，不断提高开放条件下金融管理能力和防控风险能力，不断提高参与国际金融治理能力，这背后需要卓越金融人才的培养。”院长张晓慧强调。

作为中国金融改革进程的见证者和推动者，学院肩负起促进金融改革发展的历史使命，将全球胜任力作为人才培养的核心目标之一，强化清华特色，培养具有家国情怀和人类情怀的国际化人才。

学院不断开拓国际交流渠道，逐步建立多元、立体的国际化人才培养体系。面对不同学生成长的个性化需求，学院与海外一流商学院、国际组织机构合作，设置了博士生联合培养、硕士生海外交换、定制短期访学、海外实习等各类交流项目，拓展学生国际视野，提升学生跨文化交流能力和实践能力。

学院积极开拓金融学博士联合培养，先后派出学生赴哈佛大学、哥伦比亚大学、杜克大学、加州大学伯克利分校等进行学术访问。2016 年以来，共有 9 名博士生参与了联合培养项目，另有 3 名博士毕业后选择到海外一流商学院攻读博士后。海外学习研究的经历，让学生们更加深入地了解国际金融学前沿的研究方向和研究方法，为其成长为国际化高端学术人才奠定了坚实基础。

学院积极拓展海外合作院校，与海外院校签署学生交换协议，派出学生赴澳大利亚墨尔本大学、南非开普敦大学等学校进行学期交换的学习。

与此同时，针对金融专业硕士学制短、实践性强的特点，学院着重探索开拓海外短期交流项目，设立海外交流基金，鼓励学生参与国际交流项目，拓展国际视野，加强学生跨文化认知和对世界格局的了解。经过几年的努力，海外短期项目实现了在欧洲、美洲和亚洲的布局，与英国剑桥商学院、英国埃克塞特大学商学院、德意志联邦银行应用科技大学（德央行大学）、匈牙利考文纽斯大学、韩国 KAIST 等保持暑期项目交换。在此基础上，学院不断开拓短期定制项目，先后与美国圣母大学、英国雷丁大学、英国伦敦政治经济学院、美国康奈尔大学等开展合作，邀请当地专家、教授为学生授课，并在讲座授课的同时，安排访问当地金融机构、国际组织等，了解当地经济金融体系，学习从不同的视角看待全球及中国经济金融问题。

学院着重开拓海外实习项目，成功派出学生赴泛美开发银行、日本三井住友银行、亚洲开发银行、经济合作组织等多个国际组织和海外机构进行实习及调研，为国家积极参与国际治理培养和输送人才。2017 级直博生、国家奖学金获得者、北京市三好学生朱怡哲于 2019 年 7—9 月赴泛美开发银行

（IDB）进行了为期两个月的实习，主要参与数据分析等工作。在回忆起这段经历时，朱怡哲表示，“参加国际组织实习不仅是对专业技能上的挑战与提升，更多的是多元的冲击和更宽阔的视野，也同时伴随着文化上的交互和体验。这段实习经历不仅给我留下了一段美好的回忆，还让我重新开始思考未来规划。”

2016 年以来，学院累计派出学生 306 人次，年均派出人次占当届学生人数约 50%。

拓宽全球金融视野 开展国际人才布局——我院师生代表团赴美参访国际组织

为实现清华大学及学院国际化人才战略，增强国际话语权，构建“人类命运共同体”，美国时间 2018 年 1 月 16—19 日，清华大学五道口金融学院和清华大学职业发展中心师生代表团一行二十余人访问了泛美开发银行（IDB）、国际货币基金组织（IMF）、世界银行（WB）和联合国（UN）等国际组织，就实习、就业、学术交流等各方面的合作开展了交流和洽谈。

■ 图为代表团与泛美开发银行相关人员合影

■ 图为代表团在国际货币基金组织合影

2018 年 1 月 16 日，代表团赴泛美开发银行和世界银行参观访问，双方就如何在实习、就业、学术交流、合作研究等领域拓展双方的交流合作进行了热烈的讨论并取得了实质性的成果。

1 月 17 日，代表团一行赴国际货币基金组织参观访问。国际货币基金组织人力资源部门负责人详细介绍了该组织的招聘项目、任职要求和职业发展路径。通过座谈和交流，同学们进一步了解了在国际货币基金组织的职业发展方向和目标，坚定了赴国际组织实习与任职的决心。

1月18日和19日，代表团访问了联合国、联合国发展计划署（UNDP）、联合国人口基金会（UNFPA）、联合国儿童基金会（UNICEF）和彭博社（Bloomberg）美国总部，并与其中国职员进行座谈。代表团师生与联合国经济和社会事务部、职工养老基金、南南合作气候变化处和经济研究部等部门的职员分别进行了深入交流，对联合国的发展历史、现状及未来愿景有了进一步了解。在与联合国儿童基金会的交流中，双方就学生实习推送等事宜交换意见，并就具体方案进行了磋商。

本次国际组织参访活动旨在提升学生全球胜任力，搭建了学院与国际组织之间实习任职推送的桥梁，提升了学院学生的国际视野与全球情怀，在培养具有国际视野的金融高端人才道路上又迈出了坚实的一步。

随着中国在国际金融市场话语权的不断提升，学院也在着力培养了解中国、了解中国金融体系的海外人才。2013年，学院整合优势资源，创办了“未来金融领袖”国际暑期公益项目，项目为期两周，旨在为来自全球的优秀学生提供了解中国金融市场和文化交流的平台，同时也为学院学生创造跨文化交流的机会。

“未来金融领袖”国际夏令营项目已成功举办7届。共有来自德国、匈牙利、澳大利亚、美国等国家和地区的350余名学生参加了夏令营，生源学校包括哈佛大学、普林斯顿大学、杜克大学、宾夕法尼亚大学、斯坦福大学、芝加哥大学、剑桥大学、欧洲工商管理大学、德意志联邦银行应用科技大学、匈牙利考文纽斯大学、澳洲国立大学、墨尔本大学、悉尼大学等国际一流大学与机构。参加项目的芝加哥大学布斯商学院爱德华（Edward）表示：“参加清华大学五道口金融学院未来金融领袖国际夏令营是我人生中做过的最正确的决定之一。这个项目有一个鲜明特点，就是大多数授课教师都有海外经历，这样，他们就能够从自己的经验出发，正确比较中国和西方国家的市场差异。”剑桥大学珀尔·尼奥斯（Pearl Nyaosi）说：“参加这个项目，让我有机会和来自世界各地的同学交朋友，感受中国北京深厚的历史底蕴，使我受益匪浅。”

第五届未来金融领袖国际夏令营成功举办

2017 年 7 月 2—14 日，清华大学五道口金融学院第五届未来金融领袖国际夏令营在学院举办。本届夏令营录取 54 名海外学生，分别来自 21 个国家地区的 21 所国际知名院校和机构，在学院度过了为期两周的学习生活。夏令营邀请到我国多位金融学界与业界知名教授及专家为学员们授课，了解中国资本市场，探索金融前沿新知。在优化专业课设置的基础上，本届夏令营还设置了书法、武术、剪纸等丰富的中国文化体验课程，并参观了中国银行总部、清华大学校园，游览慕田峪长城等。理论和实践并重，提升了项目体验，得到了学员的广泛好评，学院的国际知名度和认可度得到了进一步的提升。同时，国际夏令营项目增强了学院的国际化氛围，成为学院学生与来自全球名校学生跨文化交流的重要平台。

图为夏令营文化课程合影

图为夏令营学员校园参观合影

■ 图为未来金融领袖国际夏令营学员分布

清华大学五道口金融学院与德意志联邦银行应用科技大学（德央行大学）、匈牙利央行保持着密切的合作。早在2003年，德央行大学校长施恩维茨博士及凯勒博士就访问五道口并为师生做讲座。此后，五道口每年都邀请德央行大学教授讲授“货币政策”“金融体系”“金融稳定和金融监管”等相关课程，一直持续至今。2015年，学院与德央行大学进一步达成短期项目交换合作。截至目前，共有61名学院学生赴德国哈亨堡参加“央行周”春令营，另有50名德央行大学学生参加学院“未来金融领袖”夏令营。

2016年，学院与匈牙利央行建立了短期交换项目的合作，双方高层多次互访。匈牙利央行行长两次到访学院，并为师生演讲。2016年至今，学院共有9名师生参加匈牙利央行暑期项目，匈牙利央行先后派出26名学生和职员到学院参加“未来金融领袖”夏令营。

（二）探索“一带一路”学位及培训项目

近年来，国家“一带一路”倡议已渗透到各领域，而金融作为撬动各国共建“一带一路”宏伟蓝图的支点，是开展政策沟通、设施联通、贸易畅通和民心相通的必要条件。为此，五道口金融学院成为国内最早在“一带一路”教育上进行全方位探索与实践的院校，通过设立金融EMBA“一带一路”项目（BRI EMBA），让金融更好地支持“一带一路”建设。

2017 年起，学院开办金融 EMBA“一带一路”学位项目，为 22 个国家和地区的 130 余名学生搭建起中国和东南亚企业家学习沟通交流平台，助力民心相通，促进跨国合作，共同探索“一带一路”倡议下的新机遇。该项目是全球首个“一带一路”相关学位教育项目，为中国和全球企业家打造沟通交流平台，加深对“一带一路”倡议及区域经济的理解，促进深度合作。

项目已开办 4 期，共吸引 200 余名来自 24 个国家和地区的企业高层决策者，部分学生在东南亚国家获得丹斯里、拿督斯里、丹姑等荣誉称号（如马来西亚财政部长扎夫鲁）。开办以来，项目共招收中国籍学生 929 人，外籍 152 人。BRI EMBA 首期班校友、印尼资深投资人潘镀（Pandu Patria Sjahrir）说：“来到中国最好的商学院学习，我不仅能够接受最前沿的学术培养，更可以以此为平台了解中国，了解中国市场，并同来自东南亚、中国的顶尖企业家建立联系。”

项目进一步扩大了学院的全球知名度，提升了学院国际化办学水平，同时也引起海内外媒体广泛关注。光明日报教育板块曾刊文称赞学院“一带一路”教育行动探索成效显著。联合早报、南华早报等多家外媒也刊文报道项目情况。

学院还开设“一带一路”相关高管培训项目，共吸引约 50 个国家和地区的 200 余名政府管理人员、业界金融领袖、企业家和资深媒体人士来到五道口学习。大家共话合作新模式，深度解读“一带一路”政策，探讨“一带一路”倡议下海外企业家在中国以及中国企业家在海外的新机遇以及合作前景，搭建了一个国际化的深度交流平台。

着眼于未来，学院还将继续与海外著名高校、“一带一路”沿线国家顶尖高校开展合作，积极培养和储备一批了解中国国情、通晓国际规则、具有全球视野的高素质复合型全球治理人才和商业人才。

（三）AACSB 国际认证工作

AACSB 认证是商学院国际三大认证之一，也是含金量最高的一个认证。AACSB 的全称是 The Association to Advance Collegiate Schools of

Business，中文名称是“国际高等商学院协会”，是全球首屈一指的商学院和会计项目非政府认证机构，自 1919 年开始推行高等管理教育认证。AACSB 认证制度严格、标准高，通过 AACSB 认证是商学教育到达世界级水平的重要标志。

为进一步提高学院教育质量和管理水平，提升学院在国内、国际上的影响力，2019 年，学院深入调研了 AACSB 国际认证规范及评估标准，全面评估学院自身情况，决定启动 AACSB 的认证申请工作。学院于 2020 年 7 月完成资格认证（Eligibility Application），于 2021 年 6 月完成初始认证（Initial Application），预计于 2025 年完成最终认证。

认证的工作过程，也是学院对标国际一流标准，全面梳理、完善教学体系、管理体系的过程，对于提升人才培养水平具有重要的意义。学院副院长田轩在采访中说：“我认为 AACSB 认证是我们现在经历的重要工作之一，这是一个国际商学院认证。经过百余年的发展，AACSB 的规范与评价标准已经成为全球管理教育的权威性标准，全世界只有约 5% 的商学院通过 AACSB 认证。我们可以把 AACSB 认证理解为加入国际顶级商学院俱乐部的‘入场券’。这项认证工作，是学院当前最大的一个跨部门、大规模的合作，是学院的一次‘军团作战’，要统一部署、统一协调。”

二、国际学术交流——开放、包容、创新的学术氛围

学院坚持和“请进来”“走出去”并重，积极承办国际学术会议、举办系列国际讲座，利用多种平台进行广泛的国际学术交流，极大提升了学术水平和国际合作水平。

与国际顶尖学术机构和金融机构合作举办的国际性学术交流活动，是学院面向海外的重要展示窗口。自 2013 年起，学院定期举办清华五道口学术研讨会系列，包括鑫苑宏观金融与资产定价学术讨论会、CIFER 宏观与国际经济学术讨论会和凤凰学术讨论会，累计举办二百余场，吸引众多海内外一流金融学者来访，营造了开放、包容、创新的学术文化氛围。在 2016 年和 2017 年与美国圣路易斯联邦储备银行合办的货币政策与金融稳定会议中，数十位来自中国人民银行与美联储的中美经济学家，共同探讨当前全球经济形

势中的金融与货币政策问题。

除了与国际顶尖金融机构合办学术会议外，学院还发起主办多个立足中国、面向世界的高端国际学术会议。

其中，清华五道口全球金融论坛旨在关注全球金融发展的新思想、新趋势、新实践、新动力，放眼全球，定位高端、权威、前沿，将分析形势、解读政策、建言实践与学术研究融为一体，是学院搭建的学术交流、思想碰撞的重要平台。

中国金融学术年会鼓励对中国金融问题的深度研究和探讨，推动最新研究成果尽快应用于中国金融改革和发展的实践，推进中国现代金融体系建设和金融创新。年会自 2016 年以来已成功举办 5 届，为国际学术交流提供了重要平台，成为学院一张亮丽的学术名片。

学院还举办了一系列学术讲座。“清华论坛暨五道口全球名师大讲堂”邀请到 10 位诺贝尔经济学奖得主来分享学术观点，促进了学术进步；“未来已来——全球领袖论天下”系列讲座广邀全球经济、政治、企业和文化等方面的领袖人物，与学院师生进行面对面交流。

2017 年由学院承办的首届金融研究协会亚太会议（SFS Cavalcade Asia-Pacific 2017），为全球金融学术界搭建了高层次、高水平、国际化的交流平台。该年会是享誉全球的国际三大金融学术高峰会议之一，此次为首次在中国举办。作为国内领先的金融高等教育机构和学术政策研究平台，清华大学五道口金融学院承办该会议，进一步扩大了学院的国际学术影响力，并有助于吸引全世界金融研究人员关注中国金融改革进程。

2018 年、2019 年分别在中国和加拿大举办的“加拿大央行－清华五道口－多伦多大学中国经济研讨会”，由学院与加拿大央行、多伦多大学合办。年会以中国经济增长及其对全球经济影响为主题，旨在加强研究人员和政策制定者对中国宏观经济问题的交流，促进对学术前沿的探讨和分享。研讨会不仅为经济学研究人员搭建了国际化的交流平台，促进对学术前沿问题的探讨和思考，更为中加金融监管机构搭建起合作沟通的桥梁，促进双方相互学习、深入探讨，在全球化的大背景下思考共同发展的道路。

特聘教授制度是学院吸引国际一流金融学者深度参与学院教学科研工作的重要方式。2012 年起，学院每年从海外高校或金融机构聘请 3 位特聘教授来院进行为期 2~4 周的访问。特聘教授在访问期间要参与授课、做讲座，并对青年教师的科研工作和合作研究进行指导。截至目前，学院已聘请 24 位特聘教授，对于学院形成前瞻性、创新性的研究构想，开展高水平的国际合作作出重要贡献。学院还定期邀请诺贝尔奖得主、国际知名学者来学院进行学术交流，分享最前沿的学术观点和研究方法，指导青年教师的学术研究，在开拓师生的国际视野、提升学术品位方面发挥了重要作用。

“请进来，走出去。”五道口的开放，不仅体现在学院层面广泛的学术互动，更体现在道口人走出国门，积极参与海内外学术交流活动。学院教师远赴亚洲、欧洲、北美参与由当地金融学会举办的年会，还受邀到包括哈佛商学院、麻省理工斯隆管理学院、伦敦政治经济学院、欧洲工商管理学院在内的世界一流院校，参与各种形式的学术交流活动，将自己最新、最前沿的研究成果展示给学界，同时也展现了五道口一流的精神风貌。

三、战略合作与发展——融心、融智、融力、融资

学院的发展与所处的社会经济环境是相互联系和相互作用的。如何能够和谐共处，相互促进，一直是学院努力探索的重要方向。其中既包括从社会各界汲取营养和力量，同时也包括自身积累的能力如何赋能给相关机构。

2014 年，学院设立了战略合作与发展办公室，专门负责学院对外合作交流、募资和创新发展的事宜。在近年来的工作摸索中，逐渐形成了“融心、融智、融力、融资”的工作理念。融心是指汇集广大校友、社会人士、团体和机构对祖国金融行业发展、金融人才培养的关心与爱心。融智是指汇集整合校内外金融及相关行业智力支持，为学院发展出谋划策。融力是指汇集社会各方力量，支持学院开展人才培养、学术与政策研究以及产业创新实践等。融资是指汇集捐赠基金，助力学院战略规划实施，实现长期可持续的发展。

（一）建立广泛的合作生态，相互赋能

学院与政府、行业协会、企业等各界广泛构建良性的互动协作关系，推动了合作机构的实践发展，也充实了学院发展所需的各类要素。截至目前，

学院与 37 家机构签署合作备忘录（其中包括企业 21 家、政府 6 家、其他机构 10 家），建立了全面而深入的合作，内容涵盖科研课题合作、人才培养、联合举办研讨活动、设立实习基地、实践基地等多个领域。与地方政府的合作中，学院充分发挥为区域发展建言献策、助力产业协同、对接产业资源、助力招商发展的重要作用。

服务地方发展——学院与上海市科技创业中心签署合作备忘录

2021 年 4 月 17 日，清华大学五道口金融学院与上海市科技创业中心签署合作备忘录，双方表示将在人才培养、企业孵化管理、产业研究、政策研究等领域开展合作。人才培养方面，在推进长三角一体化发展、科技创新创业人才培养的过程中，双方将发挥各自优势开展项目协同，努力提升长三角地区创新创业活力和人才队伍能力，探索人才培养创新政策，关注技术转移领域人才发展，进一步发挥上海龙头带动作用；孵化管理方面，围绕创业企业的孵育服务与管理，双方可协商联合举办各类特色活动、赛事，探索上海科技企业发展服务模式；课题研究方面，依托清华大学五道口金融学院在产业研究、政策研究等方面的平台优势，双方可聚焦创新创业、科技金融等方向合作开展课题研究，并可通过公开报告的形式联合对外发布。

图为学院与上海市科技创业中心合作备忘录签约仪式

（二）捐赠支持——水木相依，与子同道

根据清华大学远景战略，学院正为在 2030 年建设成为世界顶尖的金融学院而努力，而科研体系、教学水平、学生发展等方面的提升需要强大的财务支持。在高等教育界，校友及社会各界捐赠已成为世界一流大学财务收入的重要组成部分，也是评价世界一流大学的重要指标。在充分借鉴国内外经验的基础上，学院逐步建立了较为全面的捐赠体系，为校友和社会贤达参与学院建设提供了多种选择。

1. 面向学院战略发展需求，设计捐赠产品体系

学院发展基金：用于支持涉及学院长远发展的重要项目，包括国际化建设、校园基础建设、重点学科培育、学术交流平台建设等。

科研基金：用于开展科研支持及相关合作。学院根据金融行业发展趋势，在科研基金的支持下，先后成立了涵盖金融政策和传统金融、金融科技、产业金融等研究方向的研究中心。截至 2021 年，已有逾 80 家企业捐赠支持研究中心建设，成立了 20 余个研究中心。学院与外部企业的广泛合作有效推动了学院的科研体系建设、服务国家及社会发展。

奖助学金：学院肩负“培养金融领袖”的重要使命。通过社会力量的支持，与学院共同搭建多层次、覆盖学生从入学到就业全周期的奖助学金体系，为学生的全面发展提供有力的物质保障，助力学院实现育人使命，引导优秀青年学子“立大志，入主流，上大舞台，成大事业”。

讲席基金：为了更好地加强师资队伍的建设，支持学院全职教授潜心科研，创造更大学术价值和社会贡献，学院特别设立“清华五道口讲席基金”。

校友发展基金：校友发展基金取之于校友，服务于校友，为校友提供更好的服务，使校友之间、校友与学院之间联系得更加紧密，促进校友和学院共同发展。

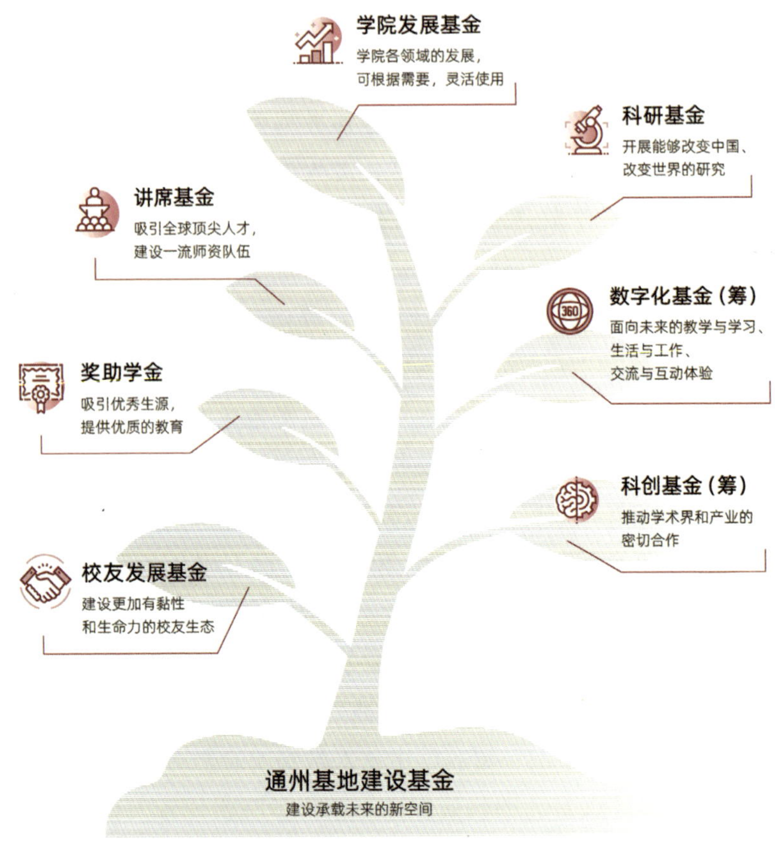

■ 图为清华大学五道口金融学院捐赠基金

2. 汇聚各界捐赠，用爱为学院赋能

金光集团 APP（中国）向清华大学五道口金融学院捐赠

2021 年 6 月 4 日，金光集团 APP（中国）向清华大学五道口金融学院捐赠，推动新经济、新金融及绿色金融等领域的科研发展。

金光集团 APP（中国）副总裁翟京丽表示，金光集团董事长兼总裁黄志源先生作为学院的老朋友，持续关注与关心清华五道口的科研创新发展。金光集团持续支持学院奖学金、奖教金，支持建设清华大学金融科技研究院，助力清华大学国家金融研究院全球家族企业研究中心、绿色金融发展研究中心开展学术研究。翟京丽表示，在新发展阶段，希望在以往成功合作基础上开启新的合作项目。翟京丽期待，与学院的交流能够汇集双方优势，为中国新经济、新金融理论研究与政策研究的创新发展，以及中国实体经济的绿色可持续发展和产融互联互通提供新思路，做出新贡献。

■ 图为金光集团捐赠仪式

自 2015 年以来，金光集团多次捐赠支持清华五道口的科学研究与建设发展，已成为学院最重要的战略合作伙伴与捐赠方之一。

清华五道口与阳光保险联手打造互联网金融创新研究中心

阳光互联网金融创新研究中心成立于 2014 年 9 月，是在中国互联网金融快速发展的背景下，依托于清华大学五道口金融学院，由阳光保险集团捐建。阳光保险集团在清华五道口发展初期，给予了大力支持与帮助，为学院未来发展奠定了良好的基础。中心的宗旨是依托五道口金融学院在金融领域的学科基础，充分发挥清华大学多学科的综合优势，继续发扬金融学院紧密联系业界的传统，整合业界资源，吸纳权威专家，组建一流团队，培养高端人才，推动互联网金融的研究及成果的转化、落地，把中心建成金融创新领域的权威智库，为政府监管部门和金融业界提供基础研究和决策支持。

■ 图为阳光互联网金融创新研究中心揭牌仪式

■ 图为部分金翼奖学金捐赠人

3. 凝心聚力，培育捐赠文化

校友是支持学院办学的坚实力量。校友们曾一同在校园里探索新知、分享洞见，如今虽星散各地，却依然牵挂小院里的一切。他们为学院的发展倾注心力、智力与财力，为教育事业做出积极的贡献。

学院凝心聚力，以学院文化为根基，以捐赠基金为载体，以全心服务为依托，以校友为中心，培育具有五道口特色的捐赠文化。通过多种互动形式营造捐赠氛围，引导校友回馈母校，打造“同道说”人物专栏系列文章报道捐赠故事，对捐赠人进行诚挚鸣谢，鼓励更多关心学院的校友和热心人士支持五道口教育事业发展。

（1）金融聚力，展翼飞翔——金翼奖学金助力五道口人才培养

2021 年，清华五道口金融 EMBA、“一带一路”班及金融 CEO 项目的校友发起“金翼奖学金项目”，用于支持全日制硕士、博士的学费、社会实践和科研活动，引导五道口青年学子“立大志，入主流，上大舞台，成大事业”。50 余名校友已热忱参与到此捐赠项目中。

（2）毕业班级集体捐赠树木——留下一份纪念的感恩

清华五道口公益项目班级“慈善金融首期班”向学院集体捐赠元宝枫一棵。片片绿叶动，拳拳校友情。树木捐赠不仅是感恩母校和同窗情谊的见证，也充分表达了校友们对学院发展的热切关心与美好祝愿。捐赠善款将汇入“清

■ 图为树木认捐照片

■ 图为慈善金融班捐赠仪式现场

华五道口学院发展基金”，用于促进学院人才培养、科学研究、学术交流及基础设施建设等工作，助力学院发展，共创美好未来。

“植根母校，情留校园”，捐赠树木将成为同学们离开金融小院儿后共同的牵挂。学院里的一草一木，都见证了大家求知的青春芳华；一枝一叶，

■ 图为 2021 年毕业典礼小额捐赠活动现场

■ 图为 2021 年开学典礼颁发教育贡献奖环节

都镌刻了大家共同的校园记忆。如今，树木捐赠，已经成为学院各类公益班同学留念以及表达感恩的心灵寄托。

（3）毕业典礼小额捐赠

为了培育捐赠文化，烘托捐赠气氛，学院在毕业典礼期间，尝试在院内公开活动中传递捐赠理念，宣传“更好的清华五道口”在线小额捐赠项目，鼓励毕业生们向学院捐赠，在毕业生心中埋下反哺母校的种子。

（4）向捐赠企业或个人颁发教育贡献奖

学院的发展得到广大校友和社会各界的大力支持。各届开学典礼上，学院举行清华大学五道口金融教育贡献奖颁奖仪式，向捐赠企业或个人表示诚挚感谢。

四、校友工作——校友与学院共同发展

团结互助的校友文化是学院重要的无形资产。正如张晓慧院长所言：“五道口校友是学院开放式办学理念可以落地的最为坚实的社会力量，也是五道口教学、科研与业务三结合办学模式得以成功坚持的关键所在，更是五道口办学最具特色的核心竞争力。”校友们为学院的发展倾注“心力”“智力”与“财力”，支持学院不断发展。首先，作为学院的决策机构，学院理事会

中有 4 名校友，他们在学院重大发展战略、学科建设目标、发展规划以及与业界关系密切的教学与科研方面提供了方向性指导。其次，学院战略咨询委员会中也有 11 名五道口校友，为学院发展战略提供建议。再次，校友们为学院联系讲席教授，捐赠研究中心、奖学金等，为学院打造国家金融智库、培养金融领袖的最优平台和建设世界一流金融学院发挥了极为重要的作用。复次，校友们广泛参与学院的师资建设、课题研究、招生工作、讲授学位及非学位课程、学生实习基地就业招聘等，使学生的学习得以从实践中来到实践中去，保持五道口特色的金融专业人才培养的生态体系能够不断健全和完善。

（一）用精神感召，凭情感凝聚

校友是十分宝贵的人才资源和教育资源，是学院发展中不可忽视的一支重要力量。世界一流大学都非常重视校友工作，把校友这支庞大的生力军视为宝贵财富。五道口办学四十余年，不少校友学有所成，活跃在政界、学术界和企业界，成为各个领域的中坚力量，也是学校可开发利用的人才资源。加强和校友的广泛联络，引进智力资源，无疑对学校事业的发展有着重要意义。学校最根本的任务是培养人，重视校友工作就是重视培养人的工作。校友工作是学校培养人这一根本任务的延伸和发展。

学院校友继承“不怕苦，敢为先，讲团结，重贡献”的五道口传统，践行学院“培养金融领袖，引领金融实践，贡献民族复兴，促进世界和谐”的办学使命，紧随时代的发展，深入中国经济金融改革开放的前沿阵地，设计、参与、推动我国经济金融改革，很多校友已经成长为杰出的金融界领袖、推动金融体制改革和经济社会发展的中坚力量，为五道口赢取了很高的社会声誉。

学院历来重视校友工作，校友会是开展校友工作的主要渠道。“联络校友，服务校友，促进校友和学院共同发展”是学院校友工作的宗旨。长期以来，学院校友工作秉持这一宗旨，以服务校友为中心，联络校友为抓手，努力推动“两个发展”的良性循环。

（二）自发而生，规范发展，欣欣向荣

自 2000 年 11 月由校友自发成立的第一个校友会——五道口北美校友会以来，学院及前身——中国人民银行研究生部的校友和同学相继自发成立了

按年级、按项目、按地区、按行业或按兴趣而组成的校友组织。

2010 年 7 月 31 日，由学院前身——中国人民银行研究生部的全体校友发起成立了五道口校友会。2012 年 3 月 29 日，学院成立时设立负责学院校友工作的职能部门——校友事务与合作发展办公室，2015 年更名为“校友事务办公室”。2018 年 4 月，清华校友总会正式批复同意在原五道口校友会基础上成立清华校友总会五道口金融学院分会（简称“清华五道口校友会”），并于 2018 年 12 月 20 日在清华五道口第五次校友工作会议上正式成立，选举产生了第一届理事会及主要负责人。

表 4　校友相关数据统计（截至 2021 年 7 月）

类型	届数（届）	人数（人）
硕士校友	38	2592
博士校友	30	317
金融 MBA 校友	5	303
金融 EMBA 校友	7	529
金融 GSFD 校友	5	550
金融 CEO 班校友	2	134
科学企业家校友	2	107
全球创业者（原全球创业领袖）校友	5	284
文创金融（原文创金融领袖）校友	1	54
金媒班校友	8	647
广发班校友	4	61
慈善金融班校友	1	58
本科辅修校友	4	424
备注：①两重或多重校友身份的校友汇总时只统计为 1 人；②尚有部分培训项目校友未统计在内		

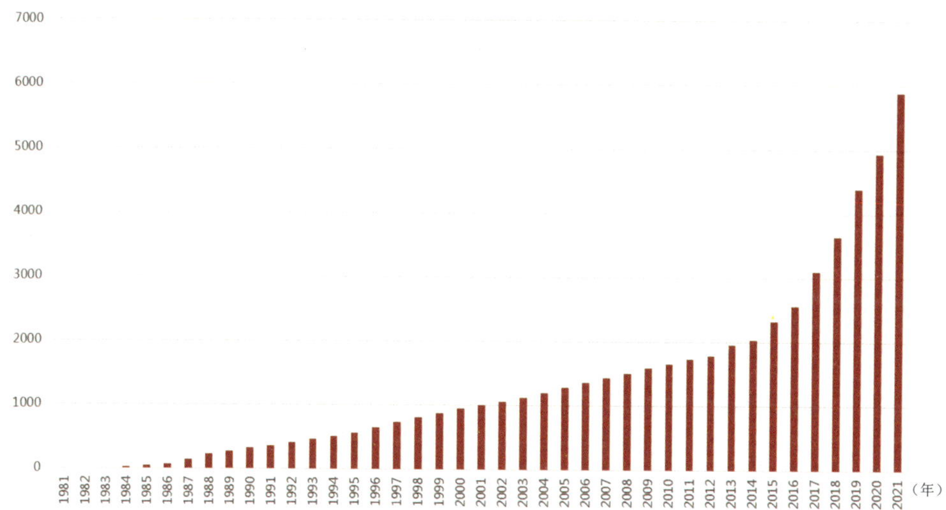

■ 图为历届校友年度累计总人数

（三）以研究为驱动，促进学院与校友共同发展

2018 年 9 月 12 日，学院设立校友发展研究中心，旨在研究校友发展的理论与实践，探索校友发展规律，完善学院服务校友发展体系建设，鼓励校友支持学院人才培养、事业发展，促进校友与学院共同发展。

为了及时收集和整理学院的珍贵史料，总结五道口的办学经验，学院启动了院史研究工作，对五道口历史档案资料进行了广泛搜集、分类整理、仔细复核、认真研究。联系人民银行总行办公厅、人事司、研究所等部门和北京大学、人民大学等单位，查阅《金融时报》《金融研究》《中国金融年鉴》《当代金融家》等报纸杂志，面向广大师生校友征集史料，访谈了部分五道口负责人、导师、授课教师、各年代校友。历时 3 年多，在五道口创办 40 周年之际，完成了《五道口纪事（1981—2012）》的编辑出版，并于 2021 年 4 月，在第二届清华五道口校友发展论坛上举办了《五道口纪事（1981—2012）》新书揭幕仪式。《五道口纪事》如实地记录了五道口办学历程与主要事件，为我们回顾五道口的办学历史和总结五道口的办学经验提供了丰富翔实的资料。全书分为“五道口大事记”与“院史访谈录”上、下两篇。上篇“五道口大事记”以历史档案记录为准，按时间顺序以编年体的形式简述五道口重大事件。下篇“院史访谈录”主要根据被采访人员的回忆和口述，生动地记录五道口创立和办学过程中的真实往事。

（四）校友发展论坛，搭建校友终身学习的平台

校友发展论坛是五道口校友的年度盛事，在每年 4 月校庆期间举办，宗旨是“服务校友发展，促进校友融合”。论坛专注经济金融领域，聚焦当前经济改革与金融发展的重点、热点和难点问题，涉及经济金融形势分析与宏观政策研判、中国银行业改革与转型发展、绿色低碳发展与碳中和的机遇与挑战、资本市场高质量发展与服务实体经济等话题。各位校友嘉宾以丰富的从业实践和感悟，分享智慧与经验，解读政策和难点，对金融人才培养、学术政策研究、未来行业发展带来了新的洞见。

学院把论坛作为“五道口校友终身学习计划”的开端，让清华五道口校友与学院保持永久联系，坚持终身学习，紧随时代发展，不断超越自我，书写精彩人生。

下篇

奋楫新征程

十年磨一剑，励得梅花香。回首2012—2022年，清华五道口融汇清华百年的文化积淀与学术优势，传承“五道口”沟通业界、引领实践的优良传统，在清华大学和中国人民银行的指导和支持下得到了快速发展。根据清华大学第十四次党代会提出的中长期发展目标，到2030年清华大学将迈入世界一流大学前列，到2050年成为世界顶尖大学。作为清华大学的一员，学院对标“世界一流、中国特色、清华风格、道口传统”的要求，积极寻找差距与不足，对未来发展有着非常清晰的规划。

作为学院第一个十年的亲历者和建设者，学院常务副院长廖理说：“从时间轴上来看，学院就像小学生还没有成长起来，虽然形成了一定的口碑，但还远远不够。学院最基础、最根本的工作就是人才培养。这十年在人才培养方面虽然逐渐得到认可，但一方面我们培养的学生还有待社会的检验，尤其是我们培养的面向学术界的博士生，要提高与国际知名高校毕业生的竞争力，还需要一定的时间；另一方面学生的规模还不够大，社会影响还没有充分体现出来。而在科研和服务国家发展战略方面，我们要解决中国问题，要鼓励大家多用中国的数据去发表论文，多在高水平的杂志上发表研究中国问题的论文，把论文写在中国大地上，在这方面我们还有很长的路要走。”

展望未来，在世界格局发生深刻变化的背景下，在十年发展的新起点，清华五道口将以通州基地的建设为契机，做好宏观筹划、谋篇布局，积极践行“培养金融领袖，引领金融实践，贡献民族复兴，促进世界和谐”的使命，为新形势下经济金融的稳定发展提供更多高端人才和智力支持。

第九章

行而不辍，通州院区崭新画卷正开启

清华大学通州金融发展与人才培养基地（以下简称“通州基地”或“通州院区”）占地面积 14.16 公顷，规划建设总面积 50 万平方米，是北京城市副中心的重点建设项目，也是清华推进“双一流”建设的重要支撑性项目。2018 年 6 月，为结合清华大学建设世界一流金融学科，培养高层次、创新型、国际化的金融人才发展目标，更好地促进北京市金融业的发展并服务于通州新城的建设，清华大学和北京市通州区人民政府正式签订了全面合作框架协议，以及合作建设清华大学通州金融发展与人才培养基地的协议。根据协议，基地将遵循国际最先进的金融学科和商学院高等教育模式，以及国际一流的高端人才培训模式，开展教学、科研、高端人才培训等活动。

2019 年 11 月，清华大学启动了通州基地校园国际设计方案征集，完成了整体概念设计方案。项目于 2021 年 3 月正式启动，2021 年 12 月开工建设。建成后的通州基地，将依托清华大学五道口金融学院，培养国际化高端金融人才，构建金融科技交叉研究平台、金融学术国际交流平台和金融科技成果转化平台，更好地促进国家金融业的发展并服务于北京城市副中心的建设。

学院将以通州院区建设为契机，汇聚社会各方力量，与支持学院建设和发展的合作伙伴携手同行，在迈向具有中国特色的世界顶尖金融学院道路上不断奋进，续写更加辉煌的新篇章！

一、通州院区——承载更大的梦想

通州院区将成为清华大学在北京城市副中心的一张亮丽名片，为学校的长远发展战略布局。2021 年 3 月 11 日，在清华大学通州金融发展与人才培养基地项目启动仪式上，清华大学、北京市、副中心管委会以及通州区领导共同推动象征清华大学通州金融发展与人才培养基地项目启动的操纵杆，标志着清华大学通州金融发展与人才培养基地建设迈出重要一步。时任清华大学党委书记陈旭指出，通州基地项目建设是清华大学发展新篇章中的重要组成部分，是学校积极参与北京发展副中心建设的重要内容，更是北京市委市政府高度重视高等教育发展、支持清华大学一流建设的重要举措和重要项目。清华大学通州基地将以服务国家战略，支持地方发展为宗旨，充分发挥清华大学在金融领域科技创新及人才培养方面的优势，准确把握新发展阶段、深入贯彻新发展理念、构建新发展格局，依托清华大学五道口金融学院和继续教育学院，高质量建设具有国际视野的金融科技研究与产学研合作，打造国际化高端人才培养项目。清华大学将以通州基地为重要抓手，坚持正确方向，坚持立德树人，坚持服务国家，坚持改革创新，与国际最顶尖的教育机构开展高水平、多层次合作，广育祖国和人民需要的各类人才，努力为国家建设提供智力支撑，更好地服务北京区域创新体系建设，带动通州区金融科技发展和高端人才聚集，服务于首都、京津冀地区和全国经济社会发展。相信通州基地一定会成为清华大学未来发展的新战略力量，为社会主义现代化强国的建设作出应有的贡献。

通州院区将成为发挥京津冀协调发展示范带动作用的有力支撑平台，助力北京城市副中心发展。北京市在科技创新领域一直走在全国前列，在科技与金融的融合发展中也提前布局，全面推进。2017 年 8 月 14 日，时任北京市金融工作局党组书记、局长霍学文一行访问清华大学五道口金融学院，听取学院对首都金融发展布局以及京津冀协同发展和雄安新区发展金融业的构想和意见，并提到：北京市建议学院到副中心建设教学区，加强与学院的合作，带动北京市金融业的发展。2019 年 1 月，国务院在《关于全面推进北京服务业扩大开放综合试点工作方案的批复》中，明确提出建设“国家级金融科技示范区”，这标志着北京金融科技与专业服务创新示范区建设正式纳入国家战略。根据《北京城市副中心（通州区）国民经济和社会发展第十四个五年规划和二〇三五年远景目标纲要》，“十四五”时期，城市副中心将打造公共服务新高地。在教育方面，将全面提升教育现代化水平，以补足教育设施短板和促进教育公平为基础，以提高教育质量为核心，以深化教育改革为动力，努力办好人民满意的教育。清华大学通州金融发展与人才培养基地建设，无疑是城市副中心加强高等院校建设中的重要一环。

在通州基地启动仪式上，北京市副市长、北京城市副中心党工委书记、管委会主任隋振江指出，“十三五”时期，在党中央坚强领导和全市人民共同努力下，副中心的规划建设取得了重大成绩，城市框架全面拉开，城乡面貌实现大变化。贯彻总书记新发展理念，更多集聚高端要素，将城市副中心打造成服务构建新发展格局的重要支点、京津冀协同发展桥头堡和国家绿色发展示范区，努力把城市副中心建设成为新时代的精品城市基本成型，在“十四五”将愈加成熟，清华大学通州人才基地项目恰逢及时，大有可为。北京市委市政府高度重视与清华大学的深化合作。清华大学作为百年名校，拥有深厚的历史底蕴，拥有强大的学科力量和广泛的社会影响，一定要和清华大学通力合作，把这一项目打造成为副中心集竞争力、吸引力和创新力为一体的重要载体，打造成为副中心发挥京津冀协同发展示范带动作用的有力支撑平台。

通州院区将为学院实现跨越式发展、建设成为世界顶尖金融学院注入强劲的内生动力。尽管学院的实力不依赖于一个更大规模的校园，但学院当前的硬件约束已经非常明显，因此学院通过各种方式扩大教学和办公区域，比如租用双清大厦 4 层作为办公地，在香山饭店修建了三间阶梯教室，又分别建设了上海、深圳、珠海学习中心。这些举措一方面是对现有教学设施不足的一个补充，同时也是“移动校园”的重要基地。当然，通州院区对学院的发展而言，机遇与挑战并存。在承载更多构想的同时，也带来了包括招聘更多高质量师资以及运营本身等压力。对于通州院区的建设，学院领导认为，要处理好学校对人才培养的终极目标和眼前工作的关系，“最重要的是我们的目标和初衷不能变，不能忘记我们出发的目的。”

清华大学通州金融发展与人才培养基地项目已正式启动，学院将结合通州基地规划，坚持高质量发展，注重内涵式建设，实现办学规模与办学质量共同提升。未来，学院将按照清华大学的统一部署，全力推进通州基地的建设，服务国家战略，助力北京市实现科技创新中心功能，助力城市副中心金融科技产业的发展。

二、校园建设原则与服务保障

学院对通州院区建设高标准谋划、全方位整合。坚持国际一流、中国特色、清华风格和五道口传统，对标世界知名商学院，吸收国际校园规划的先进理念，融合教学、科研、国际交流、生活为一体，形成开放、多元、创新的校园氛围。规划设计兼顾校园传统文化和可识别性开展规划设计，统筹考虑未来发展和当前实际需要，大力改善学院软硬件环境，提升办学服务与支撑能力。

据了解，通州院区将秉承国际化、文化传承、绿色低碳和经济性四大建设原则。

国际化原则——建设国际化的校园。对标世界知名商学院打造校园建筑，秉持开放、国际化的设计理念，打造丰富的商学院使用空间，提供多样化交流平台。充分吸取国际校园规划的先进理念，将教学、科研、国际交流、校园生活融为一体，形成开放、多元、创新的校园氛围。

文化传承原则——建设独具文化特色的校园。作为清华大学在京的一个外部独立校区，校园设计中既要充分体现清华大学校园文化的传承，体现五道口院区的设计风格，也将注重培养可识别性，从外部空间设计、景观设计、建筑内部空间设计形成整体性设计。

绿色低碳原则——建设可持续发展校园。注重校园建设、运营、管理的全过程，在能源、水、交通、废物、绿地、绿色建筑等方面形成整体性对策，创造人与自然和谐共生的人工环境，做到环境和谐、功能和谐、布局和谐。

经济性原则——建设集约高效的校园。考虑副中心集约土地使用和北方地区气候特点，集约用地，充分利用地下空间，提高土地利用率，合理配置功能，避免空间浪费，营造现代、高效的校园空间和交流环境。

在服务保障方面，通州院区将按照清华大学“十四五”规划要求，以服务保障清华新百年发展战略为中心，积极回应师生对美好校园生活的期盼，坚持立德树人，坚持持续发展，坚持内涵发展，坚持开放发展，坚持创新发展，健全服务保障体系，增强服务保障能力，提升服务保障品位，努力建设美好校园、平安校园、健康校园和幸福校园。

三、礼乐相融的校园设计理念

“礼以道其志，乐以和其声”，中国的礼乐文化，体现了中华民族精神的根源。反映在规划艺术上，“礼”者，天地之序也，强调轴线、序列、规则；“乐”者，天地之和也，凸显自然、灵动、和谐。

通州院区建设将结合两者之精髓，以“礼”之序，秩序群物，营造仪式感的学术组团，体现有序、严谨的治学态度；以“乐”之和，和而不同，构建意趣盎然的生活组团，形成互动、艺术宛若天开的自我探索及休憩乐感空间。礼乐相融，秩序和谐亦是通州院区规划的基本理念。

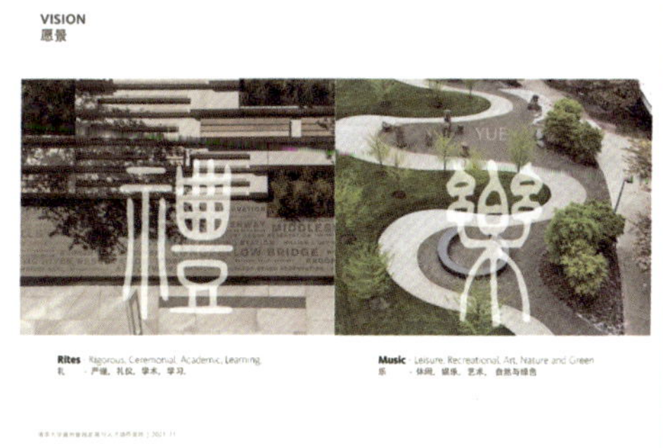

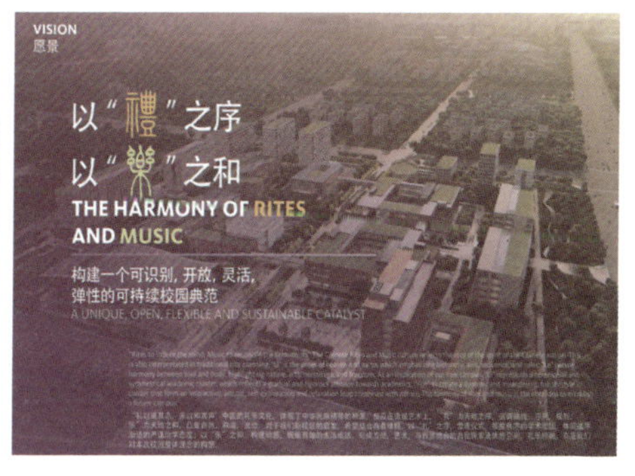

CONCEPT
设计概念

图为通州院区展现的礼乐相融设计理念

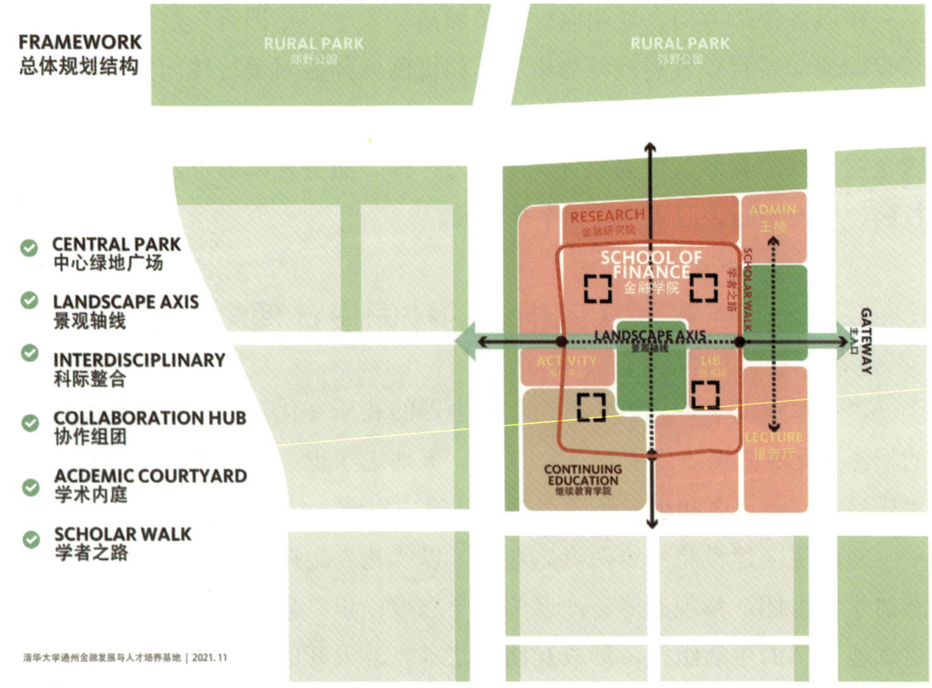

■ 图为通州院区总体规划结构

“创建新校园是一个让人振奋的过程。它让设计师有机会向人们展现教育如何在城市中扮演重要的创新及活跃元素。”通州院区的设计师团队说。“我们致力于以六大策略创建一个令人印象深刻的校园。”富有标识性的入口——未来广场，强调东西景观轴线，体现兼容并蓄的时代特征；中心广场连接四方庭院，以“礼”之序，使校园中央广场成为核心；保留原有规划道路的通行能力，削弱校园内机动车交通功能，形成以中央礼乐广场为核心的步行优先区域；学院教学组团围绕中央礼乐广场布置，紧凑且灵活高效；以“乐”之和，学者之路和生活配套设施蜿蜒盘桓于教学组团外围，形成一条供师生游憩、探索和放松的生态之路；下沉广场和二层步桥系统为校园各类功能建筑之间构建了多层次的链接。

项目规划范围内共计 4 个地块，根据地块详细规划，按照校园不同功能，将北部两个地块规划为学院科研与教学服务区以及配套生活设施，东南地块规划为国际交流区，西南地块规划为继续教育服务区及其配套设施。各区域联合互动，又可独立运行。新院区以校园中央广场为核心，四周布置各学院的教学组团，外围是蜿蜒有趣的生活娱乐活力带。多元混合的场所感营造深刻的空间和文化记忆。通过完善的步行联系和多元场景构建，在空间上四个地块既相互联系呼应，又满足相对独立管理的需求。

景观围绕“礼乐”概念出发，整体打造校园的开放空间系统。为了建设集约高效的校园，提高土地利用率，最大限度地开发地下空间建设，点缀在“自由绿带”上的下沉庭院，把景观、建筑、地上与地下空间，完美地融合在一起，也为环绕其周围的学生生活、运动、休闲空间提供自然采光。地下公共通道串联起校园生活、教学、科研、交流等节点，形成开放、多元、创新的校园氛围。下沉广场和二层步桥系统为校园各类建筑之间构建了多层次的联系可能。除了地下联通道的串联外，校园主要建筑均可通过二层、三层的连廊联通，实现各个功能组团之间多层次的无风雨连接。

内“礼”外“乐”的设计格局，以“礼”之序，营造仪式，规整秩序的学术组团，体现循序渐进的严谨治学态度；以“乐”之和，构建动感、蜿蜒有趣的生活组团，形成具有互动性、艺术性，与自然结合的自我探索及休憩空间。模糊道路的边界，使道路与绿化相结合，创造出更多宜人的校园步行空间。学者之路蜿蜒盘桓于教学组团外圈，移步易景，每分钟的步行旅途上设置有独立的景观，指示和休憩点，丰富步行体验。

四、爱心捐赠为通州院区汇聚力量

未来已来，蓝图成真。这个被寄予厚望的新院区，将为学院发展提供充分的物理空间，注入强劲的内生动力，成为国际化高端金融人才培养基地、金融智库中心、金融国际交流中心、新金融产业国际中心。

清华大学五道口金融学院是金融学子人生梦想起航的见证者，更是校友们心念温暖的大家园。沃土育根，苍穹纳枝，身在四方的校友们也在密切关注着通州院区建设的点点滴滴。在院区建设的契机下，学院设立了“清华大学五道口金融学院通州基地建设基金”，为校友及社会各界热心教育事业的爱心人士直接参与学院的建设提供了渠道。同时发起了“更好的清华五道口”捐赠活动，形成一条与校友、社会紧密联系的情感纽带，营造更多“家”的氛围。

2021 年是清华大学 110 周年校庆。学院特别开放了通州基地千人报告厅

110 把座椅的冠名捐赠名额，一心一椅，行思坐想，以此记录和铭刻捐赠人对新院区建设的热忱和贡献。活动开放不到 24 小时，110 把座椅的冠名捐赠名额全部认捐完毕，校友们纷纷表示“还没有来得及参与就结束了，为学院添砖加瓦也要‘拼手速’”。

随着通州院区规划建设的推进，通州新院区的面貌日渐清晰。一些校友群体及个人，以及热心教育事业的社会力量开始关注院区内单体建筑和功能空间的捐赠冠名，还有一些企业家结合自身产业提供院区建设的实物支持，很多教职工、刚刚步入社会的毕业生以及社会爱心人士也希望通过捐赠冠名一棵道旁树、一盏路灯、一块地砖等形式，亲身参与到打造世界顶尖金融学院的进程中，在这座充满希望的校园里留下自己的印记，与清华五道口建立长长久久的连接。

■ 图为通州院区规划图之鸟瞰图（阶段图，以实际规划审批、建设为准）

■ 图为通州院区规划图之主楼（阶段图，以实际规划审批、建设为准）

■ 图为通州院区规划图之教学楼（阶段图，以实际规划审批、建设为准）

■ 图为通州院区规划图之千人报告厅（阶段图，以实际规划审批、建设为准）

通州院区建设大事记

2017 年 8 月 14 日，北京市金融工作局党组书记、局长霍学文一行访问清华大学五道口金融学院，听取学院对首都金融发展布局以及京津冀协同发展和雄安新区发展金融业的构想和意见，并建议学院在通州首都副中心建设通州院区。

2017 年 9 月 7 日，在北京市金融工作局的协调下，学院党政领导班子专程赴通州实地考察，并与时任通州区委书记杨斌、副区长雷晓宁等就学院落户通州的可能性进行交流。

■ 图为北京市金融工作局领导访问金融学院

■ 图为学院党政领导班子赴通州实地考察

2017 年 12 月 7 日，学院院务会讨论建设通州院区的提案，得到院务会成员的一致支持。

2018 年 1 月 2 日，学院在学校核心会上汇报建设通州院区的设想，会议原则通过学院提出的建设方案。

2018 年 1 月 19 日，学院召开院务会，成立通州院区规划小组。

2018 年 4 月 8 日，学院常务副院长廖理、党委书记顾良飞等访问通州，与通州区常务副区长崔松光、副区长阳波及发改委、住建委、规土分局等部门负责人会谈，就协议签订、土地划拨、政策支持等方面达成初步一致意见。

2018 年 4 月 10 日，学院党委书记顾良飞等参加通州区政府工作会议，区委副书记、代区长赵磊，常务副区长崔松光等区主要领导及政府办、发改委、住建委、规土分局等部门听取了学院关于通州院区初步规划的汇报。赵磊表示，清华五道口落户通州，对副中心的建设和未来的发展具有重要的意义。通州区要打破常规，加快推动五道口金融学院落户通州。

2018 年 6 月 15 日，校长邱勇、副校长尤政一行访问通州区，并与通州区委书记曾赞荣，区委副书记、代区长赵磊，副区长阳波进行交流座谈。随后，双方签署《北京市通州区人民政府 清华大学全面合作框架协议》《北京市通州区人民政府与清华大学合作建设清华大学通州金融产业发展与人才培养基地协议书》，赵磊与尤政分别代表通州区和清华大学在协议上签字。

2018 年 12 月 26 日，学校校园专项办公室上交国家教育部审批文件。国家教育部发展规划司正式接收审批文件，着手上报审批。

2019 年 4 月 10 日，学校正式取得通州基地建设项目教育部立项备案批复，文号“教发函 [2019]15 号”，教育部同意清华大学建设通州金融发展与人才培养基地。

2019 年 4 月 24 日，学院组织开展建筑设计单位考察工作。来自国内外 14 家设计单位向廖理、顾良飞等院领导进行单位介绍，并对院领导的提问进行解答。考察工作取得初步成果，明确下一步设计单位选择思路。

2019 年 9 月 18 日，学校常务副校长王希勤一行访问通州，并与通州区委书记曾赞荣，区委副书记、区长赵磊，副区长阳波，区委办主任鲁新红针对“清华大学通州金融发展与人才培养基地”项目事宜进行交流座谈。

2019 年 10 月 25 日，通州基地建设项目建筑设计方案征集公告发布，于

■ 图为王希勤一行与通州区委领导交流座谈

“中国招标投标公共服务平台”“中国政府采购网”“清华大学招标招租网站”“北京科技园拍卖招标有限公司网站”同时发布。

2019 年 11 月 19 日，召开通州基地建设项目资格预审评审会。会议通过记名投票方式，从 28 名应征申请人中，确定了 5 名应征申请人作为本次方案征集活动的最终应征人。资格预审评审委员会同时向主办单位推荐了 3 名应征申请人作为本次方案征集活动的候选应征人。会后结合评审结果，启动方案征集工作。

2019 年 11 月 29 日，召开通州基地建设项目情况介绍会。建设单位向 5 名设计应征人介绍项目概况，并携设计应征人现场踏勘。

2020 年 1 月 7 日，召开通州基地建设项目中期评审交流会。设计单位逐一向建设单位介绍方案设计思路及初步设计成果，并听取建设单位意见。

2020 年 3 月 26 日，召开通州基地建设项目方案征集评审会。会议通过记名投票方式，从 5 个应征方案中，确定了 3 个方案作为本次方案征集活动的优胜方案。

2020 年 3 月 31 日，学校召开核心会，汇报通州基地建设方案。会议原则确定设计方案，敦促尽快开展下一步工作。

2020 年 5 月 29 日，召开清华大学基建规划委员会，对通州基地建设项目国际征集方案进行审议。会议原则通过设计方案，并提出调整和优化建议。

2020 年 8 月 18 日，北京市副中心规划处通知项目完成正式上报，取得北京市委市政府批示，同意清华大学通州金融发展与人才培养基地项目建设。

2021 年 3 月 11 日，在项目用地举办项目启动仪式。清华大学、北京市、通州区主要领导参加。

2021 年 12 月 10 日，在项目用地举办开工动员会。清华大学、北京市、通州区相关领导参加。

■ 图为清华大学通州金融发展与人才培养基地项目启动仪式

■ 图为清华大学通州金融发展与人才培养基地开工动员会

第十章

未来可期，紫藤花开，清芬挺秀映中华

时光荏苒，往来倏忽。1981 年秋，中国人民银行研究生部诞生，是我国改革开放后的第一所专门培养金融研究生的学院。在一片荒郊中，仅有二层红砖小楼，简陋艰苦的环境铸就了五道口人坚定的意志。那时的五道口学子，如饥似渴地学习，抱定“破旧立新”的改革志愿，从一方陋室中走出，奔向中国金融改革的最前沿。2012 年春，中国人民银行研究生部并入清华大学，五道口金融学院成为清华大学第十七个学院。十年的寒来暑往，见证了清华五道口的快速发展。学院形成了一支师德高尚、专业精深、结构合理、充满活力的高水平师资队伍，研究领域日趋完善，学术与政策研究成果丰硕，积极探讨中国金融前沿问题，努力为金融理论和实践的发展做出贡献。

“紫藤挂云木，花蔓宜阳春。”学院的院花紫藤与清华大学的校花紫荆，具有同样的文化色彩。美丽的紫藤花耐热耐寒，生长能力极强，见证了学院一路走来的风风雨雨，陪伴着学子们在课堂讲座中收获新知、在学术研究中探索前沿、在国际参访和社会实践中开阔视野、在“吾道清春”和“一二·九”汇演中一展才艺，度过人生中难忘的校园时光。更有一批批优秀的五道口学子在紫藤花开的季节离开五道口小院，投身社会熔炉，奔赴祖国建设的各个岗位。

习近平总书记在清华大学考察时说："党和国家事业发展对高等教育的需要，对科学知识和优秀人才的需要，比以往任何时候都更为迫切。"站在新时代的新起点，享有"中国金融黄埔"美誉的清华五道口，必将培养更多优秀的人才，肩负起民族复兴的大任，在实干苦干中实现中华民族伟大复兴的中国梦。

一、培养心怀天下的优秀人才

人才培养是学院的根本任务。不管岁月如何变迁，扎根中国大地、培养德智体美劳全面发展的社会主义建设者和接班人始终是清华五道口的核心工作，"培养金融领袖，引领金融实践，贡献民族复兴，促进世界和谐"是学院矢志不渝的使命。

十年树木，百年树人，人才培养具有长期性和规律性。未来，学院将继续总结经验，探索规律，在育人理念和举措上保持一贯的高标准。

（一）立德树人始终是学院的根本任务

在人才培养方面，学院将坚持贯彻价值塑造、能力培养、知识传授"三位一体"的育人理念，坚持守正与创新相统一，持续推进文化育人内涵化、活动育人常态化、实践育人多样化、管理育人制度化，在各教学项目中夯实基础，逐步形成全员、全程、全方位育人新格局。

在金融学博士、金融专业硕士教育中，学院将增设金融前沿研究相关选修课，邀请顶级专家学者对金融前沿研究进行交流讨论，帮助学生多方位了解全球最新研究进展及成果。继续邀请业界导师讲授讲座课程，引导学生探索中国经济金融领域有价值的研究方向。

技术转移硕士项目将培养兼具科技创新能力和金融市场能力的复合型、国际化科技成果转化人才，以卓越的创新、金融、管理综合能力，促进科技成果与金融力量结合形成生产力。

金融 MBA 项目依托清华大学和康奈尔大学两所世界名校一百多年来丰厚的教学资源，放眼国际金融市场，结合中国国情，倾力打造出一套融汇中外金融理论与最新实践的金融人才培育体系，培养立足中国市场、兼具国际视野、精通专业知识的复合型金融领军人才。

金融 EMBA 项目将以金融和数智化前沿研究链接多元产业，瞄准中国制造 2025 与国家战略新兴产业规划，聚焦大数据、云计算、人工智能、生物医药、智能硬件等行业领域，打造产融共进的企业家终身学习平台。

“一带一路”相关项目将以国际化、高素质、多样化、创造性为培养目标，通过加强课程建设，丰富班级文化，搭建国际交流合作平台，为“一带一路”建设贡献更大力量。

高管教育项目要继续积极响应社会需求，建设服务金融市场的专业课程与助力实体经济企业创新转型的实践项目。围绕金融与科创主线，积极推动科创金融人才培养体系发展，与学位项目形成良好衔接和互动。大力探索在线和混合式教学方式，依托信息化技术，将继续教育的学习方式从线下延伸到线上。将优质的教育资源数字化，实现高端金融教育普惠广大民众，践行社会责任。

案例教学是商学院一大特色，讲好中国金融案例对学院尤为重要。未来，学院将继续打造具有影响力的中国金融案例库，促进国内外案例研究的交流与互动；讲好中国金融案例，立足知识传播的初衷，开发具有中国深度、全球广度的中国特色案例，向国际知名案例库输送代表中国金融发展的案例；联合国内具有一定影响力的案例研究中心，推动案例成果的资源共享，加强高等院校案例库平台的互动与交流。

（二）家国情怀永远深植在五道口学子心中

青年是祖国的前途、民族的希望、创新的未来。今日中国，经过改革开放的高速增长，面临“关键一跃”的历史关口，经济结构调整正处于攻关期，新旧动能转换还需要时日，高质量发展征程中的诸多问题和矛盾正在转移到金融领域，也必然会反映到工作中来。清华五道口的学子更应该具备全球视野、未来眼光，心怀人类福祉、关注人类发展的共同命题。

人生天地间，忽如远行客。在每一届五道口毕业学子即将离别之际，学院领导都会语重心长地对毕业学子给予叮咛和嘱托。张晓慧院长在 2021 年的毕业庆典上深情地说：“在中国改革开放四十余年造就的盛世之下，今天的五道口毕业生较之过往历届同学有着更高远的起点、更开阔的视野、更优越的条件、更成熟的内心”，“中国梦是国家的梦、民族的梦，也是包括同学们在内的每个中国人的梦。‘得其大者可以兼其小’。只有把人生理想融入国家和民族的事业中，才能最终成就一番事业。同学们可以自豪的是，你们的人生轨迹将伴随中国梦同向而行。开启全面建设社会主义现代化国家新征程的30年也正是同学们人生奋斗的黄金30年，作为亲历者，你们将见证中国强起来的全过程，当然，也会在这一过程中经历波折和考验。然而，心有所期，全力以赴。一份源自内心的热爱，定会成为同学们不断前行的动力”。

“心有所信，方能行远。面向未来，走好新时代的长征路，我们更需要坚定理想信念、矢志拼搏奋斗。”习近平总书记对广大青年的嘱托字字千钧。加强青年理想信念教育，就要引导广大青年用初心砥砺信仰、用理论坚定信念、用实践增强信心，努力成为担当民族复兴大任的时代新人。未来，学院将更加突出党建引领，以理想信念教育为核心，以支部活动为抓手，统筹全日制、非全日制党支部的组织建设与共建互通，充分发挥党支部战斗堡垒作用。打造丰富多彩的第二课堂，将社会实践与学生思想政治教育、集体教育、金融专业、志愿公益、就业引导、道口家庭相结合，逐步建立系统完善、运行高效、特色鲜明的研究生社会实践工作体系。充分调动和发挥实践基地育人功能，不断整合校系优质资源，开展科学化、精细化、前置化的精品就业实践项目，为学生认知国情搭建平台，助力学生健康成长。

二、扎根中国大地的学术理想

在双循环新发展格局之下，伴随着市场化改革的洪流和数字化创新的浪潮，中国金融业将面临新一轮的结构变革和开放升级，未来金融领域的理论研究和业务发展的任务都非常繁重。张晓慧院长曾说：“如何在经济运行日趋复杂、金融创新日新月异的今天，与时俱进地发展和完善足以支撑和影响决策的经济金融理论框架，是时代赋予清华五道口人责无旁贷的使命。”

（一）形成影响中国发展的“五道口金融学派”

十年回首，学院基本上实现了当时的构想，用十年的时间成为一个国内领先、国际上有影响的以金融为主的商学院。在谈到下一阶段的努力方向时，学院常务副院长廖理老师提出一个宏伟的目标——形成影响中国发展的“五道口金融学派”。“我们应该在中国百年变局的发展中发挥重要的理论支撑作用。”随着学院的基础工作慢慢夯实，过去五道口对于中国金融的贡献更多的是体现在实践的探索，当今中国正面临民族复兴的伟业和百年未有之大变局，五道口更应该“不怕苦，敢为先”，不仅在实践上勇于探索，更要提供理论支撑。“说起建立一个学派，类似西方经济学中的‘芝加哥学派’，意味着要有一批人进行与中国经济发展密切相关的研究，而且要做出显著的成就，才能称之为学派。其实当时美国那些学派也都是针对美国经济发展的研究，我想将来五道口学派会为中国发展和民族复兴做出重要贡献。”廖理老师说。

面对国际金融市场巨大的结构性变化，中国金融业在促进经济发展与对外开放的过程中，还有很多关要闯。采访中，清华大学国家金融研究院院长朱民说，“作为世界第二大经济体，同时也是一个发展中国家，我国金融业的国际化程度还比较低，中国的金融框架应该如何设计，资本账户如何开放，人民币如何实现可兑换，有很多关于金融发展和改革开放的重大理论和实践问题需要研究。尤其是随着‘碳金融’概念的提出，我们需要探讨未来中国碳中和的过程中，零碳金融转型的金融框架和政策。这些恰恰是清华大学国家金融研究院和五道口金融学院需要承担和继续努力的方向。我们要做到微观和宏观研究相结合、理论与实际相结合、当下和未来相结合，搭建跨学科的人才交流与合作沟通的平台，做出更好的研究，来完成我们对国家的承诺。”

在建立中国自己的宏观经济理论体系方面，研究国际贸易、国际金融与大国竞争的金融学讲席教授鞠建东深有感触。采访中，鞠建东老师说：“中国很快将成为全球第一大经济体了。五道口金融学院承担着为全球最大经济体的宏观政策，尤其是货币政策进行理论研究的使命。”“未来的国际竞争包括大国之间货币政策的竞争，我们的实力取决于理论和工具。而我们的国家制度和经济都和其他国家不一样，经济周期也不一样，货币政策更需要有理论根据，要有模型可以进行测算，没有理论支撑，我们就没法对货币政策进行比较细致的分析。而我们现在基本的理论和工具还是借用过来的。”“货币政策本身是国家之利器，如果我们是一个小国还无所谓，大国制定政策我们跟着走就行了，但对于未来将成为全球第一大经济体的中国，宏观经济就一定要有自己的理论体系，然后理论体系不断迭代更新，不断进步。这个目标任重而道远。”

曾获得“全美40名最优秀的40岁以下的商学院教授”[①]称号的学院副院长、金融学讲席教授张晓燕，在采访中结合中西方院校在学术研究方面的差异，介绍了她对五道口金融学院学术定位的理解：“美国很多高校的学术研究虽然非常严谨且水平很高，但是他们并不以服务社会为导向，而我们五道口金融学院是一个特别创新的学院，我们既要做高质量的学术研究，做扎实的理论基础，建立学术上绝对领先的地位，又要扎根中国，做与中国社会紧密相关的课题，让我们的研究成果真的有可能影响一个行业、影响社会，推动国家制定政策。”

每年诺贝尔经济学奖公布，都会引发网络上对于“中国离诺贝尔经济学奖有多远？”的讨论。但是，学院副院长、金融学讲席教授田轩说：“作为带领14亿人完成了世界上最伟大、最成功的经济发展实践的大国，我们不应该把诺奖的光环作为判断、检验中国经济学研究水平的指标。”采访中，他描绘了自己对扎根中国大地做学术的理解：基于中国特色制度与改革开放实践的中国经济学，与以美国经济学为代表的西方经济学，是完全不同的体系。过去40年中国经济增长的奇迹，这是西方经济学理论没办法解释的。我国未来的经济学研究和教育，更应该扎根中国大地，梳理中国过去70年，特别是改革开放40多年来的经济发展成就，总结中国的经济改革实践，形成一套有中国特色的经济学理论体系。用中国的数据研究中国的问题，用自己的视角在国际上宣传中国特色的研究成果。讲好中国故事，让国际更能理解和接受中国的发展，和世界更好地对话。

（二）明确学科建设与科研规划

千里之行，始于足下。

未来，学院将整合现有优势，集中力量打造重点学科方向。以宏观金融、公司金融、资产定价三个学科方向为基础，推动行为金融、国际经济、金融科技等学科方向的发展，整合资源，形成学术优势，发挥学科带头人的关键

---

① 2014年《财富杂志》（*Fortune Magazine*）评选张晓燕为“全美40名最优秀的40岁以下的商学院教授”（Top 40 Under 40）之一。

性引领作用，形成特色的学术团队和良好的学术氛围，在重点学科方向形成健全学术梯队并达到国际知名、国内领先的水平，实现优化学科结构的目标。学院将推进前沿交叉学科发展，搭建跨学科研究平台，以金融学为核心加强与传统理工科的交叉融合，尤其关注具有金融特色的新领域，包括智慧金融、金融工程、金融数学、人工智能等；寻找新的增长点，以深入推动跨学科研究为着力点，围绕前沿科技和国家重大科研项目，服务国家战略需求，面向未来发展，力争产出更多科研成果，为建设科技强国提供有力支撑。

为此，学院制定了详细的学科规划。

宏观金融方向，重点支持与国家决策部门和各部委的研究合作，加强对货币政策的研究，形成有政策影响力的原创性成果，积极为国家宏观金融领域提供学术研究、政策分析与案例研究。

公司金融方向，加强与业界的合作互动，在公司治理结构、创业创新、投融资等方面形成新理论新方法。

资产定价方向，进一步强化在实证资产定价领域的优势地位，研究金融市场中的投资分析、资产价格和收益模型、最佳投资以及风险和投资组合管理等问题，并加快对金融监管的对策性研究。

行为金融方向，推动心理学、社会科学和金融学交叉融合，重点解决中国特色社会主义市场经济下行为金融学在中国资本市场的应用。

国际经济方向，持续专注于国际金融、国际贸易及全球治理，关注新兴的国际贸易保护政策及其理论和实证研究动向，研究不同经济体及其现有制度框架所面临的贸易、金融和发展领域的各类问题。在中美经贸关系的新形势下致力于创设国际贸易争端这一新的学科发展方向。

金融科技方向，重点关注互联网金融、区块链、智慧金融等新兴领域，并尝试在金融与工科的交叉结合上取得突破。加强金融科技相关法律的研究，人工智能、大数据和区块链等技术与金融领域全面融合的研究，金融监管科技的研究以及金融科技创业企业的孵化，为金融科技行业提供前瞻性研究和实践指导。

学院将不断加强中国问题研究，聚焦中国金融在改革和发展过程中所面临的核心问题和前沿问题，持续推进高水平人才引进，组建一支高水平的中国金融问题研究小组。在此基础上开设中国特色、中国道路的课程体系，持续建设包括中国金融学术年会、中国金融科技学术年会等一批立足中国、面向世界的高水平国际学术会议，大力推动对中国金融问题的深度研究和探讨。

同时，不断拓展政策研究，发挥智库作用。大力推进清华大学国家金融研究院、清华大学金融科技研究院作为一流金融智库的建设，拓展建言献策的渠道，鼓励教师积极参与中国金融改革实践，集中力量在深化中国金融体制改革、健全现代金融体系、完善金融监管、推进金融创新、维护金融稳定等重要金融领域，完成一系列有广泛社会影响力的高质量成果和报告，实现政策研究与国内金融现实问题紧密结合，对国内金融领域焦点问题、现实问题发挥及时、针对性的指导作用。加强与校内其他智库的协同，发挥智库群的功能，提高服务国家重大决策能力。继续办好清华五道口全球金融论坛等活动，搭建学界、业界、政界交流平台，探讨金融发展的新思想、新趋势、新实践、新动力。

作为分析形势、解读政策、建言实践的平台，《清华金融评论》将凝聚专家队伍和专业人才，确保选题方向的前瞻性和选题内容的深刻性，加强文章的专业性和实践性，文章观点思想达到新水平。紧密关注海内外市场动态和专家舆论，开展各类行业公开论坛或闭门研讨会，向读者传递精准的声音，保障渠道畅通。积极推动数字化平台建设，改善传播方式，持续开展课题研究和同业交流，不断提升期刊影响力。

在采访中，吴晓灵理事长说："好多诺贝尔奖获得者，他当初根本没想得奖这件事儿，就是想着要解决问题，基于问题导向把事情做好，把事情做到极致。这种科学精神是很可贵的，我们都要学习这种从微观做起，把小事研究透的钻研精神。""把论文写在祖国的大地上"是清华五道口始终坚守的学术定位，为了实现构建中国经济金融理论框架、成为影响中国发展的五道口金融学派的学术理想，需要学院全体教职员工脚踏实地的不懈奋斗。

三、一流的师资成就一流学院

"所谓大学者，非谓有大楼之谓也，有大师之谓也。"1931 年清华大学校长梅贻琦的著名论断时刻鼓舞着无数中国教育工作者，对于正在迎接新时代、新挑战、新变革的五道口金融学院更是如此。无论教学工作还是科研工作，要担负起国家和社会寄予的厚望，实现“成为具有中国特色的世界顶尖金融学院”的愿景，需要一支开放的、不断发展的、立足中国市场兼具国际视野的一流教师队伍。

（一）培养为人师表的“大先生”

学高为师，身正为范。习近平总书记在清华大学建校110周年考察时说：“教师要成为大先生，做学生为学、为事、为人的示范，促进学生成长为全面发展的人。”在教育中，一切师德要求都基于教师的人格，而师德恰恰从人格的魅力中体现出来。“为人师表”“以身作则”“循循善诱”“诲人不倦”“躬行实践”等，既是师德的规范，又是教师良好人格特征的体现。

一直以来，五道口金融学院高度重视对教师师德师风的考察和评价，始终把师德师风作为考察师资水平的首要因素。对教师实行师德师风表现一票否决制，建立了合理的师德师风考评方式，完善教师职业操守和学术道德制度，培养了一支有理想信念、有道德情操、有扎实学识、有仁爱之心的优秀教师队伍。

为人师者，理应以师为本、以德为范。学院党委和教师党支部在人才引进、教师聘用、职级晋升、年终考核、评奖评优等环节，全面参与把关，建设把好政治关、师德关的长效机制。每年调研学生形成师德师风评价报告，充分评估教师思想政治水平和师德师风状况。开展廉洁教育，组织案例学习，加强警示教育。同时，完善党委委员与党外青年教师、与党外代表人士“一对一”联系制度，关心教师思想、工作、生活。未来，学院将继续积极探索学术评价体系建设，完善教师聘任标准，建立重师德师风、重真才实学、重质量贡献的评价导向。

（二）引育并重优化教职工队伍

未来，学院将继续巩固十年来师资队伍建设的成效，引育并重，逐步扩大教师队伍规模，进一步提高师资质量，优化教师队伍结构。通过自主培养和外部引进，组建一支规模适度、结构合理、梯度有序的全职教师队伍，逐步打造以中青年为主体、学术思想先进、团结奋进的学科梯队。

引进高层次人才，构筑人才高地。通过国家高端人才计划和项目的实施，形成学术带头人、学术骨干的有序引进机制，聚集一批具有国际视野、影响力较大的学科带头人，打造在国际上有一定竞争力和影响力的教学、科研创新团队。

大力培养中青年骨干教师。坚持“请进来，走出去”的原则，继续以会议、学术交流的形式定期邀请诺贝尔奖得主、海内外知名学者来学院访问，加强青年教师与国际学术大师的深入交流。鼓励教师赴国际一流学院做学术访问、参加高端金融学术论坛等，吸收更多的新思想、新理论、新方法，培育一批创新能力强、国际视野宽、研究成果丰硕的学术骨干，实现学院教师由数量的积累向质量提升的转变。

继续发挥兼职教师优势。继承导师外聘的传统，建立灵活的用人机制，坚持聘请国内外知名学者及业界导师以兼职的形式加入学院，形成一支由全职教师、兼职教授、特聘教授、访问教授、兼课教师、专业硕士研究生导师相辅相成的立体化师资队伍。

同时，学院将继续优化职员队伍管理体系，借鉴人力资源的最新理论和实践，不断完善岗位制度、评价制度、激励制度和发展制度，构建现代职员队伍人力资源管理体系，建立一支专业化、职业化，胜任力强、文化认同度高、团结协作进取的职员队伍。

四、积极践行社会责任

（一）强化对国家战略和地方发展的服务

正如习近平总书记在清华大学考察时提出的期望：“我国高等教育要立足中华民族伟大复兴战略全局和世界百年未有之大变局，心怀‘国之大者’，把握大势，敢于担当，善于作为，为服务国家富强、民族复兴、人民幸福贡献力量。”当前，国际、国内环境正在发生深刻变化，世界正经历百年未有之大变局，中国发展仍然处于重要战略机遇期，机遇和挑战都有新的发展变化。新形势下如何更好地发挥金融资源配置的作用，更好地服务实体经济、服务科技创新，对金融学科的发展和金融人才的培养提出更高的要求。

数字经济浪潮推动金融行业快速演变。在新一轮科技革命和产业变革的背景下，人工智能、大数据、云计算、物联网等信息技术与金融业务深度融合，推动金融业态发生深刻变革，为金融发展提供源源不断的创新活力，也对金融稳定和金融监管提出更大的挑战。在我国数字金融进入高质量发展新阶段的背景下，如何加强顶层设计，推动构建金融与科技深度融合、协调发展的新生态；如何打造符合我国国情、与国际接轨的金融科技创新监管工具；如何释放数据生产要素价值，发挥普惠金融为民利企成效；如何加强金融信息基础设施建设，支撑金融体系结构转型和金融资源高效配置等一系列课题，为学院发挥清华大学综合学科的优势，通过跨学科的学术与政策研究提供清华五道口解决方案提出了新的要求。

金融学作为一门应用学科，需要在理论与实践、学术与应用、人才培养与服务社会几方面找到最佳平衡点。未来，学院将继续发挥自身优势，拓展与相关部委、地方政府、企事业单位的合作关系，积极承担经济金融发展中的重大课题，以智库建设为契机，为国家和地方经济发展提供强大助力，为贯彻新发展理念、加快构建新发展格局、推动高质量发展提供智力支持。同时，启动面向未来的创新企业成长支持计划，发挥学院资源优势，促进科技成果转化，大力支持科技型创新企业发展，努力为建成创新型国家、建成世界科技强国作出贡献。

主动服务国家终身学习战略，依托丰富的教学资源，开展各种公益项目。洞察重点领域人群的金融知识诉求，策划公益培训项目，通过“金融媒体奖学金项目”“科创管理与服务公益课程”和“慈善金融奖学金培训项目”等公益培训课程，系统提升相关领域中高层管理人员的金融素养。持续开展“清华大学中国创业者训练营”“清华大学投资者训练营”和“清华大学金融普及教育训练营”等品牌训练营活动，通过短训模式提升创业者和从业人员的专业水平，搭建资源对接和交流分享平台。

（二）用优质的线上教育回报社会

互联网时代教学方式快速变革。随着科技的迅猛发展，大众对于知识获取的方式发生革命性变化。在新冠肺炎疫情的影响下，线上线下融合已成为高等教育发展的趋势之一，课堂实施的形态、教育教学的范式、学生获取知识方式都在快速转变。与此同时，互联网平台通过技术产品的革新、运营手段的创新等催生了媒体、内容和教育的融合，使得互联网知识付费平台得以快速发展。特别是垂直细分领域成为知识付费未来发展的一个趋势。如何把握好教育方式的变化趋势，充分利用新技术提升人才培养水平，为社会提供专业的线上知识产品，需要学院深入研究并积极探索。

学院积极响应教育趋势的转变。过去两年，为应对新冠肺炎疫情等外部环境变化，学院利用线上教育方式努力扩大传播力度，已经为金融普及教育奠定了较好的基础。但要提高线上教学质量，加强线上课堂管理还面临不小的挑战。据学院常务副院长廖理介绍："未来，线上教育在学院教学中的占比和侧重会越来越大。把知识普及到更广泛的人群，用最优质的金融教育回报社会、服务社会是学院不懈努力的方向。"

虽然面临挑战，但采访中，从学院领导到项目负责人都对线上项目的发展前景充满信心。"做线上项目就是要走出自己的舒适圈。"负责线上教育项目的老师如是说。"线上项目的管理，任重而道远。但是，学院非常重视、大力支持，给予了我们很大的力量。""当第一个线上项目经过一个周期，把课程内容、师资管理和教学体验做好，就会给予我们特别大的信心。这和学院其他教学项目一样，一个产品摸索出来之后，要建立标准化、流程化的运营端，才能做出规模化的项目体系。"

线上教育的前景不止于金融培训领域，还有很多纵深的专业领域等待学院去开发和探索。"不仅是线上教育，将来学术交流也会全面开放。它必将带来一个效果，就是学术普惠"，采访中，学院常务副院长廖理介绍说，"原来我们需要到五道口才能听到好的论文，现在这种学术分享都可以上线了，大家都可以听到，就像耶鲁大学和哈佛大学的公开课一样"。同时，线上教育必将大力推动高等教育的发展，尤其是通识课程。对于很多人文社科学科的学生来说，前三年或者三年半的课程基本都是公共课，如果这些通识课程运用线上的方式，重点高校的师资就可以向二本或三本的院校赋能，无论在哪个城市，学生都可以听到高质量的课程，教育普惠的范围会更广，必将推动我国高等教育的快速发展。

可以预见不远的将来，清华五道口将依托新技术，积极拓展在线教育项目，创新线上教学手段，逐步打造终身教育平台，用更加多元化的线上课程，满足互联网群体的需求，实现从面授培训为主到在线和线上线下混合式继续教育为主转型。使更多渴望学习金融知识的人，通过全新渠道，接受系统的金融教育，提高全民金融素养。

五、开拓国际化视野，提升国际影响力

当今世界正经历百年未有之大变局。国际力量对比深刻调整，国际环境日趋复杂，但经济全球化是不可逆转的时代潮流，对金融高等教育的国际化视野也提出了新的要求。学院要准确把握经济全球化的新特点、新趋势，以人类命运共同体理念促进经济全球化发展，从高等教育的角度推动经济全球化朝着更加开放、包容、普惠、平衡、共赢的方向发展。

国际化建设体现在学院工作的方方面面。培养具有全球视野的高端金融人才一直是学院人才培养的目标，未来学院仍将不断加强学生国际化培养，进一步丰富国际化课程体系，开拓海外实习机会，加强学生全球胜任力教育；开发海外短期项目，拓展学生国际视野，提升跨文化交流能力；突出“一带一路”相关项目的特色，丰富海外教育模块的设置，搭建交流合作平台，深化与沿线国家和地区的合作，服务国家“一带一路”倡议。

未来，学院将继续优化海外合作伙伴的全球布局，深化与国际一流院校的合作，引进优质教育资源，不断创新合作模式，形成强强联合、优势互补的国际合作项目，提升学院的国际化建设水平。同时，学院将以国际商学院（AACSB）认证为契机，进一步提升学院管理水平，提高人才培养质量，推动学院实现更高水平的可持续发展。

结　语

道阻且长，行则将至。行而不辍，未来可期！

在采访中，谈到对学院已取得成绩和未来发展的看法时，各位领导和老师都对学院坚定不移地建设“具有中国特色的世界顶尖金融学院”给予了高度评价，并对学院未来发展提出了较高期待和诚恳的建议。

学院理事长、中国人民银行原副行长吴晓灵表示：清华五道口要胸怀大局，发现真问题，研究真问题，提出解决问题的可行方案。宏大的价值追求和现实的努力是紧密联系的，除了有正确远大的目标，还要有从小事做起的决心，要做到每个人在自己的岗位上问心无愧。这也是我们清华五道口人在实际工作中最应该时刻警醒自己的地方，也是需要老师们言传身教，教给学生的正确人生观。

学院理事、中国保险监督管理委员会原副主席周延礼表示：距离两个一百年的奋斗目标大概还有 30 年的时间，希望清华五道口培养的毕业生立足理想和社会价值，为国家建设做出更大的贡献。清华五道口要引领我国的金融教学，要始终把道德教育放在突出位置，传承一种责任和价值的理念，传承五道口传统和清华大学“自强不息，厚德载物”的精神。

学院理事、清华大学原副校长谢维和将“重任在肩，前程似锦”八个字送给清华五道口，未来的清华五道口将主动承担重要责任，在国家发展中贡献自己的力量。

清华大学国家金融研究院院长朱民表示：国际金融市场风云变化，正在经历巨大变局，国内金融业正在走向支持实体经济发展，和国际接轨这个重大的转型过程中。可以说，我国的金融业要做大做强，还有很多关要闯。在这个过程中必然需要我们坚持和深化改革开放的政策，也一定会创造出中国特色的微观金融、宏观金融和国际金融理论。希望清华大学国家金融研究院和五道口金融学院能够在这个过程中为国家的发展和金融学术界的发展做出自己的贡献。

学院战略咨询委员会委员、国家外汇管理局副局长陆磊说：金融业永远是智力密集型行业，人工智能和算法可以取代日常会计操作，也可能熨平市场价格波动，但永远取代不了人的价值观。“人才培养是第一使命，师资队伍是重要保障”，衷心期望学院引进更多具有广阔学术背景的教师和科研力量，率先推动金融学与自然科学、人文科学的交流互鉴乃至交叉融合。我坚信，清华五道口可以做到这一点。

上海黄金交易所党委书记、理事长，原中国人民银行研究生部党组书记、部务委员会副主席焦瑾璞表示：清华五道口要建设国际一流商学院，必须扎根中华大地、涵养清华风格，加强对中国式现代金融基础理论研究，立足解决中国金融现实问题，强化案例教学，兼收并蓄，开放包容，希望学院能培养出具有清华风格、中国特色的世界一流金融领袖级人才和大师。

铿锵有力的话语体现了各位领导对学院未来的殷殷期盼。对此，学院深刻认识外部环境和传统商科教育办学模式面临的挑战，始终把“责任”与“担当”放在首位。张晓慧院长在 2021 年校友发展论坛上表示：与过往相比，今天学院所处的环境已经发生了翻天覆地的变化，竞争变得更加多元而激烈，不仅来自国内，也来自海外。国内外对高校的人才培养、学术研究有着巨大的期盼。未来学院必须准确把握新时代对高校人才培养工作的新要求，积极服务国家战略需求，努力培养更多高层次、创新型、国际化的金融专业人才。具体说，学院应当继往开来，致知力行，坚持五道口教育、科研、业务三结合的传统，始终把“育人”作为学院的根本，以“顶天、立地、树人”的科研理念为指导，始终坚持问题导向、目标导向、结果导向，主动以时代赋予我们的考题为使命，继续大力推动高水平的前沿理论探索和基于经济金融实践的政策研究。

学院常务副院长廖理说：复杂的国际形势对学院教育教学、学术交流、国际合作等带来极大的不确定性。新形势下如何更好地发挥金融资源配置的作用，更好地服务实体经济、服务科技创新，对金融学科的发展和金融人才的培养提出了更高的要求。党政团结是这十年工作最大的体会，学院领导班子团结在一起，工作密切配合、无缝沟通，带领团队以创业的精神提早布局、日拱一卒、不懈努力。未来，我们还将继续发扬这种精神，以务实的作风推进学院进一步更好更快地发展。

学院党委书记顾良飞说：当今世界正经历百年未有之大变局，不确定性明显增加。站在新的历史方位上，学院需要深刻认识错综复杂的国际环境带来的新挑战，积极应对新一轮科技革命对金融学科和金融行业发展带来的新变革，对高等教育理念、办学模式和高端人才综合素质带来的新需求。在习近平新时代中国特色社会主义思想的指导下，学院党委将进一步增强“四个意识”，坚定“四个自信”，做到“两个维护”。坚持党的全面领导，进一步加强党的建设，深化学院治理体系和治理能力建设。

十年芳华，让清华五道口更从容、更自信。自信从容的清华五道口将保持定力，静下心来，做真正有价值、有长远意义的事业。自强成就卓越，创新塑造未来。要自强，必创新；唯创新，才自强。当前和今后一个时期依然是我国发展的重要战略机遇期，是建设高质量教育体系的关键时期，也依然是金融高等教育加快发展、大有作为的最好时期。学院必将以习近平新时代中国特色社会主义思想为指导，始终坚持正确的办学方向，全面落实立德树人的根本任务，锐意进取，扎实工作，以自强创新的精神奉献国家、担当责任，努力实现新突破，开拓新格局。

“培养金融领袖，引领金融实践，贡献民族复兴，促进世界和谐”是学院的使命，“不怕苦，敢为先，讲团结，重贡献”的传统滋养着清华五道口人的气度风范。穿越岁月的华章，站在新的起点，五道口金融学院正以更大的决心、更大的气魄，自信从容迈向未来，自强创新不辱使命，知行合一追求卓越，朝着具有中国特色的世界顶尖金融学院进发。